Priorize Deus

Devocionais diários para 365 dias

Priorize Deus

Devocionais diários para 365 dias

MICHEL SIMPLICIO

Vida

Vida
Editora Vida
Rua Conde de Sarzedas, 246 — Liberdade
CEP 01512-070 — São Paulo, SP
Tel.: 0 xx 11 2618 7000
atendimento@editoravida.com.br
www.editoravida.com.br
@editora_vida /editoravida

PRIORIZE DEUS

■

Exceto em caso de indicação contrária, todas as citações bíblicas foram extraídas da *Nova Versão Internacional* (NVI) ©1993, 2000, 2011 by *International Bible Society*, edição publicada por Editora Vida. Todos os direitos reservados.

Todas as citações bíblicas e de terceiros foram adaptadas segundo o Acordo Ortográfico da Língua Portuguesa, assinado em 1990, em vigor desde janeiro de 2009.

■

As opiniões expressas nesta obra refletem o ponto de vista de seus autores e não são necessariamente equivalentes às da Editora Vida ou de sua equipe editorial.

Os nomes das pessoas citadas na obra foram alterados nos casos em que poderia surgir alguma situação embaraçosa.

Todos os grifos são do autor, exceto os indicados.

Direção: Renan Menezes
Editora-chefe: Sarah Lucchini
Editor responsável: Maurício Zágari
Assistente editorial: Jaqueline Angelica
Revisão: Paulo Oliveira
Revisão de provas: Thaís P. Gomes
Coordenadora de design gráfico: Claudia Fatel Lino
Projeto gráfico e diagramação: Marcelo Alves de Souza
Capa: Lira Lira

1. edição: set. 2025

Dados Internacionais de Catalogação na Publicação (CIP)
(Câmara Brasileira do Livro, SP, Brasil)

Simplicio, Michel
Priorize Deus : Devocionais diários para 365 dias / Michel Simplicio. -- São Paulo : Editora Vida, 2025.

ISBN: 978-65-5584-780-2 (Marrom)
ISBN: 978-65-5584-781-9 (Mocha)

1. Bíblia - Estudos 2. Devoção a Deus 3. Devoções diárias 4. Escrituras cristãs 5. Literatura devocional 6. Vida espiritual - Cristianismo I. Título.

25-285724 CDD-242.8

Índice para catálogo sistemático:

1. Devoção : Vida espiritual : Cristianismo 242.8
Eliete Marques da Silva - Bibliotecária - CRB-8/9380

Priorize Deus

Devocionais diários para 365 dias

DE

PARA

INTRODUÇÃO

Se este livro chegou até suas mãos, não é por acaso. Deus tem um convite especial para você: aprofundar sua caminhada com ele e fazer da presença do Senhor uma prioridade diária.

Vivemos em um mundo acelerado, onde muitas vozes disputam nossa atenção. Entre compromissos, preocupações e distrações, é fácil deixarmos o tempo com Deus em segundo plano. Mas é justamente nesses dias agitados que mais precisamos ouvir a voz do Pai, receber sua direção e sermos renovados por sua Palavra.

Priorize Deus nasceu com o propósito de ajudar você a criar uma rotina de intimidade com o Senhor. Cada reflexão foi escrita com o coração voltado para quem deseja fortalecer sua fé e encontrar respostas, consolo e encorajamento, mesmo em meio aos desafios da vida.

Minha oração é que, ao abrir cada página, você sinta Deus falar de forma pessoal com você. Que este devocional seja mais que um hábito, seja um encontro diário com aquele que o ama e o chama para viver o propósito que ele sonhou para sua história.

Prepare seu coração. Deus tem algo novo para lhe revelar a cada amanhecer!

MICHEL SIMPLICIO

BEM-VINDO AO

PRIORIZE DEUS!

Nesta obra, embarcaremos juntos em uma jornada de profunda comunhão com Deus, ao longo de um ano inteiro. Aqui, você encontrará orientações práticas e inspiradoras para desenvolver uma rotina diária de conexão espiritual, trazendo o divino para o cerne de sua vida cotidiana.

Em meio às complexidades e aos desafios do mundo moderno, é fácil perder de vista o que é mais importante: a intimidade com o Criador. Diante dessa realidade, esta obra surge como um guia compassivo, oferecendo valiosas dicas e ferramentas para construir um relacionamento sólido com Deus, diariamente, por um ano.

Este livro é projetado para levar você além da simples leitura bíblica. É um convite para que você se aprofunde na Palavra de Deus, buscando compreender seus ensinamentos e aplicá-los em sua vida diária. Cada devocional é uma oportunidade para encontrar significado e propósito nas Escrituras, e para experimentar a presença de Deus de forma mais profunda.

A estrutura de *Priorize Deus* é concebida para facilitar sua jornada espiritual ao longo do ano. Cada devocional apresenta uma reflexão temática, com base em textos selecionados das Escrituras. Além disso, oferece dicas práticas sobre como conduzir seu momento devocional pessoal.

Para uma experiência verdadeiramente enriquecedora, encorajamos você a seguir algumas orientações simples:

1. **Prepare o ambiente:** reserve um local agradável para ter seu tempo com o Senhor. Se possível, defina sempre o mesmo horário em sua agenda, pois hábitos ajudam a desenvolver um novo estilo de vida.
2. **Elimine as distrações:** deixe de lado qualquer coisa que possa vir a tirar sua plena concentração. Atente-se somente à voz de Deus e permita-se ser ministrado em cada mensagem.
3. **Interaja:** nestas páginas, você encontrará frases, palavras e detalhes que poderão ser resposta de oração em sua vida. Preste atenção e não deixe de responder com sinceridade às perguntas propostas.
4. **Ore, adore e medite na Palavra:** a cada devocional, invista um tempo de oração a respeito do tema abordado. Lembre-se de adorar a Deus com suas palavras, confissões, sinceridade e louvor. Medite nas histórias bíblicas narradas e desfrute intimidade com o Senhor.
5. **Faça anotações:** separe um bloco de notas físico ou digital para registrar o que o Espírito Santo trouxer à tona no decorrer de suas leituras e reflexões. Não deixe de escrever quais atitudes você colocará em prática.

Que este livro seja uma ferramenta valiosa para aprofundar seu relacionamento com Deus, fortalecendo sua fé e transformando sua vida diária. Estamos animados para acompanhá-lo nesta jornada espiritual, e oramos para que você experimente a alegria e a paz que vêm da comunhão com o Pai celestial. Vamos juntos embarcar nesta emocionante aventura espiritual que durará todo o ano, descobrindo novas perspectivas e experiências transformadoras em cada devocional. Que a graça de Deus esteja com você a cada passo do caminho!

VIVA O NOVO DE DEUS

DIA **001**

@michelsimplicio

A vida cristã é cheia de mudanças e desafios. Deus nos chama a deixarmos o passado e nos prepararmos para algo novo, mas essa preparação exige fé, coragem e disposição para obedecer.

Muitas vezes, ficamos presos ao que já vivemos, seja por medo do desconhecido ou pela dificuldade de nos desligar daquilo que já passou. No entanto, a Palavra nos ensina: "Esqueçam o que se foi; não vivam no passado. Vejam, estou fazendo uma coisa nova!" (Isaías 43.18-19). Deus deseja nos levar além, mas, para isso, precisamos estar dispostos a avançar. Noé construiu a arca antes de ver a chuva. Abraão saiu de sua terra sem saber para onde iria. Ambos confiaram na promessa, mesmo sem provas visíveis.

O novo tempo de Deus exige que confiemos nele. Muitas vezes, significa deixar o conforto, enfrentar o desconhecido e caminhar pela fé. Se ouvirmos sua voz e obedecermos, ele nos guiará por caminhos que jamais imaginamos. Você está pronto para dar esse passo?

O que você precisa abandonar para viver o novo de Deus?

....

....

....

....

....

....

....

....

....

....

....

"O novo tempo de Deus exige fé; esteja pronto para avançar!"

ACESSE O QR CODE PARA SABER MAIS

DIA **002**

TRANSFORME OBSTÁCULOS EM OPORTUNIDADES

@michelsimplicio

O que você precisa entregar a Deus para que ele transforme em uma oportunidade?

....

....

....

....

....

....

....

....

....

Obstáculos fazem parte da vida, mas Deus nos ensina a enxergá-los com fé. Em vez de nos paralisarem, os desafios podem fortalecer nossa confiança nele. A Bíblia diz: "Sabemos que Deus age em todas as coisas para o bem daqueles que o amam" (Romanos 8.28). Mesmo nas dificuldades, ele está trabalhando para cumprir seus propósitos.

Davi enfrentou Golias quando todos viam um gigante invencível. Ele, porém, confiou em Deus e declarou: "Você vem contra mim com espada, com lança e com dardos, mas eu vou contra você em nome do SENHOR dos Exércitos" (1Samuel 17.45). Sua fé transformou um obstáculo em vitória.

Seja uma crise, um problema de saúde ou um desafio familiar, confie que Deus pode usar cada situação para fortalecer sua fé e guiá-lo a novos caminhos. Entregue seus desafios a ele e veja-os se tornarem oportunidades de crescimento.

ACESSE O QR CODE PARA SABER MAIS

"Com Deus, todo obstáculo pode se tornar uma oportunidade para a sua glória."

DEUS ESTÁ COM VOCÊ NA JORNADA

DIA
003

@michelsimplicio

A vida é repleta de desafios e incertezas, e muitas vezes o caminho parece solitário. No entanto, Deus nunca nos abandona. Ele está presente em cada passo, guiando-nos com sua sabedoria e sustentando-nos com sua força. Assim como disse a Josué: "Seja forte e corajoso! Não se apavore, nem desanime, pois o SENHOR, o seu Deus, estará com você por onde você andar" (Josué 1.9).

Essa promessa não é apenas um conforto, mas uma verdade poderosa que nos fortalece nos momentos difíceis e nos dá coragem para seguir os planos de Deus. Abraão deixou sua terra sem saber para onde ia, confiando plenamente no Senhor. Moisés liderou o povo de Israel pelo deserto, mesmo diante de obstáculos gigantescos. Cada jornada teve desafios, mas Deus foi fiel e presente em cada etapa.

Seja qual for a fase que está vivendo, lembre-se: você nunca está sozinho. Ainda que não veja o próximo passo, Deus já preparou o caminho. Ele guia, protege e nunca falha. Confie nele e siga em frente!

Qual área da sua vida você precisa entregar ao Senhor para confiar mais nele?

....

....

....

....

....

....

....

....

....

....

"Deus nunca nos abandona na jornada; ele caminha conosco em cada passo."

ACESSE O QR CODE PARA SABER MAIS

DIA
004

@michelsimplicio

CONFIE NO PROCESSO DO SENHOR

Em que área da sua vida você tem dificuldades em confiar no processo de Deus?

....

....

....

....

....

....

....

....

....

....

Às vezes, o caminho que Deus escolhe parece difícil ou demorado. Não compreendemos seus planos, mas confiar em seu processo é essencial para vivermos as suas bênçãos. Provérbios 3.5-6 nos ensina: "Confie no SENHOR de todo o seu coração e não se apoie em seu próprio entendimento".

José foi vendido como escravo e preso injustamente, mas confiou em Deus. Ele sabia que o Senhor estava no controle e, no tempo certo, viu os planos divinos se cumprirem grandemente. Em Gênesis 50.20, ele declarou: "Vocês planejaram o mal contra mim, mas Deus o tornou em bem".

Confiar no processo do Todo-Poderoso não significa ausência de desafios, mas a certeza de que ele está moldando nosso caráter e nos preparando para algo maior. Não desista no meio do caminho, pois o seu Pai de amor está trabalhando em sua vida.

ACESSE O QR CODE PARA SABER MAIS

"O processo de Deus é o caminho para o cumprimento do seu propósito."

BUSQUE A DIREÇÃO DE DEUS

DIA **005**

@michelsimplicio

Tomar decisões pode ser desafiador, especialmente quando não temos clareza sobre qual caminho seguir. No entanto, Deus nos convida a buscar sua direção em todas as áreas da vida. A Bíblia nos encoraja: "Confie no SENHOR de todo o seu coração e não se apoie em seu próprio entendimento; reconheça o SENHOR em todos os seus caminhos, e ele endireitará as suas veredas" (Provérbios 3.5-6). Deus tem um plano perfeito para cada um de nós, e buscar sua orientação nos conduz a esse propósito.

Um exemplo poderoso está na vida de Moisés, que constantemente buscava a direção de Deus para liderar o povo de Israel. Antes de tomar qualquer decisão, ele buscava a presença do Senhor e declarava: "Se não fores conosco, não nos envies" (Êxodo 33.15). Moisés sabia que, sem a direção do Senhor, qualquer decisão seria inútil.

Quando buscamos a direção divina em oração e por meio da sua Palavra, ele nos guia com sabedoria e paz. Mesmo quando a resposta parece demorar, confiar no tempo e no plano do Criador nos dá a certeza de que ele está no controle. Não se apresse; entregue suas dúvidas a Deus e confie que ele abrirá o caminho certo.

"Quem busca a direção de Deus nunca anda perdido."

Em quais áreas da sua vida você precisa parar e buscar a direção de Deus hoje?

....

....

....

....

....

....

....

....

....

....

ACESSE O QR CODE PARA SABER MAIS

DIA 006

DEUS ABRE NOVOS CAMINHOS

@michelsimplicio

Em que área da sua vida você precisa confiar mais para ver Deus agir?

Diante de desafios e becos sem saída, é fácil desanimar. Mas Deus é especialista em abrir caminhos onde ninguém imagina. Ele declarou: "Vejam, estou fazendo uma coisa nova! Ela já está surgindo! [...] Até no deserto vou abrir um caminho e riachos no ermo" (Isaías 43.19). Deus transforma impossibilidades em milagres e abre portas onde não há saída.

Os israelitas vivenciaram isso ao cruzar o mar Vermelho. Quando tudo parecia perdido, Deus abriu um caminho onde só havia águas. Moisés disse: "O Senhor lutará por vocês; tão somente acalmem-se" (Êxodo 14.14). No tempo certo, Deus interveio e os conduziu à liberdade, mostrando seu poder.

Se você enfrenta desafios, confie. Deus está alinhando circunstâncias e preparando algo novo. Não se prenda ao passado, mas avance com fé, pois ele já está abrindo o caminho.

ACESSE O QR CODE PARA SABER MAIS

"O impossível se torna caminho quando Deus está no controle."

CUIDE-SE, COMO O SENHOR ORDENA

DIA
007

@michelsimplicio

Deus nos confiou nosso corpo como templo do Espírito Santo, e cuidar dele é honrá-lo. Muitas vezes, negligenciamos nossa saúde física, emocional e mental, mas a Bíblia nos lembra: "O corpo de vocês é templo do Espírito Santo" (1Coríntios 6.19).

Cuidar do corpo é um compromisso espiritual. Jesus nos ensinou a amar a Deus com todas as forças (cf. Marcos 12.30), e isso inclui estar bem para cumprir nosso propósito. Se negligenciarmos nossa saúde, limitamos nossa capacidade de realizar a vontade de Deus e servir ao próximo.

Nosso bem-estar afeta tudo. Quando estamos saudáveis, temos mais energia para a obra do Senhor. Pequenos hábitos fazem a diferença: dormir bem, alimentar-se corretamente, exercitar-se e fortalecer a fé. O equilíbrio entre trabalho, descanso e tempo com Deus nos torna mais eficazes.

O autocuidado não é vaidade, mas um ato de gratidão. Ao cuidar da saúde, você honra a Deus e se capacita para viver o propósito divino.

"Cuidar do corpo é honrar a Deus e se preparar para cumprir seu propósito."

Qual atitude você pode tomar hoje para cuidar melhor do templo que Deus lhe confiou?

ACESSE O QR CODE PARA SABER MAIS

DIA
008

CELEBRE CADA PEQUENA VITÓRIA

@michelsimplicio

As pequenas vitórias de hoje são degraus para os grandes milagres de amanhã.

Nem todas as conquistas serão grandes ou notáveis, mas cada pequena vitória tem valor diante de Deus. A Bíblia nos ensina: "Não desprezem os começos humildes, pois o SENHOR se alegra ao ver a obra começar" (Zacarias 4.10 - NVT). Muitas vezes, queremos ver resultados rápidos, mas o Senhor valoriza o progresso gradual. Cada passo dado com fé nos aproxima do seu propósito.

Davi não começou derrotando gigantes; antes disso, ele enfrentou desafios menores. Enquanto cuidava das ovelhas, lutou contra leões e ursos. Essas batalhas moldaram sua coragem e sua fé. Como ele declarou: "O Senhor que me livrou das garras do leão e das garras do urso me livrará das mãos desse filisteu" (1Samuel 17.37). Deus sempre nos prepara antes das grandes batalhas.

Celebrar as pequenas vitórias é um ato de fé e gratidão. Cada avanço é prova do seu cuidado. Alegre-se, pois ele tem planos grandiosos para sua vida.

ACESSE O QR CODE PARA SABER MAIS

"Quais pequenas vitórias você pode celebrar hoje como prova da fidelidade de Deus?"

UMA FÉ CADA VEZ MAIOR

DIA
009

@michelsimplicio

A fé é o alicerce de nossa caminhada com Deus, mas ela precisa ser fortalecida diariamente. Romanos 10.17 nos ensina que "a fé vem por se ouvir a mensagem, e a mensagem é ouvida mediante a palavra de Cristo". Assim como nosso corpo precisa de alimento para sobreviver, nossa fé necessita ser alimentada com a Palavra de Deus, com oração e comunhão com o Senhor. Os desafios do dia a dia podem abalar nossas convicções, mas, quando mergulhamos nas promessas de Deus, somos renovados.

A cada oração, a cada versículo em que meditamos, a cada momento de entrega, nossa fé cresce e nos torna mais fortes para enfrentar as adversidades. Hebreus 11 é um capítulo que nos inspira com histórias de homens e mulheres que viveram pela fé, mostrando que ela é o combustível para vencermos.

Dedique tempo para estar com Deus diariamente, pois é no relacionamento constante com ele que sua fé será ampliada e se tornará inabalável. Confie que ele está construindo algo grandioso em sua vida por meio dessa jornada de fé.

O que você tem feito diariamente para alimentar sua fé?

....

....

....

....

....

....

....

....

....

....

....

"Uma fé viva cresce a cada dia na presença de Deus."

ACESSE O QR CODE PARA SABER MAIS

DIA
010

NÃO DEIXE DEUS POR ÚLTIMO

@michelsimplicio

O que você pode mudar hoje para dar a Deus o lugar de prioridade que ele merece?

....

....

....

....

....

....

....

....

....

....

ACESSE O QR CODE PARA SABER MAIS

Muitas vezes, em meio à correria da vida, acabamos deixando o Senhor em segundo plano ou até mesmo por último. No entanto, ele nos chama a buscá-lo em primeiro lugar, garantindo que nosso coração esteja voltado para sua presença.

Em Mateus 6.33, Jesus disse: "Busquem, pois, em primeiro lugar o Reino de Deus e a sua justiça, e todas essas coisas serão acrescentadas a vocês". Quando colocamos o Criador no centro de nossas prioridades, experimentamos sua paz, direção e provisão em todas as áreas de nossa vida. Deixar Deus por último é esquecer que tudo o que temos vem dele. Provérbios 3.6 nos orienta: "Reconheça o SENHOR em todos os seus caminhos, e ele endireitará as suas veredas".

Hoje, reavalie como você tem usado seu tempo, energia e recursos. Priorizar o Senhor não é apenas um ato de obediência, mas também uma expressão de amor e gratidão por tudo o que ele já fez por você. Comece cada dia entregando seus planos a ele e permitindo que ele guie suas decisões. Não deixe Deus por último; ele merece e deve ocupar o primeiro lugar em sua vida, todos os dias.

"Coloque Deus em primeiro lugar e veja a mão dele agir em sua vida."

A FORÇA DE UM ENCORAJAMENTO

DIA 011

@michelsimplicio

Às vezes, uma palavra de encorajamento é tudo de que alguém precisa para continuar. Barnabé é conhecido na Bíblia como "filho da consolação", porque dedicou sua vida a encorajar os outros (cf. Atos 4.36-37). Ele foi fundamental para que Paulo fosse aceito entre os apóstolos e deu uma nova chance a Marcos quando muitos duvidaram dele. O encorajamento tem poder de ressuscitar sonhos, restaurar corações e renovar forças.

Você conhece alguém que esteja à beira de desistir, sentindo-se esquecido ou desanimado? Seja você aquele que levanta, acredita e impulsiona! Uma palavra sua pode ser a diferença entre a desistência e a vitória na vida de alguém. Incentivar é um ato de fé e amor.

Escolha ser alguém que semeia coragem e esperança. Alguém precisa da sua voz para se levantar.

"O encorajamento que você oferece hoje pode mudar o destino de alguém amanhã."

Quem Deus quer que você encoraje com palavras de fé e esperança hoje?

ACESSE O QR CODE PARA SABER MAIS

DIA
012

@michelsimplicio

TENHA TEMPO PARA LOUVAR A DEUS

Você tem separado um momento diário para louvar e agradecer a Deus?

Em meio à correria do dia a dia, é fácil esquecer de reservar tempo para louvar a Deus. O louvor é uma expressão de gratidão e adoração que nos conecta ao Criador, ajudando-nos a reconhecer suas bênçãos em nossa vida. Salmos 34.1 declara: "Bendirei o SENHOR o tempo todo! Os meus lábios sempre o louvarão".

Louvar ao Senhor não se limita aos momentos na igreja; é algo que podemos fazer em qualquer lugar e a qualquer momento, por meio de palavras, pensamentos e atitudes de adoração. Quando louvamos, mudamos nosso foco das dificuldades para a grandeza de Deus, o que traz paz e alegria ao coração.

Paulo e Silas, mesmo presos, louvaram ao Senhor, e isso trouxe uma mudança sobrenatural (cf. Atos 16.25-26). O louvor transforma não apenas nosso interior, mas também o ambiente ao nosso redor, abrindo portas para milagres.

Reserve tempo hoje para louvar a Deus, seja cantando, orando ou agradecendo. Descubra como o louvor renova sua fé e traz força para seguir em frente.

ACESSE O QR CODE PARA SABER MAIS

"O louvor transforma corações e ambientes; louve a Deus em todo tempo."

AVANCE, APESAR DOS OBSTÁCULOS

DIA **013**

@michelsimplicio

A caminhada cristã sempre terá desafios. Os obstáculos muitas vezes aparecem para testar nossa fé e nos ensinar a depender de Deus. Paulo enfrentou perseguições, fome e prisões, mas nunca desistiu. Ele tinha convicção de que nada poderia afastá-lo do amor e dos propósitos do Senhor.

Como está escrito: "Pois estou convencido de que nem morte nem vida, nem anjos nem demônios, nem o presente nem o futuro, nem quaisquer poderes [...] será capaz de nos separar do amor de Deus que está em Cristo Jesus" (Romanos 8.38-39).

Muitas vezes, as dificuldades parecem intransponíveis, mas, com fé e obediência, seguimos adiante. José foi rejeitado, vendido como escravo e injustamente preso, mas confiou no Senhor. No tempo certo, Deus transformou toda dor em propósito e realizou seus planos. O mesmo acontece conosco: ele usa cada obstáculo para nos moldar e nos levar mais longe.

O que tem tentado impedi-lo de avançar? Como você pode confiar mais no agir de Deus?

....

....

....

....

....

....

....

....

....

"Nenhuma barreira é grande demais para quem confia no Deus do impossível."

ACESSE O QR CODE PARA SABER MAIS

DIA
014

@michelsimplicio

O PODER DE UMA VIDA DE ORAÇÃO

Como você pode fortalecer sua vida de oração diariamente?

....

....

....

....

....

....

....

....

....

....

....

A oração não é um ato religioso, mas um canal direto de comunhão com Deus. Quando oramos, reconhecemos nossa total dependência dele e permitimos que sua paz e direção guiem nossa vida. A Bíblia nos ensina que "a oração de um justo é poderosa e eficaz" (Tiago 5.16), e essa verdade se confirma em toda a Escritura.

Vemos exemplos do poder da oração na vida de muitos servos de Deus: Elias orou com fervor, e a chuva cessou por três anos; Ana clamou ao Senhor, e sua súplica foi atendida com o nascimento de Samuel; até mesmo Jesus constantemente buscava o Pai antes de tomar decisões cruciais. A oração não apenas transforma circunstâncias, mas também molda o coração de quem ora, trazendo força e renovação.

Uma vida de oração fortalece a fé e traz paz em meio às lutas. Deus ouve e responde àqueles que clamam com sinceridade. Nenhum problema é pequeno ou grande demais para ser posto diante do Senhor. A oração nos conecta com o poder divino e abre portas que o esforço humano jamais poderia abrir.

ACESSE O QR CODE PARA SABER MAIS

"A oração é a chave que abre portas impossíveis."

DEUS NUNCA SE ATRASA

DIA
015

@michelsimplicio

Esperar pode ser difícil, especialmente quando parece que Deus está demorando a responder nossas orações. Muitas vezes, questionamos a razão da demora, mas a Bíblia nos ensina: "O Senhor não demora em cumprir a sua promessa, como julgam alguns. Ao contrário, ele é paciente com vocês" (2Pedro 3.9). Deus não age conforme o nosso tempo, mas no momento certo e perfeito.

Marta e Maria sentiram isso quando perderam Lázaro. Para elas, Jesus chegou tarde demais. Mas ele declarou: "Eu sou a ressurreição e a vida. Aquele que crê em mim, ainda que morra, viverá" (João 11.25). No tempo exato, Cristo trouxe vida onde só havia dor e sofrimento. Seu plano é maior do que imaginamos, e ele nunca falha.

Se você está esperando uma resposta, lembre-se: o silêncio de Deus não significa ausência. Ele está trabalhando nos bastidores, preparando tudo no tempo perfeito. Confie na fidelidade do Senhor, pois ele sempre cumpre suas promessas e nunca chega atrasado.

Como você pode fortalecer sua fé enquanto espera pelo tempo certo de Deus?

"O tempo de Deus nunca é atraso, mas um propósito em ação."

ACESSE O QR CODE PARA SABER MAIS

DIA
016

O SACRIFÍCIO PERFEITO DE JESUS

@michelsimplicio

Como o sacrifício de Jesus transforma sua vida diária?

O sacrifício de Jesus foi o maior ato de amor e redenção. Ele tomou sobre si o castigo que merecíamos e nos reconciliou com Deus. A Bíblia declara: "Mas ele foi traspassado por causa das nossas transgressões, foi esmagado por causa de nossas iniquidades; o castigo que nos trouxe paz estava sobre ele, e pelas suas feridas fomos curados" (Isaías 53.5). Jesus, o Cordeiro perfeito, ofereceu seu sangue para nos dar acesso ao Pai.

Por meio desse sacrifício, fomos libertos do pecado e da morte. Como está escrito: "Porque, com uma única oferta, aperfeiçoou para sempre os que estão sendo santificados" (Hebreus 10.14 - NAA). Não precisamos mais de sacrifícios humanos para nos achegarmos a Deus. Cristo fez tudo por nós.

Essa entrega nos chama à gratidão e à obediência. Deus nos ama incondicionalmente e deseja comunhão conosco. Você é amado, perdoado e redimido pelo sangue de Jesus. Celebre essa verdade e viva com a confiança de quem foi salvo por amor.

ACESSE O QR CODE PARA SABER MAIS

"O sacrifício de Jesus prova o amor incondicional de Deus por nós."

LEVE O AMOR DE DEUS AO MUNDO

DIA
017

@michelsimplicio

Deus nos chamou para sermos canais do seu amor. Em um mundo marcado por egoísmo e dor, temos o privilégio de refletir a luz de Cristo em nossas atitudes e palavras. Jesus declarou: "Assim brilhe a luz de vocês diante dos homens, para que vejam as suas boas obras e glorifiquem ao Pai" (Mateus 5.16). Espalhar o amor de Deus é mais do que falar sobre ele; é demonstrá--lo diariamente por meio de nossas atitudes e escolhas.

O maior exemplo de amor foi Jesus na cruz. Ele nos amou quando ainda éramos pecadores e nos chamou a seguir seu exemplo, amando ao próximo como ele nos amou (cf. João 13.34). Esse amor se manifesta em compaixão, perdão e serviço ao próximo, revelando Cristo em nós e mostrando ao mundo quem ele é.

Não são necessários grandes gestos, mas, sim, um coração disposto a servir. Uma palavra de encorajamento, um ato de generosidade ou simplesmente ouvir alguém pode fazer toda a diferença. Cada atitude de amor tem o poder de transformar vidas, fortalecer relacionamentos e glorificar a Deus.

O que você pode fazer hoje para espalhar o amor de Deus?

"Quando espalhamos o amor de Deus, iluminamos o mundo com a luz de Cristo."

ACESSE O QR CODE PARA SABER MAIS

DIA
018

ENXERGUE A VITÓRIA ANTES DE ALCANÇÁ-LA

@michelsimplicio

Em que área da sua vida você precisa enxergar a vitória pela fé?

A fé nos chama a enxergar a vitória antes mesmo de ela se concretizar. O autor de Hebreus nos ensina: "Ora, a fé é a certeza daquilo que esperamos e a prova das coisas que não vemos" (Hebreus 11.1). Mesmo quando as circunstâncias dizem o contrário, Deus nos convida a confiar em suas promessas e olhar para o futuro com os olhos da fé.

Josué e Calebe enxergaram a terra prometida como uma vitória garantida pelo Senhor, mesmo quando os outros espias viam apenas gigantes e dificuldades. Eles declararam com ousadia: "Se o SENHOR se agradar de nós, ele nos fará entrar nessa terra, onde há leite e mel com fartura, e a dará a nós" (Números 14.8). Essa confiança na promessa divina os diferenciou e os conduziu à vitória.

Enxergar a vitória antes de alcançá-la é um ato de adoração e confiança em Deus. Declare suas promessas, mantenha os olhos fixos nele e creia que ele cumprirá no tempo certo o que prometeu.

ACESSE O QR CODE PARA SABER MAIS

"A vitória já está garantida para aqueles que confiam em Deus."

NÃO DESISTA DO SEU CHAMADO

DIA
019

@michelsimplicio

Deus nunca erra ao nos escolher. Ele sabia quem você seria, suas fraquezas e desafios, mas ainda assim o chamou. Jeremias enfrentou dúvidas semelhantes, mas Deus lhe assegurou: "Antes de formá-lo no ventre, eu o escolhi" (Jeremias 1.5). Essa verdade nos lembra de que o Senhor não comete erros. Ele conhece nossas limitações e, mesmo assim, nos capacita com o seu poder.

Muitas vezes, o desânimo e as dificuldades tentam nos afastar do propósito, mas o Espírito Santo está presente para nos renovar e fortalecer. O apóstolo Paulo encorajou Timóteo a reavivar o dom de Deus, mesmo em meio aos desafios (cf. 2Timóteo 1.6). Você não está sozinho! Seu chamado é uma missão divina, uma oportunidade de fazer a diferença no mundo.

Não permita que as adversidades apaguem a chama que Deus pôs em você. Persevere com confiança, sabendo que ele é fiel para completar a obra que começou em sua vida. Avance com fé e coragem, pois quem o chamou está ao seu lado em todos os momentos.

"Deus o escolheu com um propósito eterno; não desista, ele está ao seu lado."

O que você fará hoje para renovar sua fé no chamado que Deus lhe confiou?

....

....

....

....

....

....

....

....

....

....

ACESSE O QR CODE PARA SABER MAIS

DIA
020

CONFIE NA JUSTIÇA DO SENHOR

@michelsimplicio

Você tem confiado nas promessas de justiça do Senhor?

Vivemos em um mundo onde as injustiças parecem prevalecer e, muitas vezes, sentimos que não há resposta ou solução à vista. Mas a Palavra de Deus nos lembra constantemente de que ele é um justo juiz, fiel em suas promessas e ações.

Salmos 37.28 declara: "Pois o SENHOR ama a justiça e não abandonará os seus fiéis". Mesmo quando enfrentamos situações difíceis, em que tudo parece perdido, somos chamados a confiar que Deus é perfeito em seus caminhos. Quando tentamos resolver as injustiças com nossas próprias mãos, acabamos nos desgastando. Mas Romanos 12.19 nos orienta: "A mim pertence a vingança; eu é que retribuirei, diz o Senhor" (NAA). Essa verdade nos ensina a entregar nossas lutas ao Senhor e descansar nele.

A justiça de Deus pode parecer tardia aos nossos olhos, mas ela nunca falha. Enquanto você espera pela intervenção divina, permaneça fiel, pratique o bem e confie no Deus que sempre age no tempo perfeito.

ACESSE O QR CODE PARA SABER MAIS

"A justiça de Deus é perfeita e sempre chega no tempo certo."

VIVA PARA A GLÓRIA DE DEUS

DIA **021**

@michelsimplicio

Fomos criados para glorificar ao Senhor em tudo o que fazemos. Em 1Coríntios 10.31, Paulo nos ensina: "Portanto, quer vocês comam, quer bebam, quer façam qualquer outra coisa, façam para a glória de Deus" (NVT). Viver para a glória do Criador significa refletir seu caráter em nossas atitudes, palavras e escolhas. Não se trata apenas de grandes feitos, mas de fidelidade nos pequenos detalhes do dia a dia.

Quando agimos com amor, graça e verdade, apontamos para o Deus a quem servimos. Jesus é nosso maior exemplo, vivendo uma vida completamente dedicada ao Pai, mesmo em meio a desafios. Quando nos dispomos a buscar a vontade do Eterno acima da nossa, demonstramos que ele é o centro de nossa vida.

Pergunte-se: minhas ações têm glorificado a Deus? Se houver algo que precisa ser ajustado, peça ao Espírito Santo que o conduza. Viva hoje e todos os dias com o propósito de exaltar o nome do Senhor em tudo o que fizer.

Suas atitudes têm glorificado ao Senhor diariamente?

"Sua vida é um reflexo da glória de Deus. Viva para exaltá-lo!"

ACESSE O QR CODE PARA SABER MAIS

DIA
022

@michelsimplicio

ABANDONE O QUE NÃO EDIFICA

O que você precisa deixar para trás, hoje, para avançar no propósito de Deus?

Em nossa caminhada com Deus, muitas vezes carregamos pesos que nos impedem de avançar. Eles podem ser mágoas, pecados ou hábitos que não edificam nossa vida espiritual. Hebreus 12.1 nos exorta: "Deixemos todo o embaraço, e o pecado que tão de perto nos rodeia, e corramos com paciência a carreira que nos está proposta" (ACF). Para viver plenamente os planos de Deus, precisamos abandonar o que nos prende ao passado ou nos afasta de sua vontade. Deixar para trás não é fácil, mas é necessário para experimentar a liberdade que Cristo oferece.

Paulo também declarou: "Esquecendo-me das coisas que ficaram para trás e avançando para as que estão adiante, prossigo para o alvo" (Filipenses 3.13-14). Isso significa focar no propósito que Deus tem para você e confiar que ele proverá força e direção.

Hoje, escolha soltar aquilo que não edifica. Abra mão do que pesa e entregue tudo nas mãos de Deus, confiando que ele tem algo melhor preparado para você.

ACESSE O QR CODE PARA SABER MAIS

"Soltar o que pesa nos liberta para viver o melhor de Deus."

NEM TODA CRÍTICA MERECE RESPOSTA

DIA
023

@michelsimplicio

Às vezes, somos tentados a rebater tudo o que ouvimos. Uma palavra atravessada, uma crítica injusta — e lá estamos, armados com justificativas. Mas a maturidade espiritual nos ensina que nem toda crítica merece resposta. Jesus foi criticado, caluniado e acusado injustamente, mas diante de Pilatos permaneceu em silêncio (cf. Mateus 27.12-14). Isso não foi fraqueza, foi sabedoria.

A resposta nem sempre convence, mas o silêncio, muitas vezes, revela domínio próprio e confiança em Deus. Provérbios 26.4 nos aconselha: "Não respondas ao tolo segundo a sua estultícia; para que também não te faças semelhante a ele" (ACF). Nem toda crítica vem para edificar; algumas visam apenas a provocar. Discernir isso é sinal de maturidade. Responder ao que não edifica pode ser desperdício de energia e paz.

Antes de reagir, ore. Antes de responder, pense. Que o Espírito Santo nos ensine a escolher nossas batalhas e a manter o coração em paz, mesmo em meio a palavras injustas.

Você tem gastado energia respondendo a críticas que Deus o chamou para ignorar?

....

....

....

....

....

....

....

....

....

"O silêncio também é uma resposta — e, às vezes, é a mais sábia."

ACESSE O QR CODE PARA SABER MAIS

DIA
024

RENOVE SUA MOTIVAÇÃO

@michelsimplicio

O que você pode fazer hoje para buscar motivação na presença de Deus?

....

....

....

....

....

....

....

....

....

....

Em nossa jornada, é normal sentir a motivação enfraquecer diante de desafios, frustrações e lutas diárias. No entanto, Deus nos oferece uma fonte inesgotável de força, renovação e encorajamento.

Isaías 40.31 nos lembra: "Mas aqueles que esperam no SENHOR renovam as suas forças. Voam alto como águias; correm e não ficam exaustos, andam e não se cansam". Renovar sua motivação começa com um coração voltado para Deus, reconhecendo que é dele que vem sua força e esperança. Paulo também nos ensina em Gálatas 6.9: "Não nos cansemos de fazer o bem, pois no tempo próprio colheremos se não desistirmos". Por meio da oração, da meditação na Palavra e da busca constante pela presença de Deus, encontramos novo ânimo para seguir em frente. Mesmo quando o caminho parece difícil ou sem resultados imediatos, Deus promete sustentar aqueles que confiam nele.

Hoje, escolha renovar sua motivação buscando a presença do Senhor. Ele é a fonte de energia, propósito e perseverança que você precisa para continuar avançando com fé e coragem.

ACESSE O QR CODE PARA SABER MAIS

"Deus é a fonte inesgotável de motivação e força para sua jornada."

O DEUS QUE REALIZA SONHOS

DIA **025**

@michelsimplicio

Deus é o realizador dos sonhos mais profundos do coração humano. Ele nos conhece e nos chama para viver propósitos além do que podemos imaginar. Como está escrito: "Pois nele foram criadas todas as coisas nos céus e na terra [...]; todas as coisas foram criadas por ele e para ele" (Colossenses 1.16). Quando entregamos nossos sonhos ao Senhor, ele os transforma, conforme sua vontade.

José sonhou ser líder, mas enfrentou rejeição e anos de espera até ver seus sonhos realizados. Mesmo nas dificuldades, permaneceu fiel, confiando em Deus. No tempo certo, ele cumpriu suas promessas e usou José para salvar vidas.

Lembre-se: o Deus que colocou sonhos no seu coração é o mesmo que tem poder para realizá-los. Confie nele, mesmo quando o caminho parecer difícil, pois ele transforma impossíveis em realidade.

Quais sonhos você precisa entregar a Deus para que ele os transforme em algo extraordinário?

"Deus transforma sonhos alinhados à sua vontade em grandes realizações."

ACESSE O QR CODE PARA SABER MAIS

DIA
026

RELACIONAMENTOS QUE EDIFICAM A FÉ

@michelsimplicio

Como você pode fortalecer seus relacionamentos para edificar sua fé?

Os relacionamentos que cultivamos influenciam diretamente nossa caminhada espiritual. A Bíblia ensina: “Assim como o ferro afia o ferro, o homem afia o seu companheiro” (Provérbios 27.17). Precisamos estar cercados de pessoas que fortalecem nossa fé e nos aproximam de Deus.

A amizade entre Davi e Jônatas é um grande exemplo de relacionamento edificante (cf. 1Samuel 18.3). Jônatas encorajou Davi em tempos difíceis e o ajudou a permanecer firme no propósito de Deus. Amigos que compartilham a mesma fé nos impulsionam a crescer e nos sustentam em oração.

Relacionamentos saudáveis não são baseados apenas em afinidade, mas em compromisso com a verdade e o amor de Cristo. Escolher bem com quem caminhamos nos ajuda a evitar influências negativas e nos fortalece para cumprir o chamado de Deus.

ACESSE O QR CODE PARA SABER MAIS

“Relacionamentos firmados em Deus nos fazem crescer espiritualmente.”

OS TRÊS CHAMADOS DE CRISTO

DIA
027

@michelsimplicio

Cristo nos convida a viver em sua presença de forma plena. Seu chamado transforma nossa vida e nos direciona para seu propósito. O primeiro chamado é pertencer a ele. Jesus diz: "Venham a mim, todos os que estão cansados e sobrecarregados, e eu darei descanso a vocês" (Mateus 11.28). Nele encontramos salvação e repouso.

O segundo chamado é estar com ele. Não somos apenas servos, mas amigos e filhos. Jesus chamou discípulos para estarem perto dele: "Escolheu doze, designando-os como apóstolos, para que estivessem com ele, os enviasse a pregar" (Marcos 3.14). Sua presença nos molda e fortalece.

O terceiro chamado é servi-lo. Somos enviados para levar seu amor ao mundo: "Portanto, vão e façam discípulos de todas as nações" (Mateus 28.19). Servir a Cristo é retribuir o que recebemos dele.

Qual chamado de Cristo você precisa fortalecer em sua vida hoje?

"O chamado de Cristo nos transforma e nos conduz ao centro de sua vontade."

ACESSE O QR CODE PARA SABER MAIS

DIA
028

@michelsimplicio

SEJA UM CANAL DA PROVISÃO DE DEUS

Como você pode ser um canal da provisão de Deus hoje?

Deus nos abençoa para que possamos abençoar outros. A Bíblia diz: “Dai, e ser-vos-á dado; boa medida, recalcada, sacudida e transbordando, vos deitarão no vosso regaço” (Lucas 6.38 – ACF). Quando nos dispomos a ser um canal de provisão, experimentamos o milagre da multiplicação.

A viúva de Sarepta, ao obedecer à palavra do profeta Elias e compartilhar o pouco que tinha, viu sua provisão ser multiplicada de maneira sobrenatural (cf. 1Reis 17.13-16). Sua generosidade abriu as portas para o sustento contínuo em meio à seca.

Ser um canal da provisão de Deus é agir com fé, sabendo que o Senhor é a fonte inesgotável de recursos. Quando entregamos o que temos com alegria, Deus nos confia ainda mais. Não retenha o que o Senhor lhe deu; compartilhe e veja o poder da provisão divina. Deus busca corações dispostos a obedecer. Seja um canal de bênçãos, e sua vida será um testemunho do cuidado divino.

ACESSE O QR CODE PARA SABER MAIS

“Quem se dispõe a abençoar experimenta a provisão de Deus.”

ORANDO ATÉ QUE ALGO ACONTEÇA

DIA
029

@michelsimplicio

Há momentos em que oramos e não vemos respostas imediatas. A sensação é de que nada está acontecendo, mas a fé nos ensina a perseverar.

Ana, mãe de Samuel, é um exemplo de alguém que orou intensamente até que Deus respondeu (cf. 1Samuel 1.10-20). Ela não desistiu diante da dor nem permitiu que o tempo apagasse a esperança. Em vez disso, derramou o coração diante do Senhor e continuou crendo.

Talvez você esteja esperando algo há muito tempo. Não desanime! Cada oração feita em fé está gerando movimentos no mundo espiritual que você ainda não pode ver. Deus honra a perseverança. Quando oramos e continuamos firmes, mesmo sem evidências imediatas, mostramos que confiamos mais na Palavra de Deus do que nas circunstâncias. Continue orando até que algo aconteça. No tempo certo, você verá a resposta e dará glória a Deus.

Por qual área da sua vida você precisa perseverar em oração hoje?

“Perseverar em oração é confiar que Deus está agindo, mesmo quando não vemos.”

ACESSE O QR CODE PARA SABER MAIS

DIA
030

PROSPERIDADE QUE VEM DA OBEDIÊNCIA

@michelsimplicio

Que área da sua vida precisa de mais obediência hoje?

A verdadeira prosperidade não é fruto de sorte, mas da graça do Senhor e de uma vida pautada na obediência a Deus. A Bíblia afirma: "Se quiserdes e me ouvirdes, comereis o melhor desta terra" (Isaías 1.19 - ARA). A obediência alinha nosso coração aos princípios divinos e abre portas que o esforço humano, por si só, não consegue.

Quando o povo de Israel obedecia às instruções do Senhor, experimentava provisão e colheitas abundantes. Foi assim no deserto, quando obedeceu à ordem de recolher o maná diariamente. Deus nunca falhou em cuidar daqueles que seguiam sua direção.

Prosperidade não se limita a bens materiais, mas envolve paz, saúde e o favor do Eterno sobre nossa vida. Quem obedece à Palavra constrói uma base sólida para o futuro. Decida hoje viver em obediência e experimente a prosperidade que vem do Alto.

ACESSE O QR CODE PARA SABER MAIS

"A obediência agrada profundamente o coração de Deus, que exerce sua graça em nós."

SE COMEÇOU, TERMINE!

DIA
031

@michelsimplicio

A firmeza nas decisões é marca daqueles que confiam em Deus. Jesus ensinou que quem põe a mão no arado e olha para trás não é apto para o Reino de Deus (cf. Lucas 9.62).

Começar é importante, mas permanecer até o fim é o que revela um coração comprometido. Muitos começam animados, mas desistem no meio do caminho em razão das dificuldades e distrações.

Talvez você tenha iniciado algo que Deus o mandou fazer e, diante dos obstáculos, pensou em parar. Não permita que o cansaço ou o medo roubem de você o que o Senhor já preparou.

A verdadeira vitória pertence aos que não desistem. Se começou, termine! Persevere com fé, porque quem permanece firme verá a promessa cumprida.

Em que área Deus o está chamando a permanecer firme até o fim?

"Quem decide com fé precisa permanecer com firmeza até ver a promessa."

ACESSE O QR CODE PARA SABER MAIS

DIA
032

FÉ INABALÁVEL

@michelsimplicio

Como você pode demonstrar sua fé com confiança hoje?

Nossa fé é um testemunho poderoso que fortalece a caminhada e toca vidas. Afirmar aquilo em que cremos é um ato de coragem e obediência a Deus. Paulo afirmou: "Não me envergonho do evangelho, porque é o poder de Deus para a salvação" (Romanos 1.16). Quando proclamamos nossa fé, compartilhamos a verdade que transforma corações e fortalece a esperança.

Daniel é um exemplo de fé inabalável. Mesmo proibido de orar, manteve sua fidelidade, abrindo as janelas de sua casa e orando publicamente. Sua firmeza demonstrou a glória de Deus e impactou aqueles ao seu redor. Como está escrito: "Se você confessar com a sua boca que Jesus é Senhor e crer em seu coração que Deus o ressuscitou dentre os mortos, será salvo." (Romanos 10.9).

Nossas afirmações de fé fortalecem a confiança em Deus e nos alinham às suas promessas. Ainda que surjam desafios, confie que ele honra sua coragem. Sua fé declarada pode ser a inspiração que alguém precisa para conhecer o amor e o poder de Deus.

ACESSE O QR CODE PARA SABER MAIS

"Declarar sua fé fortalece sua confiança em Deus e inspira outros a crer."

DEUS USA QUEM NINGUÉM ESPERA

DIA **033**

@michelsimplicio

Deus é especialista em escolher pessoas improváveis para realizar seus grandes propósitos. Ele não se baseia na aparência, na força ou no *status*, mas no coração disposto a obedecer e confiar. Como está escrito: "O SENHOR não vê como o homem: o homem vê a aparência, mas o SENHOR vê o coração" (1Samuel 16.7). Deus sempre surpreende ao usar quem o mundo considera inadequado.

Davi era apenas um jovem pastor, esquecido até mesmo pela própria família, mas foi escolhido para ser rei de Israel. Gideão, escondido no lagar com medo dos inimigos, foi chamado de "homem valente" por Deus e liderou Israel à vitória com um pequeno exército. Em ambos os casos, o Senhor mostrou que não importa quão improvável alguém pareça ser, ele pode realizar grandes coisas por meio de quem confia nele.

Se você se sente pequeno ou incapaz, lembre-se de que Deus não escolhe os capacitados; ele capacita os escolhidos. Os improváveis nas mãos do Eterno se tornam poderosos instrumentos para manifestar sua glória. Confie nisto: ele pode usar sua vida, mesmo nas suas fraquezas, para cumprir algo extraordinário.

"Deus transforma os improváveis em ferramentas poderosas para a sua glória."

Qual área da sua vida você precisa entregar a Deus para que ele o use de forma extraordinária?

....

....

....

....

....

....

....

....

....

ACESSE O QR CODE PARA SABER MAIS

DIA
034

@michelsimplicio

CONEXÕES QUE HONRAM A DEUS

Como você pode fortalecer conexões que glorifiquem a Deus hoje?

....

....

....

....

....

....

....

....

....

....

....

Fomos criados para viver em comunhão e construir relacionamentos que glorifiquem a Deus. Nossas conexões moldam nosso caráter, fortalecem nossa fé e nos ajudam a cumprir o propósito divino.

A Bíblia ensina: "Assim como o ferro afia o ferro, o homem afia o seu companheiro" (Provérbios 27.17). Relacionamentos saudáveis nos impulsionam espiritualmente e refletem o amor de Cristo.

Jesus nos mostrou como construir conexões verdadeiras. Ele serviu, amou e discipulou, ensinando: "Amem-se uns aos outros. Como eu os amei, vocês devem amar-se uns aos outros." (João 13.34). Esse amor deve ser a base de nossas relações. Quando pomos Deus no centro, nossos relacionamentos edificam vidas e cumprem sua vontade. Escolha amizades que fortaleçam sua fé. Relacionamentos que honram ao Senhor transformam vidas e impactam aqueles ao seu redor.

ACESSE O QR CODE PARA SABER MAIS

"Relacionamentos que honram a Deus edificam vidas e refletem seu amor."

VENÇA O MEDO COM A PALAVRA

DIA
035

@michelsimplicio

O medo é uma emoção que todos enfrentamos, mas o Senhor nos dá sua Palavra como uma arma poderosa para vencê-lo. O salmista declarou: "Em Deus, cuja palavra eu louvo, em Deus eu confio e não temerei. Que poderá fazer-me o simples mortal?" (Salmos 56.4). A confiança na Palavra de Deus nos fortalece, mesmo diante das situações mais assustadoras.

Quando Josué foi chamado para liderar o povo de Israel, ele também enfrentou medo e incerteza. Mas o Eterno o encorajou: "Não fui eu que ordenei a você? Seja forte e corajoso! Não se apavore nem desanime, pois o SENHOR, o seu Deus, estará com você por onde você andar" (Josué 1.9). Esse comando nos lembra de que não estamos sozinhos, pois o Senhor caminha conosco em cada desafio.

A Palavra de Deus não apenas conforta, mas também nos equipa para combater o medo. Ler em voz alta, meditar nela e crer em suas promessas são passos fundamentais para vencermos essa batalha. Substitua os pensamentos de medo pela verdade da Escritura, que diz que, em Cristo, somos mais que vencedores.

"A Palavra de Deus transforma o medo em coragem e confiança."

Quais versículos da Bíblia você pode declarar hoje para vencer o medo que enfrenta?

ACESSE O QR CODE PARA SABER MAIS

DIA
036

@michelsimplicio

CULTIVE UMA VIDA DE GRATIDÃO

Pelo que você pode agradecer a Deus, hoje, apesar das dificuldades?

A gratidão é uma chave poderosa que transforma nosso coração e fortalece nossa fé. Quando escolhemos agradecer, reconhecemos que tudo vem do Senhor. Paulo nos ensina: "Deem graças em todas as circunstâncias, pois esta é a vontade de Deus" (1Tessalonicenses 5.18). A gratidão não depende das situações, mas de uma postura de confiança no cuidado divino.

Jesus nos deu um grande exemplo ao agradecer antes de multiplicar pães e peixes (cf. João 6.11). Mesmo com poucos recursos, ele agradeceu, e o milagre aconteceu. Isso nos ensina que a gratidão abre portas para provisões inesperadas e nos ajuda a ver que Deus sempre provê.

Cultivar uma vida de gratidão não significa ignorar os desafios, mas reconhecer a fidelidade do Senhor em cada detalhe. Quando agradecemos, nosso coração se enche de paz e alegria, e aprendemos a enxergar o agir divino. A gratidão nos ensina a valorizar o que temos e a esperar em Deus com confiança. Comece hoje a agradecer pelas pequenas coisas e veja sua perspectiva mudar!

ACESSE O QR CODE PARA SABER MAIS

"A gratidão abre portas para o sobrenatural e fortalece nossa fé."

O PERDÃO MANIFESTA A GRAÇA DIVINA

DIA 037

@michelsimplicio

O perdão manifesta a graça de Deus em nossa vida. Não somos perdoados por mérito, mas porque ele nos ama. A Bíblia ensina: "Se confessarmos os nossos pecados, ele é fiel e justo para perdoar os nossos pecados" (1João 1.9). O perdão divino nos transforma e restaura nossa comunhão com o Pai.

Jesus ilustrou essa verdade na parábola do credor incompassivo (cf. Mateus 18.21-35). Assim como Deus nos perdoa abundantemente, devemos perdoar os outros. O perdão liberta a alma, cura feridas e reflete o caráter divino. Guardar mágoas nos prende ao passado, mas perdoar nos permite avançar.

A graça no perdão nos lembra de que não há pecado que o Senhor não possa apagar. Ele nos convida ao arrependimento e nos chama a perdoar, manifestando seu amor em nossas atitudes, tornando-nos reflexo do seu caráter no mundo.

Quem você precisa perdoar para experimentar a plenitude da graça divina?

"O perdão nos liberta e revela a graça de Deus em nós."

ACESSE O QR CODE PARA SABER MAIS

DIA
038

@michelsimplicio

CONTINUE ACREDITANDO

Em qual promessa de Deus você precisa continuar acreditando hoje?

Às vezes, as circunstâncias tentam nos convencer de que não vale a pena seguir crendo. Abraão esperou anos pela promessa de um filho, mas, mesmo quando tudo parecia impossível, ele continuou acreditando, e Deus cumpriu sua palavra (cf. Romanos 4.20-21).

A fé verdadeira não se baseia no que vemos, mas no que o Senhor prometeu. Pode ser que você esteja esperando há muito tempo por algo que ele pôs em seu coração. Não desista! Quem prometeu é fiel para cumprir! Continue orando, meditando na Palavra e caminhando em fé, mesmo que as evidências naturais digam o contrário. A perseverança na fé agrada a Deus e leva ao cumprimento das promessas.

Quem permanece firme no meio da espera verá a mão divina agir de maneira poderosa. Não permita que o tempo ou as dificuldades apaguem sua esperança. Continue acreditando que o Eterno fará o melhor na hora certa.

ACESSE O QR CODE PARA SABER MAIS

"A fé perseverante transforma promessas distantes em vitórias alcançadas."

NÃO BEBA VENENO

DIA
039

@michelsimplicio

Guardar mágoas e ressentimentos ou permitir que pensamentos negativos dominem sua mente é como beber veneno e esperar que outra pessoa seja afetada. Hebreus 12.15 nos adverte: "Cuidem que ninguém se exclua da graça de Deus; que nenhuma raiz de amargura brote e cause perturbação, contaminando muitos".

A amargura corrói o coração e nos distancia da paz que Deus deseja para nós. Perdoar não é fácil, mas é essencial para libertar a alma e permitir que a graça de Deus flua livremente em nossa vida. Jesus nos ensinou a orar: "Perdoa as nossas dívidas, assim como perdoamos aos nossos devedores" (Mateus 6.12). Isso mostra que o perdão é um ato de obediência e fé, confiando em que Deus é justo e cuidará de todas as coisas.

Hoje, escolha soltar o peso que o prende e confiar no Senhor. Não beba o veneno da amargura; escolha a liberdade do perdão.

Existe algo que você precisa entregar a Deus para viver livre do veneno da amargura?

"O perdão liberta sua alma; a amargura só aprisiona você."

ACESSE O QR CODE PARA SABER MAIS

DIA 040

ALEGRIA DA SALVAÇÃO

@michelsimplicio

Você tem vivido diariamente na alegria que vem da sua salvação em Cristo?

A salvação é o maior presente que podemos receber, e dela vem uma alegria que o mundo não pode oferecer. Davi, ao se arrepender de seus pecados, clamou a Deus: "Devolve-me a alegria da tua salvação e sustenta-me com um espírito pronto a obedecer" (Salmo 51.12). Essa alegria é fruto da certeza de que fomos resgatados pelo amor de Deus por meio de Jesus Cristo. Ela não depende das circunstâncias, mas sim da graça e do sacrifício que nos deram vida eterna.

Muitas vezes, permitimos que as preocupações e os desafios da vida obscureçam essa verdade tão preciosa. No entanto, ao nos lembrarmos do que Cristo fez por nós, nosso coração se enche de gratidão, paz e regozijo. A alegria da salvação nos fortalece, nos dá esperança e nos renova a cada dia, permitindo-nos enfrentar qualquer desafio com confiança.

Hoje, tire um momento para meditar na profundidade do amor de Deus e no privilégio de ser chamado filho dele. Viva com propósito e com a certeza de que, em Cristo, sua alegria está firmada para sempre.

ACESSE O QR CODE PARA SABER MAIS

"A salvação traz uma alegria eterna que ninguém pode tirar."

DEUS HONRA QUEM CONFIA NELE

DIA **041**

@michelsimplicio

Confiar em Deus, mesmo sem enxergar todas as respostas, é um grande ato de fé. Ele é fiel e nunca falha. A Palavra nos assegura: "Os que confiam no SENHOR são como o monte Sião, que não se pode abalar, mas permanece para sempre" (Salmos 125.1). Quando confiamos nele, percebemos seu agir de formas que vão além do nosso entendimento. Nada está fora do seu controle, e ele sempre age no tempo certo.

Abraão nos ensina sobre confiança verdadeira. Deus o chamou para sair de sua terra sem revelar o destino, mas ele creu na promessa de ser pai de muitas nações. Mesmo sem provas visíveis, Abraão não duvidou e fortaleceu sua fé. Como está escrito: "Mesmo assim não duvidou nem foi incrédulo em relação à promessa de Deus, mas foi fortalecido em sua fé e deu glória a Deus, estando plenamente convencido de que ele era poderoso para cumprir o que havia prometido." (Romanos 4.20-21). Seu exemplo nos ensina a confiar sem hesitação.

Deus honra aqueles que se entregam plenamente a ele. Os desafios virão, mas, quando confiamos, descansamos na certeza de que ele está no controle. Creia e veja como Deus transforma sua fé em vitória!

"Deus nunca decepciona quem confia plenamente nele."

Em qual área da sua vida você precisa renovar sua confiança em Deus hoje?

....

....

....

....

....

....

....

....

....

....

ACESSE O QR CODE PARA SABER MAIS

DIA
042

@michelsimplicio

VENÇA A ANSIEDADE COM ORAÇÃO

Você tem confiado a Deus suas preocupações em oração?

A ansiedade muitas vezes nos paralisa, enchendo nosso coração de dúvidas e medos. No entanto, a Palavra de Deus nos oferece um caminho para vencer essa batalha: a oração. Filipenses 4.6-7 nos instrui: "Não andem ansiosos por coisa alguma, mas em tudo, pela oração e súplicas, e com ação de graças, apresentem seus pedidos a Deus. E a paz de Deus, que excede todo o entendimento, guardará o coração e a mente de vocês em Cristo Jesus".

Quando escolhemos confiar nossas preocupações ao Senhor em oração, ele nos presenteia com uma paz que vai além do que podemos compreender. Orar é mais do que pedir; é abrir nosso coração, reconhecer nossa dependência de Deus e descansar na certeza de que ele está no controle. Mesmo diante de circunstâncias difíceis, a oração nos fortalece e renova nossa fé.

Decida hoje enfrentar a ansiedade buscando ao Senhor em oração. Ele é o refúgio seguro e a resposta para toda inquietação. Lembre-se: onde há oração, não há espaço para a ansiedade.

ACESSE O QR CODE PARA SABER MAIS

"A paz que vem da oração é mais forte do que qualquer ansiedade."

ESCOLHA AVANÇAR, MESMO COM DÚVIDAS

DIA
043

@michelsimplicio

Todos enfrentamos momentos de dúvida, mas Deus nos chama a avançar mesmo quando não enxergamos o caminho completo. Em Hebreus 11.8, lemos sobre Abraão: "Pela fé, Abraão, quando chamado, obedeceu e dirigiu-se a um lugar que mais tarde receberia como herança, embora não soubesse para onde estava indo". Ele escolheu confiar na direção de Deus, mesmo sem ter todas as respostas.

Nossas dúvidas não desqualificam nossa fé; elas nos dão a oportunidade de depender ainda mais do Senhor. Pedro, ao ser chamado por Jesus para andar sobre as águas, enfrentou o medo, mas deu o primeiro passo (cf. Mateus 14.29). Embora tenha vacilado, foi sua coragem inicial que o levou a experimentar o poder de Cristo. Deus não exige perfeição, mas obediência. Ele deseja que avancemos, mesmo com inseguranças, confiando que ele está no controle.

Hoje, escolha dar um passo de fé, mesmo sem ver o quadro completo. Deus honra aqueles que, apesar das dúvidas, confiam nele e seguem adiante.

"Mesmo com dúvidas, avance em fé; Deus guia seus passos."

Que passo de fé você pode dar hoje, mesmo enfrentando dúvidas?

ACESSE O QR CODE PARA SABER MAIS

DIA
044

VIVA DE FORMA INTENCIONAL

@michelsimplicio

O que você pode ajustar hoje para viver de forma intencional e para a glória de Deus?

Viver de forma intencional significa fazer escolhas conscientes para cumprir os propósitos de Deus. Em Efésios 5.15-16, Paulo nos instrui: "Tenham cuidado com a maneira como vocês vivem; que não seja como insensatos, mas como sábios, aproveitando ao máximo cada oportunidade, porque os dias são maus".

Muitas vezes, deixamos o tempo passar sem direção clara, mas o Senhor nos chama a viver com propósito e foco em sua vontade. Cada dia é uma oportunidade única para glorificar o Senhor, seja por meio de pequenas ações, seja por meio de grandes decisões que impactam nossa jornada e a de outros. Jesus é o maior exemplo de vida intencional, direcionando cada passo para cumprir a vontade do Pai celestial. Segui-lo requer atenção às nossas prioridades, ações e palavras. Avalie como você tem usado seu tempo e energia em prol do Reino.

Hoje, decida viver intencionalmente, buscando em oração a direção divina para cada escolha. Dedique-se a ele com um coração cheio de propósito, gratidão e determinação.

ACESSE O QR CODE PARA SABER MAIS

"Viver intencionalmente é alinhar sua vida com os propósitos de Deus."

A PAZ DE DEUS

DIA
045

@michelsimplicio

A paz de Deus é um presente que excede todo entendimento humano. Ela não depende das circunstâncias externas, mas vem de um coração que confia plenamente no Senhor. Filipenses 4.6-7 nos ensina: "Não andem ansiosos por coisa alguma, mas em tudo, pela oração e súplicas, e com ação de graças, apresentem seus pedidos a Deus. E a paz de Deus, que excede todo o entendimento, guardará o coração e a mente de vocês em Cristo Jesus". Para receber essa paz, é necessário entregar nossas ansiedades e preocupações ao Senhor em oração.

Jesus prometeu, em João 14.27: "Deixo a paz a vocês; a minha paz dou a vocês. Não a dou como o mundo a dá. Não se perturbe o seu coração, nem tenham medo". A paz divina não é uma ausência de problemas, mas a certeza de que Deus está no controle, mesmo em meio às tempestades.

Hoje, confie suas preocupações ao Senhor e permita que sua paz preencha seu coração. Deus é fiel para guardar e sustentar você em todos os momentos.

O que você pode entregar hoje a Deus para receber a paz que vem dele?

"A paz de Deus é maior que qualquer circunstância ou preocupação."

ACESSE O QR CODE PARA SABER MAIS

DIA
046

VENDO O INVISÍVEL

@michelsimplicio

O que Deus tem mostrado a você sobre o futuro que ele preparou?

Ter visão é mais do que enxergar o presente; é confiar que Deus tem planos maiores para o futuro e viver com propósito. A visão é o que nos dá direção e motivação, alinhando nossa vida com os planos de Deus.

Abraão é um exemplo de alguém que confiou na visão dada pelo Senhor, deixando sua terra sem saber para onde ia, mas crendo plenamente na promessa divina (cf. Hebreus 11.8). Para desenvolver essa capacidade de enxergar além, precisamos estar conectados ao Senhor por meio da oração, da busca espiritual e da meditação na Palavra. Quando buscamos a direção de Deus, ele nos revela passos de fé que nos conduzem a um futuro que não podemos imaginar por nós mesmos. Mesmo em meio aos desafios e incertezas, uma visão dada pelo Eterno nos sustenta, fortalece e motiva a prosseguir.

Hoje, peça ao Senhor que renove sua visão, mostrando claramente o que ele deseja realizar em e através de sua vida. Confie, pois Deus está no controle absoluto do seu futuro.

ACESSE O QR CODE PARA SABER MAIS

"A visão divina nos dá direção e propósito para avançar com fé."

ORE SEGUNDO A VONTADE DIVINA

DIA **047**

@michelsimplicio

Orar de acordo com a vontade de Deus é mais do que apresentar nossos pedidos; é alinhar nosso coração ao propósito do Senhor e à sua Palavra. 1João 5.14 nos ensina: "Esta é a confiança que temos ao nos aproximarmos de Deus: se pedirmos alguma coisa de acordo com a vontade de Deus, ele nos ouvirá". Muitas vezes, oramos com base em nossas vontades, mas a verdadeira eficácia da oração está em buscar o que o Todo-Poderoso deseja realizar em nossa vida e no mundo.

Jesus nos deu o maior exemplo ao orar no Getsêmani: "Pai, se queres, afasta de mim este cálice; contudo, não seja feita a minha vontade, mas a tua" (Lucas 22.42). Orar dessa forma exige humildade, fé e uma disposição para ouvir e obedecer à direção divina. Ao confiar em que Deus sabe o que é melhor, experimentamos paz e renovamos nossa confiança em seus planos perfeitos.

Hoje, peça ao Espírito Santo que guie suas orações. Confie em que, ao orar segundo a vontade dele, grandes coisas acontecerão em sua vida e na daqueles ao seu redor. Deus sempre responde no tempo certo e de maneira perfeita, porque ele é fiel.

"Orar segundo a vontade de Deus é confiar em que ele sabe o que é melhor."

Suas orações estão alinhadas à vontade de Deus ou aos próprios desejos?

....

....

....

....

....

....

....

....

....

....

ACESSE O QR CODE PARA SABER MAIS

DIA
048

@michelsimplicio

A FÉ QUE MOVE MONTANHAS

O que você pode entregar hoje a Deus para exercitar sua fé?

Jesus nos ensinou que a fé, mesmo do tamanho de um grão de mostarda, tem o poder de mover montanhas. Em Mateus 17.20, ele declarou: "Se vocês tiverem fé do tamanho de um grão de mostarda, poderão dizer a este monte: 'Vá daqui para lá', e ele irá. Nada será impossível para vocês". A fé que move montanhas não depende do tamanho do problema, mas de em quem confiamos para resolvê-lo. Essa confiança nos leva a crer que Deus pode agir além das nossas limitações e realizar o impossível em nossa vida.

Abraão é um exemplo de fé inabalável, pois acreditou nas promessas de Deus, mesmo quando tudo parecia impossível (cf. Romanos 4.20-21). A fé é mais do que palavras; é uma ação que demonstra total dependência do Senhor.

Hoje, o Todo-Poderoso o convida a depositar sua fé nele, independentemente das circunstâncias que você enfrenta. Ore e confie de que ele é capaz de fazer infinitamente mais do que pedimos ou pensamos. A fé que move montanhas não apenas transforma o ambiente ao redor, mas também fortalece seu coração para vencer os desafios mais difíceis. Permita que sua fé seja um testemunho vivo do poder de Deus.

ACESSE O QR CODE PARA SABER MAIS

"A fé em Deus transforma obstáculos em vitórias."

DÊ UM BASTA NO DESÂNIMO

DIA **049**

@michelsimplicio

O desânimo é um inimigo silencioso, que tenta nos paralisar. Muitas vezes, ele surge depois de uma grande luta ou no meio de processos demorados. O desânimo rouba nossa força, visão e fé. Por isso, precisamos dar um basta nele antes que cause maiores destruições.

Neemias enfrentou esse problema enquanto reconstruía os muros de Jerusalém. A oposição e o cansaço quase fizeram o povo desistir, mas ele os encorajou a olhar para Deus e lutar por seus sonhos (cf. Neemias 4.14). Em 2Coríntios 4.8-9, Paulo declara: "Em tudo somos atribulados, porém não angustiados; perplexos, porém não desanimados" (ARA). A diferença está em onde fixamos nossos olhos: não nas circunstâncias, mas em Deus.

O desânimo só vence se permitirmos. Hoje, escolha se levantar, renovar sua mente pela Palavra e declarar a fidelidade de Deus. Quando você decide dar um basta no desânimo, o Senhor renova suas forças e o faz voar como a águia. Você não foi chamado para parar, mas para avançar em fé!

Em que área você precisa hoje dar um basta no desânimo e renovar sua força em Deus?

"O desânimo só vence se você permitir — levante-se e declare a fidelidade de Deus."

ACESSE O QR CODE PARA SABER MAIS

DIA
050

@michelsimplicio

NÃO PARE DIANTE DAS CRÍTICAS

O que você precisa ignorar hoje para continuar avançando rumo ao propósito de Deus?

Quando Deus põe algo grande em seu coração, é possível que surjam críticas para tentar pará-lo. Davi enfrentou isso quando decidiu lutar contra Golias. Seu irmão Eliabe o criticou e o desprezou diante dos outros soldados (cf. 1Samuel 17.28). Ele poderia ter se ofendido e desistido, mas escolheu ignorar a crítica e focar na missão que Deus lhe dera.

Muitas vezes, as críticas vêm justamente de quem deveria nos apoiar. A inveja, o ciúme e a incompreensão fazem parte do caminho de quem decide obedecer a Deus. Não permita que palavras negativas apaguem o fogo do que o Senhor plantou em você.

As pessoas podem não entender o que o Todo-Poderoso falou ao seu coração, mas isso não muda o que ele determinou. Assim como Davi, mantenha-se firme, focado na sua missão e avance. Deus não precisa da aprovação das pessoas para cumprir os planos dele na sua vida. Você foi chamado para agradar ao seu Senhor, não aos homens.

ACESSE O QR CODE PARA SABER MAIS

“Quem sabe que foi chamado por Deus não se deixa parar pelas críticas humanas.”

O SENHOR É SEU SOCORRO BEM PRESENTE

DIA **051**

@michelsimplicio

Nos momentos de dificuldade, é comum sentir-se sozinho, perdido ou sem saída, mas a Palavra de Deus nos garante que ele é nosso socorro bem presente. Salmos 46.1 declara: "Deus é o nosso refúgio e fortaleza, socorro bem presente na angústia" (ACF). Essa verdade nos lembra de que o Senhor não está distante; ele está ao nosso lado, pronto para nos sustentar, guiar e fortalecer em todos os momentos.

Quando clamamos em oração sincera, encontramos a ajuda necessária para enfrentar qualquer desafio que surge em nossa jornada. Jesus também prometeu estar conosco em todas as situações: "E eis que estou com vocês todos os dias até o fim dos tempos" (Mateus 28.20 – NAA). Essa presença constante nos dá a confiança necessária para avançar, mesmo em meio às tempestades mais difíceis.

Hoje, entregue suas preocupações ao Senhor e confie plenamente em que ele está ao seu lado. Deus é fiel para ouvir seu clamor, acalmar seu coração, abrir caminhos onde não existem e garantir a sua vitória. Lembre-se: você nunca está sozinho, porque o Senhor é o seu refúgio seguro e presente.

Você tem buscado o socorro no Senhor nas suas dificuldades?

"Deus é o refúgio seguro e presente em todos os momentos."

ACESSE O QR CODE PARA SABER MAIS

DIA
052

PROVAÇÕES QUE FORTALECEM

@michelsimplicio

Como você pode enxergar sua provação de hoje como parte do plano de Deus para o seu futuro?

As provações fazem parte do processo de crescimento de todo cristão. Em Tiago 1.2-3, a Bíblia nos diz: "Meus irmãos, tende por motivo de toda alegria o passardes por várias provações, sabendo que a provação da vossa fé [...] produz perseverança" (ARA). Ainda que sejam desconfortáveis, as provações têm um propósito: fortalecer nossa fé e nos tornar mais parecidos com Cristo.

José passou por rejeição, injustiça e prisão antes de ver o propósito de Deus se cumprir em sua vida. Cada etapa difícil o preparou para governar com sabedoria e graça. Assim também é conosco. As dificuldades que enfrentamos hoje estão moldando nosso caráter para os planos maiores do Senhor amanhã.

Não desanime se o caminho estiver apertado. O Eterno está trabalhando em você e por meio de você. Confie: a sua luta não é em vão. Há um propósito maior sendo cumprido enquanto você permanece firme em meio às provações.

ACESSE O QR CODE PARA SABER MAIS

"A provação não vem para destruí-lo, mas para fortalecer a fé que existe em você."

VIDA FIRMADA NAS PROMESSAS

DIA 053

@michelsimplicio

Viver firmados nas promessas de Deus nos dá esperança, força e direção, mesmo em meio às incertezas e aos desafios. As promessas do Senhor são infalíveis, pois ele é fiel para cumprir tudo o que declara. Josué 21.45 nos assegura: "De todas as boas promessas do SENHOR à nação de Israel, nenhuma delas falhou; todas se cumpriram". Assim como Deus foi fiel no passado, ele ainda é em nossa vida hoje, conduzindo-nos em amor e sabedoria.

Muitas vezes, enfrentamos situações que parecem contradizer suas promessas, mas é nesses momentos que precisamos fortalecer nossa confiança nele. Abraão esperou anos pela promessa de um filho, mas nunca duvidou de que Deus era capaz de cumprir sua palavra (cf. Romanos 4.20-21). Firmar-se nas promessas divinas significa meditar em sua Palavra diariamente, orar com fé e permanecer perseverante, sabendo que ele está no controle.

Hoje, escolha descansar no que o Senhor prometeu e alinhar sua vida com a vontade dele. As promessas de Deus são um alicerce seguro, que nunca falhará. Confie e avance com a certeza de que ele é fiel para cumprir tudo.

"As promessas de Deus são um alicerce seguro para sua vida."

Você tem firmado sua vida naquilo que Deus prometeu em sua Palavra?

ACESSE O QR CODE PARA SABER MAIS

DIA
054

@michelsimplicio

HUMILDADE: O SEGREDO DA GRANDEZA

Você tem confiado mais em Deus ou nas próprias forças?

"Deus resiste aos soberbos, mas dá graça aos humildes" (Tiago 4.6 - ACF). Essa verdade nos ensina que o orgulho afasta a presença do Senhor, enquanto a humildade nos aproxima dele. Ser humilde não é sinônimo de fraqueza, mas de sabedoria e dependência total de Deus.

Jesus, ao lavar os pés dos discípulos, mostrou que o maior entre nós é aquele que serve. Quando reconhecemos nossas limitações e nos esvaziamos de nós mesmos, o Senhor nos preenche com sua graça, conduzindo-nos em vitória. A presença divina habita em corações quebrantados, dispostos a obedecer e servir. A humildade não apenas atrai a atenção do Alto, mas também nos ensina a valorizar as pessoas e cumprir o propósito de Deus em nossa vida.

Escolha viver com um coração humilde, confiando plenamente no Senhor, e veja como ele transforma seus caminhos. Lembre-se: a humildade é a chave que abre as portas da graça divina e nos leva a viver em profunda comunhão com o Pai.

ACESSE O QR CODE PARA SABER MAIS

"A humildade é o caminho que nos aproxima de Deus."

SEJA A RESPOSTA DE QUE ALGUÉM PRECISA

DIA **055**

@michelsimplicio

Em um mundo cheio de pressa e indiferença, Deus nos chama a sermos canais de amor e esperança. Jesus não apenas via a multidão, ele se movia de compaixão por ela (cf. Mateus 9.36). Afinal, a verdadeira empatia vai além das palavras: ela nos impulsiona a agir.

Talvez alguém ao seu redor precise de um abraço, de uma palavra de ânimo ou de uma atitude de bondade. Você pode ser essa resposta. Um gesto feito com amor pode mudar um dia ou até mesmo uma vida.

Ser resposta é estar disponível para ser usado por Deus. Escolha ver além das aparências e ouvir com o coração. Seja sensível hoje, crendo que o Senhor quer usar suas palavras e atitudes para o amor do próximo.

Quem ao seu redor precisa, hoje, de que você seja a resposta de Deus para ele?

“Às vezes, o que alguém mais precisa é de uma atitude simples e cheia de amor.”

ACESSE O QR CODE PARA SABER MAIS

DIA
056

INSPIRE-SE NO AMOR DE CRISTO

@michelsimplicio

Como você pode demonstrar o amor de Cristo hoje?

O amor de Cristo é o maior exemplo de como devemos viver. Ele nos amou de forma incondicional, mesmo quando não merecíamos. Em João 15.13, Jesus disse: "Ninguém tem maior amor do que este, de dar alguém a sua vida pelos seus amigos" (ACF). Seu sacrifício na cruz nos ensina que o verdadeiro amor é altruísta, paciente e transformador.

Inspirar-se no amor de Cristo é mais do que admiração; é uma chamada para refletir esse amor em nossas ações diárias. Quando perdoamos, ajudamos e servimos uns aos outros, estamos seguindo o exemplo de Jesus. Ele nos desafia a amar nossos inimigos, orar por quem nos persegue e estender a graça que recebemos. O mundo carece de pessoas que amem como ele amou, sem condições e com sinceridade.

Deixe o amor de Cristo ser sua inspiração hoje. Permita que ele transforme seu coração e seja a luz que você compartilha com o próximo. Lembre-se: o amor de Jesus é a força que nos capacita a viver em unidade, compaixão e esperança.

ACESSE O QR CODE PARA SABER MAIS

"O amor de Cristo transforma e inspira a amar como ele amou."

CARREGUE SUA CRUZ COM ALEGRIA

DIA
057

@michelsimplicio

Jesus nos chamou a segui-lo e a carregar a nossa cruz diariamente (cf. Lucas 9.23). Isso significa abraçar a vontade de Deus, mesmo que ela inclua desafios, sacrifícios e renúncias. Embora carregar a cruz possa parecer pesado, a alegria vem quando entendemos que não estamos sozinhos. Jesus carregou a cruz por nós primeiro e nos dá força para enfrentar qualquer dificuldade.

O apóstolo Paulo declarou: "Considero, pois, que os sofrimentos do tempo presente não podem ser comparados com a glória que em nós será revelada" (Romanos 8.18). Quando olhamos para o propósito eterno, a cruz se torna um instrumento de transformação e vitória. Carregar a cruz com alegria não significa negar as dificuldades, mas confiar plenamente em Deus, sabendo que tudo coopera para o bem daqueles que o amam.

O Todo-Poderoso nos fortalece para superar os desafios e nos lembra de que cada sacrifício tem um propósito. Entregue suas lutas a ele e viva com a alegria de quem sabe que Cristo já venceu por você e que a recompensa eterna supera qualquer dor momentânea.

"A cruz é pesada, mas Deus dá alegria para carregá-la com fé e esperança."

Você tem confiado em Deus para carregar sua cruz diariamente?

ACESSE O QR CODE PARA SABER MAIS

DIA

058

@michelsimplicio

PROVAÇÕES QUE PREPARAM CAMINHOS

Como você pode confiar em Deus nas suas provações diárias?

As provações nem sempre são fáceis de entender, mas Deus tem um propósito divino em cada uma delas. Em Tiago 1.2-4, somos encorajados a nos alegrar nas dificuldades, pois elas produzem perseverança, caráter e maturidade espiritual. Deus usa as provações para moldar nosso coração, fortalecer nossa fé e nos preparar para algo maior.

Pense em José, que foi vendido como escravo, preso injustamente e sofreu anos de dor. Ainda assim, ele viu o propósito do Senhor ao salvar sua família e uma nação inteira da fome. As provações, embora difíceis, são oportunidades para crescermos espiritualmente e experimentarmos a fidelidade de Deus. Lembre-se de que o sofrimento momentâneo nunca será maior do que a glória futura que será revelada.

Confie no Senhor, mesmo nos momentos difíceis, sabendo que ele está trabalhando em seu favor e que nada é em vão. Permita que Deus use as dificuldades para edificar sua vida e levá-lo a lugares que você jamais imaginou. Tudo coopera para o bem daqueles que o amam e confiam nele.

ACESSE O QR CODE PARA SABER MAIS

"Deus usa as provações para moldar nosso caráter e fortalecer nossa fé."

PROMOVA PAZ E UNIÃO

DIA
059

@michelsimplicio

A Bíblia nos chama a sermos pacificadores, aqueles que promovem a paz e a união em um mundo cheio de divisões. Em Mateus 5.9, Jesus declara: "Bem-aventurados os pacificadores, pois serão chamados filhos de Deus". Promover a paz não é apenas evitar conflitos, mas buscar reconciliação, construir pontes e cultivar relacionamentos saudáveis. O apóstolo Paulo nos exorta: "Façam todo o possível para viver em paz com todos" (Romanos 12.18). Isso exige humildade, perdão e um coração disposto a colocar os outros acima de nós mesmos.

A verdadeira paz começa quando nos alinhamos com Deus e deixamos que seu amor flua por nosso intermédio. Ser pacificador não é sinal de fraqueza, mas de força espiritual e dependência de Deus.

Seja um instrumento da paz divina, levando harmonia onde há discórdia. Escolha palavras que edificam, atitudes que unem e um coração pronto para amar como Jesus amou. Promover paz e união reflete o caráter de Cristo ao mundo e transforma vidas.

"Pacificadores refletem o caráter de Deus no mundo."

Como você pode promover paz e união nos seus relacionamentos?

....

....

....

....

....

....

....

....

....

....

....

ACESSE O QR CODE PARA SABER MAIS

DIA
060

@michelsimplicio

NÃO TIRE OS OLHOS DE JESUS

Onde você tem focado nos momentos difíceis: em Jesus ou nas circunstâncias?

Na passagem em que Pedro caminha sobre as águas (cf. Mateus 14.28-31), vemos um poderoso ensinamento sobre manter os olhos fixos em Jesus. Enquanto Pedro olhava para o Senhor, ele caminhava sobre as águas, desafiando as leis naturais. Mas ao olhar para o vento e as ondas, sua fé vacilou, e ele começou a afundar. Isso nos ensina que, quando tiramos os olhos de Cristo e focamos nas circunstâncias ao nosso redor, o medo e a dúvida nos dominam. Jesus, porém, imediatamente estendeu a mão e o salvou, mostrando que ele está sempre presente para nos resgatar.

Manter os olhos em Cristo significa confiar nele, independentemente das tempestades ou dificuldades que enfrentamos. Ele é a fonte da nossa força e da nossa fé. Não importa o tamanho das ondas ou a intensidade do vento, lembre-se de que Jesus está no controle e nos convida a confiar plenamente nele.

Escolha olhar para o Salvador, não para a tempestade, e experimente a paz, o poder e a vitória que só ele pode dar. Com os olhos fixos em Cristo, podemos superar qualquer desafio.

ACESSE O QR CODE PARA SABER MAIS

"Com os olhos fixos em Jesus, as tempestades não nos derrotam."

CONFESSE SUA FÉ E CREIA NO MILAGRE

DIA
061

@michelsimplicio

A fé verdadeira não apenas acredita, mas também confessa. Quando Jesus passou por Jericó, Bartimeu, mesmo cego, clamou com ousadia: "Jesus, Filho de Davi, tem misericórdia de mim!" (Marcos 10.47). Seu clamor público, cheio de fé, foi o passo decisivo para o milagre que transformou sua vida.

Muitas vezes, enfrentamos desafios que fazem calar nossa fé. No entanto, a Palavra ensina: "Tendo, porém, o mesmo espírito de fé [...], também nós cremos e, por isso, também falamos" (2Coríntios 4.13 - NAA). Confessar o que cremos é alinhar nossa vida às promessas divinas.

Quando cremos no poder de Deus, atraímos o céu à terra. Uma palavra proferida segundo a vontade soberana de Deus abre portas. Por isso, não se cale diante das dificuldades. Creia no agir divino e veja a mão do Senhor operar.

O que você precisa fazer hoje para ver o milagre acontecer?

"A fé sintonizada à vontade de Deus libera o sobrenatural na sua vida."

ACESSE O QR CODE PARA SABER MAIS

DIA
062

A CORAGEM DE QUEM DEPENDE DE DEUS

@michelsimplicio

Que desafio você precisa enfrentar com coragem e confiança em Deus?

A verdadeira coragem não vem da força humana, mas da confiança no Senhor. Quando Davi enfrentou Golias, sua confiança não estava nas próprias habilidades, mas no poder divino (cf. 1Samuel 17.45). Ele sabia que, ao depender do Senhor, o impossível se tornava possível.

Em nossa caminhada, muitas vezes, o medo tenta nos paralisar. No entanto, a Palavra declara: "No amor não existe medo; antes, o perfeito amor lança fora o medo" (1João 4.18 - ARA). Quando entregamos nossos temores ao Senhor, recebemos a coragem necessária para avançar.

Depender de Deus não significa ausência de desafios, mas a certeza de que ele está conosco em cada batalha. Assim como Davi, enfrente os gigantes da vida confiando no poder divino e siga adiante sem medo. Deus é o seu refúgio, sua fortaleza e o socorro presente na hora da angústia.

ACESSE O QR CODE PARA SABER MAIS

"Quem depende de Deus tem coragem para vencer qualquer desafio."

O ESPÍRITO SANTO GUIA SEUS PASSOS

DIA
063

@michelsimplicio

Em nossa caminhada, não estamos sozinhos. O Espírito Santo foi enviado para nos guiar, ensinar e fortalecer. Jesus prometeu: "Mas o Consolador, o Espírito Santo [...] vos ensinará todas as coisas" (João 14.26 - ARA). Sua voz suave nos orienta, mesmo quando o caminho parece incerto.

Quando nos rendemos à direção divina, nossos passos se alinham com os propósitos de Deus. O apóstolo Paulo foi guiado pelo Espírito ao pregar o Evangelho, entendendo que não deveria seguir seus planos, mas obedecer à voz celestial (cf. Atos 16.6-10).

A presença do Espírito Santo não apenas nos conduz, mas também nos dá coragem e discernimento. Ele ilumina nossas decisões e nos mantém firmes na verdade. Dependa dessa orientação diariamente, buscando sensibilidade espiritual por meio da oração e da Palavra. Quando ouvimos o Espírito, nossos passos se tornam seguros e alinhados com a vontade divina.

Como você pode permitir que o Espírito Santo guie mais os seus passos?

"Quem ouve o Espírito Santo nunca se perde pelo caminho."

ACESSE O QR CODE PARA SABER MAIS

DIA
064

@michelsimplicio

A FÉ QUE TRANSFORMA CIRCUNSTÂNCIAS

Que situação você precisa entregar a Deus, com fé, hoje?

....

....

....

....

....

....

....

....

....

....

....

....

A fé genuína tem o poder de transformar qualquer situação quando está alinhada à vontade de Deus. Jesus disse: "Se tiverdes fé como um grão de mostarda [...] nada vos será impossível" (Mateus 17.20 – ACF) e, com isso, revelou que não é o tamanho da fé que importa, mas a confiança no Criador que tudo pode.

Diante das adversidades, somos desafiados a olhar além das circunstâncias. Abraão, mesmo enfrentando a realidade de sua velhice, manteve-se firme nas promessas divinas, pois "não duvidou da promessa de Deus por incredulidade, mas foi fortificado na fé" (Romanos 4.20 – ACF). Sua crença transformou o impossível em realidade.

A fé que muda cenários não ignora os desafios, mas os enfrenta com a certeza de que Deus é fiel. Creia e caminhe confiante. Quando confiamos no Senhor, ele age além do que podemos imaginar. Confie, mesmo quando não entender, pois Deus sempre cumpre o que promete.

ACESSE O QR CODE PARA SABER MAIS

"A ação divina do Senhor muda qualquer circunstância, tenha fé!"

VIVENDO COM OS OLHOS NA ETERNIDADE

DIA
065

@michelsimplicio

Nossa vida não se resume ao que vemos aqui. Paulo declarou: "Não atentando nós nas coisas que se veem, mas nas que se não veem; porque as que se veem são temporais, e as que se não veem são eternas" (2Coríntios 4.18 - ACF). Viver com os olhos na eternidade nos faz valorizar o que realmente importa.

O mundo oferece distrações que tentam nos afastar desse foco. Entretanto, Jesus nos lembrou: "Ajuntai tesouros no céu, onde nem a traça nem a ferrugem consomem" (Mateus 6.20 - ACF). Quando priorizamos o Reino de Deus, vivemos com propósito e esperança, sabendo que nossa verdadeira pátria é celestial.

A eternidade não é um destino distante, mas uma realidade que começa hoje, quando entregamos nossa jornada a Cristo. Viva cada dia com o olhar no eterno, buscando agradar ao Senhor e cumprir seu propósito.

O que você pode fazer hoje para viver com os olhos na eternidade?

....

....

....

....

....

....

....

....

....

....

....

"Quem vive para a eternidade nunca desperdiça o presente."

ACESSE O QR CODE PARA SABER MAIS

DIA
066

@michelsimplicio

RECOMEÇAR É UM ATO DE FÉ

Em que área da sua vida Deus o está chamando a recomeçar com fé?

Recomeçar nem sempre é fácil, mas é necessário. O medo do fracasso ou a lembrança das quedas muitas vezes nos paralisam. No entanto, a fé nos chama a olhar para frente e crer que Deus ainda tem novos caminhos para nós. Paulo declarou: "Esquecendo-me das coisas que ficaram para trás e avançando para as que estão adiante, prossigo para o alvo" (Filipenses 3.13-14).

Deus não nos chama para viver presos ao passado. Se caímos, ele nos levanta. Se erramos, ele nos oferece graça para recomeçar — lembrando que começar de novo é um ato de fé, porque exige confiança no Deus que faz novas todas as coisas.

Talvez você esteja diante de um novo começo. Não permita que a vergonha ou o medo o impeçam. Levante-se em fé. Deus ainda tem promessas para cumprir na sua vida. Cada recomeço é uma chance de viver algo maior com ele.

ACESSE O QR CODE PARA SABER MAIS

"Recomeçar é crer que Deus ainda tem o melhor reservado para você."

O PODER DA ORAÇÃO NO DIA A DIA

DIA
067

@michelsimplicio

A oração não é apenas um ritual religioso, mas um diálogo vivo com Deus. Jesus ensinou: "Peçam, e será dado; busquem, e encontrarão; batam, e a porta será aberta" (Mateus 7.7). Orar é reconhecer que dependemos do Senhor em cada detalhe da vida.

No dia a dia, a oração traz paz em meio às incertezas, pois, ao falar com o Altíssimo, entregamos a ele nossos medos e recebemos sua direção. Daniel orava três vezes ao dia, mesmo diante de ameaças, e Deus o livrou da cova dos leões (cf. Daniel 6.10). A vida de oração do profeta foi sua força em tempos difíceis.

Manter uma rotina de oração não muda apenas as circunstâncias ao redor, mas transforma nossa perspectiva e fortalece nossa fé. Fale com Deus diariamente, compartilhe suas alegrias e seus desafios e experimente o poder dessa conexão espiritual. A oração é a chave que abre portas, traz paz ao coração e renova a esperança.

Como você pode incluir mais oração na sua rotina diária?

"A oração constante traz a presença constante de Deus."

O que tem impedido você de desenvolver uma rotina diária de oração?

ACESSE O QR CODE PARA SABER MAIS

DIA
068

@michelsimplicio

NÃO BRINQUE COM O PECADO

De que tentações você precisa fugir, hoje, para permanecer firme no caminho de Deus?

O pecado é uma armadilha sutil, que busca nos afastar de Deus. Em Romanos 6.23, a Bíblia nos alerta que "o salário do pecado é a morte". Isso é sério! O Inimigo usa o pecado para nos prender, iludindo-nos com prazeres momentâneos e afastando-nos do propósito divino.

José é um exemplo de quem decidiu fugir do pecado. Quando foi tentado pela esposa de Potifar, ele não negociou seus princípios, mas correu para longe da tentação (cf. Gênesis 39.12). Fugir do pecado é um ato de coragem e sabedoria, afinal, ele sempre promete prazer, mas entrega culpa e destruição.

Deus nos chama a viver uma vida de santidade, separados para ele. Por isso, quando fugimos do pecado, não estamos apenas evitando o erro, mas correndo em direção à presença do Senhor. Não brinque com o que pode destruí-lo. Fortaleça-se na oração, na Palavra e escolha caminhos que honrem a Deus. O pecado quer prendê-lo, mas Deus o chamou para viver em liberdade!

ACESSE O QR CODE PARA SABER MAIS

"Fugir do pecado é escolher a vida abundante que Deus preparou para você."

RELACIONAMENTOS ABENÇOADOS POR DEUS

DIA **069**

@michelsimplicio

Relacionamentos saudáveis são um presente de Deus, mas precisam ser cultivados com amor e sabedoria. A Bíblia ensina: "Andarão dois juntos, se não houver entre eles acordo?" (Amós 3.3 – ARA). A unidade e o respeito são pilares de relações abençoadas.

Quando pomos o Senhor no centro das nossas conexões humanas, ele nos guia a agir com paciência, perdão e empatia. Jesus disse: "Assim como eu vos amei, que também vos ameis uns aos outros" (João 13.34 – ARA). Amar como Cristo nos amou é a base para vivermos conexões verdadeiras e duradouras.

Relacionamentos guiados por Deus fortalecem nossa caminhada e refletem seu amor ao mundo. Cultive o diálogo, pratique o perdão e ore pelas pessoas que fazem parte da sua vida. Quando seguimos os princípios da Palavra, o Senhor derrama sua bênção sobre cada vínculo.

Como você pode fortalecer seus relacionamentos hoje?

"Relacionamentos abençoados começam com um coração cheio de Deus."

ACESSE O QR CODE PARA SABER MAIS

DIA
070

@michelsimplicio

O CHAMADO PARA UMA VIDA SANTIFICADA

Que atitude você pode tomar hoje para viver em santidade?

Deus nos chama a viver de maneira santa, separados para ele. A Bíblia estabelece: "Sede santos, porque eu sou santo" (1Pedro 1.16 - ARA). A santificação não é uma opção, mas um chamado para todo cristão que deseja agradar ao Senhor.

Viver em santidade significa alinhar nossas escolhas com a Palavra de Deus, abandonando práticas que entristecem o Espírito Santo. José, no Egito, resistiu à tentação porque decidiu manter-se fiel ao Senhor (cf. Gênesis 39.9). Sua integridade foi recompensada com honra e livramento.

A santidade não se conquista com esforço próprio, mas com uma vida rendida ao Espírito Santo. Quando nos aproximamos de Deus em oração e meditamos na sua Palavra, somos transformados. Escolha viver uma vida que glorifique o Senhor e reflita a sua luz ao mundo. A santidade é o caminho para uma vida plena, de paz e comunhão com o Pai.

ACESSE O QR CODE PARA SABER MAIS

"A santidade nos aproxima de Deus e revela sua glória ao mundo."

JESUS AINDA CURA!

DIA
071

@michelsimplicio

Jesus não mudou; ele continua curando, hoje, como fez no passado. A Palavra declara: "Jesus Cristo é o mesmo, ontem, hoje e para sempre" (Hebreus 13.8). Sua compaixão e seu poder ainda se manifestam na vida daqueles que creem.

Nos evangelhos, vemos Jesus curando cegos, leprosos e paralíticos. Quando Bartimeu clamou por misericórdia, o Mestre ouviu, respondeu e restaurou sua visão (cf. Marcos 10.52). Essa cura não foi um evento isolado, mas um testemunho do poder que ainda está disponível para todo aquele que crê.

A cura divina não se limita ao físico, mas alcança a alma ferida e o coração aflito. Quando oramos com fé, o Senhor estende sua mão e opera milagres. Confie no poder de Jesus e não desista de clamar. Ele continua curando, libertando e restaurando vidas. Mesmo diante de diagnósticos desanimadores, lembre-se de que para Deus não há impossíveis.

Em que área você precisa do toque curador de Jesus hoje?

"O poder de cura de Jesus não tem data de validade."

ACESSE O QR CODE PARA SABER MAIS

DIA
072

CREIA NA PALAVRA E VEJA O SOBRENATURAL

@michelsimplicio

Em que promessa de Deus você precisa crer hoje?

A Palavra de Deus tem poder para transformar realidades. A Bíblia ensina: "Porque a palavra de Deus é viva e eficaz [...]" (Hebreus 4.12 - ACF). Quando nos pomos em uma postura de dependência das promessas bíblicas, cremos que podemos receber o poder do Céu sobre nossa vida.

Ezequiel, diante de um vale de ossos secos, obedeceu à voz de Deus e profetizou vida (cf. Ezequiel 37.4-5). Aquilo que parecia impossível ganhou forma, carne e fôlego. O poder não estava em Ezequiel, mas no Senhor, que lhe disse o que fazer, segundo sua vontade soberana.

Quando enfrentamos desafios, devemos confiar nas promessas divinas contidas na Bíblia e que têm aplicação universal. A Palavra não volta vazia, mas cumpre seu propósito. O sobrenatural acontece quando a nossa fé está alinhada à vontade soberana do Senhor. Ainda que a realidade pareça difícil, continue orando com fé, pois Deus tem poder para mudar qualquer circunstância.

ACESSE O QR CODE PARA SABER MAIS

"Quem crê na Palavra e depende de Deus pode ver o sobrenatural se manifestar."

A ESPERANÇA QUE NOS FAZ AVANÇAR

DIA **073**

@michelsimplicio

A esperança é a força que nos impulsiona a prosseguir, mesmo diante das dificuldades. A Bíblia afirma: "Ora, a fé é a certeza de coisas que se esperam, a convicção de fatos que se não veem" (Hebreus 11.1 - ARA). Quando temos esperança em Deus, não desistimos, pois sabemos que ele tem planos maiores.

Abraão esperou contra a esperança e creu na promessa de que seria pai, mesmo quando as circunstâncias pareciam impossíveis (cf. Romanos 4.18). Sua confiança no Senhor o fez avançar sem olhar para as limitações humanas.

A esperança que vem de Deus nos mantém firmes, mesmo quando tudo parece contrário. Quando depositamos nossa confiança no Senhor, ele renova nossas forças e nos capacita a prosseguir. Não permita que as dificuldades roubem sua esperança. Avance com fé, pois Deus continua no controle. A esperança cristã não é baseada em circunstâncias, mas na fidelidade do Senhor, que nunca falha.

"A esperança em Deus nos faz avançar com coragem."

O que você precisa entregar a Deus para renovar sua esperança?

....

....

....

....

....

....

....

....

....

....

....

ACESSE O QR CODE PARA SABER MAIS

DIA
074

@michelsimplicio

O ESPÍRITO SANTO É SEU MELHOR AMIGO

O que você pode fazer hoje para fortalecer sua amizade com o Espírito Santo?

O Espírito Santo não é uma força distante, mas um amigo presente e fiel. Jesus afirmou: "E eu pedirei ao Pai, e ele lhes dará outro Consolador, a fim de que esteja com vocês para sempre" (João 14.16 – NAA). Esse amigo divino nos guia, consola e fortalece todos os dias.

Como amigo, o Espírito Santo fala conosco, orienta nossas decisões e nos ajuda nas fraquezas. O apóstolo Paulo afirmou: "O próprio Espírito intercede por nós com gemidos inexprimíveis" (Romanos 8.26). Quando não sabemos como orar, ele nos assiste e nos conecta ao coração do Pai.

Ter o Espírito Santo como melhor amigo é viver com direção e paz. Quando o convidamos a fazer parte da nossa rotina, experimentamos o sobrenatural de Deus. Abra o coração, busque a presença dele e desenvolva esse relacionamento precioso.

ACESSE O QR CODE PARA SABER MAIS

"O Espírito Santo é o amigo que nunca nos abandona."

SUPERE OS TEMPOS DIFÍCEIS

DIA
075

@michelsimplicio

Há momentos em que tudo ao nosso redor parece difícil. Enfrentamos tempos de crise, portas fechadas e incertezas que tentam paralisar nossa fé. Nessas horas, somos desafiados a decidir entre desistir ou confiar.

Isaque viveu algo semelhante. Quando houve fome na terra, ele poderia ter fugido, mas escolheu ouvir a direção de Deus, permanecer em Gerar e plantar naquele solo seco. Mesmo em meio à crise, ele colheu cem vezes mais, porque o Senhor o abençoou (cf. Gênesis 26.1-12).

A superação nasce da fé e da obediência. Talvez você esteja atravessando momentos em que é mais fácil recuar do que prosseguir, mas lembre-se: Deus age em meio às dificuldades. Não olhe para a crise, olhe para o que ele é capaz de fazer. Persevere, semeie fé e continue avançando, pois a crise não define seu futuro. Quem confia e obedece supera! Deus ainda é a fonte inesgotável que supre cada necessidade.

Em que área você precisa de superação, hoje, confiando totalmente em Deus?

"Quem confia em Deus transforma tempos de crise em testemunhos de vitória."

ACESSE O QR CODE PARA SABER MAIS

DIA
076

NOSSA VERDADEIRA CASA É ETERNA

@michelsimplicio

Como você pode viver hoje com os olhos na eternidade?

A vida na Terra é passageira, mas nossa verdadeira casa está no Céu e, depois, em novos céus e terra. Jesus declarou: "Na casa de meu Pai há muitas moradas [...]. Vou preparar-vos lugar" (João 14.2 – ACF). Essa promessa nos lembra de que fomos criados para a eternidade com Deus.

Abraão viveu como estrangeiro na terra prometida, pois esperava "a cidade que tem fundamentos, da qual Deus é o arquiteto e edificador" (Hebreus 11.10 – ARA). Assim também devemos viver: com o coração voltado para a realidade definitiva, conscientes de que esta vida é temporária.

Novos céus e terra não são conceitos abstratos, mas a realidade preparada por Deus para seus filhos. Lá não haverá dor, choro ou sofrimento, apenas a presença gloriosa do Senhor. Viva hoje com essa esperança, buscando agradar a Deus e lembrar-se de que nossa cidadania é celestial. E enquanto caminhamos aqui, vivemos com fé, sabendo que o melhor ainda está por vir.

ACESSE O QR CODE PARA SABER MAIS

"Quem tem novos céus e terra como destino vive com propósito nesta vida."

LEVANTE-SE APÓS A QUEDA

DIA
077

@michelsimplicio

Deus é especialista em restaurar aqueles que caem. Em Miqueias 7.8, a Palavra diz: "Ainda que eu tenha caído, levantar-me-ei" (ACF). Isso mostra que a queda não define seu destino; antes, é a sua decisão de levantar que revela quem você é em Deus.

O filho pródigo errou e se afastou, mas, quando decidiu voltar, encontrou o Pai de braços abertos e foi restaurado (cf. Lucas 15.22-24). Talvez você tenha tropeçado em algum momento da caminhada, mas isso não é o fim. Há vida e propósito para você além da queda. Deus não apenas perdoa, ele renova as forças e abre novos caminhos. Não aceite viver caído!

Levante-se hoje com a força do Espírito Santo e caminhe para o recomeço que Deus preparou! Cada queda pode ser o início de uma nova história de superação, se você decidir confiar novamente no amor do Pai.

Em que área da sua vida Deus o está chamando para levantar-se e recomeçar?

"A queda não determina seu futuro: levantar-se com fé é o que o conduz ao propósito."

ACESSE O QR CODE PARA SABER MAIS

DIA
078

@michelsimplicio

FAÇA O BEM HOJE

Que atitude de amor e bondade você pode tomar, hoje, para abençoar alguém?

A oportunidade de fazer o bem é um presente que Deus nos dá todos os dias. Em Gálatas 6.10, a Bíblia nos ensina: "Portanto, enquanto temos oportunidade, façamos o bem a todos, especialmente aos da família da fé". Essa exortação é importante porque, muitas vezes, adiamos gestos de amor, ajuda e generosidade, esperando por "um momento melhor". Mas o tempo de agir é agora! O bem que você pode fazer hoje é capaz de mudar a história de alguém!

Jesus viveu assim: ele não esperava circunstâncias perfeitas para ajudar, antes, simplesmente amava, curava e socorria aqueles que estavam ao redor.

Olhe para o lado. Sempre haverá alguém precisando de uma palavra de encorajamento, um gesto de bondade ou uma atitude de amor. Deus nos chama para ser resposta na vida das pessoas. Não deixe o bem para depois! Uma pequena ação feita hoje pode gerar frutos eternos.

ACESSE O QR CODE PARA SABER MAIS

"Não espere as condições perfeitas para fazer o bem; a oportunidade de agir é agora."

O CORAÇÃO GENEROSO ATRAI BÊNÇÃOS

DIA
079

@michelsimplicio

A generosidade abre muitas portas em nossa vida. A Palavra diz: "O generoso prosperará; quem dá alívio aos outros, alívio receberá" (Provérbios 11.25). Quando damos com alegria, atraímos o favor de Deus.

Jesus nos ensinou a importância de um coração generoso ao dizer: "Dai, e ser-vos-á dado; boa medida, recalcada, sacudida e transbordando, vos deitarão no vosso regaço" (Lucas 6.38 - ACF). A generosidade não se limita a recursos materiais, mas inclui tempo, cuidado e palavras de encorajamento.

Quem age com generosidade demonstra fé no Deus que supre todas as necessidades. O coração aberto para abençoar o próximo torna-se um canal da provisão divina. Não tenha medo de plantar sementes de bondade, pois a colheita sempre vem. Quando abençoamos, somos abençoados, pois Deus honra a atitude de um coração desprendido.

Como você pode demonstrar generosidade no seu dia a dia?

....

....

....

....

....

....

....

....

....

....

....

"Quem tem um coração generoso vive cercado de bênçãos."

ACESSE O QR CODE PARA SABER MAIS

DIA
080

@michelsimplicio

RELACIONAMENTOS QUE REFLETEM O AMOR DE CRISTO

Como você pode demonstrar o amor de Cristo nos seus relacionamentos hoje?

....

....

....

....

....

....

....

....

....

....

Relacionamentos saudáveis são construídos sobre o alicerce do amor de Cristo. Jesus disse: "Nisto conhecerão tdos que sois meus discípulos: se tiverdes amor uns aos outros" (João 13.35 - ARA). O amor do Senhor não é baseado em sentimentos momentâneos, mas em uma decisão diária de agir com compaixão, paciência e perdão.

Paulo nos exortou: "Suportem-se uns aos outros e perdoem as queixas que tiverem uns contra os outros. Perdoem como o Senhor lhes perdoou" (Colossenses 3.13). Quando escolhemos amar, mesmo diante das falhas, refletimos o caráter de Cristo.

Relacionamentos que espelham o amor de Jesus são marcados pelo serviço mútuo, pela empatia e pelo desejo sincero de edificar o outro. Quando vivemos assim, nossa luz brilha no mundo e glorifica a Deus. O amor de Cristo nos ensina a agir com humildade, compreendendo e acolhendo o próximo.

ACESSE O QR CODE PARA SABER MAIS

"O amor de Cristo transforma e fortalece relacionamentos."

ENXERGUE ALÉM DO AGORA

DIA **081**

@michelsimplicio

Enxergar além das circunstâncias é um desafio para quem não quer atrapalhar os propósitos de Deus.

Abraão recebeu a promessa de ser pai de muitas nações, mesmo quando a realidade parecia totalmente contrária (cf. Gênesis 15.5-6). Em vez de olhar para suas limitações, ele escolheu confiar na palavra do Senhor. Ter visão de futuro é manter o coração firme, mesmo quando o cenário atual diz o contrário. É recusar-se a viver apenas pelo que se vê e decidir caminhar pela fé.

Talvez você esteja enfrentando obstáculos que tentam roubar a sua esperança.

Lembre-se: a fidelidade divina é maior que qualquer desafio. Não permita que a situação presente determine os seus passos. Guarde a promessa, mantenha a visão e continue avançando. Deus já está preparando o futuro que ele desenhou para você!

O que você precisa fazer, hoje, para permanecer firme na visão que Deus lhe deu?

"Quem tem visão de futuro não desiste no presente, porque confia na promessa de Deus."

ACESSE O QR CODE PARA SABER MAIS

DIA
082

@michelsimplicio

A CORAGEM DE AGIR

Qual passo de fé você precisa dar, hoje, para viver o novo de Deus?

Em tempos difíceis, é a atitude que determina o futuro. Quatro leprosos, vivendo fora da cidade sitiada, decidiram agir em vez de esperar pela morte (cf. 2Reis 7.3-8). Eles poderiam ter desistido, mas escolheram dar passos de coragem. Quando se moveram, Deus agiu de forma sobrenatural, trazendo livramento para todo o povo.

Muitas vezes, esperamos que tudo mude para agir, mas a fé verdadeira nos impulsiona a dar o primeiro passo, mesmo sem garantias.

Talvez você esteja diante de algo que exija uma atitude ousada. Não permita que o medo o paralise! Deus honra aqueles que, mesmo em meio à incerteza, escolhem agir confiando em sua fidelidade!

Uma pequena atitude de fé pode levar a grandes milagres, leva você ao centro da vontade do Senhor. Então, não espere por condições perfeitas. Dê o passo que Deus o está direcionando a dar!

ACESSE O QR CODE PARA SABER MAIS

"A coragem de agir em fé abre portas que o medo jamais abriria."

A FÉ EXIGE MOVIMENTO

DIA

083

@michelsimplicio

Um dos maiores perigos em tempos de estabilidade é a acomodação. O povo de Israel experimentou a provisão divina no deserto, mas Deus não queria que eles vivessem eternamente ali. Havia uma terra prometida para ser conquistada (cf. Deuteronômio 1.6-8).

Às vezes, o conforto momentâneo nos faz esquecer que o Senhor tem mais para nós. Acomodar-se é desistir de crescer, é aceitar menos do que o Eterno planejou. Talvez você esteja em uma fase em que as coisas parecem boas, mas no fundo sente que Deus o está chamando para avançar.

Não se acomode. Grandes conquistas exigem novos passos de fé. A zona de conforto é inimiga do cumprimento dos propósitos de Deus. Mova-se na direção daquilo que ele prometeu. Avançar pode ser desconfortável, mas é no desconforto que o Senhor nos expande, fortalece e leva a viver o melhor que preparou para cada um de nós.

Em que área da sua vida Deus o está chamando para sair da acomodação e avançar?

"Quem se acomoda limita o que Deus quer fazer; quem avança experimenta o sobrenatural."

ACESSE O QR CODE PARA SABER MAIS

DIA
084

@michelsimplicio

NÃO DESISTA AGORA

Em que área da sua vida Deus o está chamando para perseverar sem desistir?

Desistir parece a opção mais fácil quando os resultados demoram a aparecer. Mas a fé verdadeira persiste, mesmo sem evidências visíveis.

A mulher do fluxo de sangue lutou por doze anos contra uma enfermidade, mas não desistiu. Quando ouviu falar de Jesus, rompeu as barreiras e tocou nele, o que a fez receber a cura (cf. Marcos 5.25-34).

Talvez você esteja lutando há muito tempo e o desânimo tenha dominado seu coração. Lembre-se: a vitória não é apenas para os que começam, mas para os que perseveram até o fim. Deus honra aqueles que se recusam a desistir. Cada passo de fé, oração e atitude de confiança está construindo seu testemunho. Não pare no meio do caminho. Mesmo que pareça difícil, continue crendo e avançando. No tempo certo, você verá que valeu a pena confiar em Deus.

ACESSE O QR CODE PARA SABER MAIS

“Quem não desiste vê o impossível se tornar realidade.”

O ESPÍRITO SANTO NOS ENSINA A AMAR

DIA
085

@michelsimplicio

Amar verdadeiramente só é possível com a ajuda do Espírito Santo. A Bíblia afirma: "[...] Deus derramou seu amor em nossos corações, por meio do Espírito Santo que ele nos concedeu." (Romanos 5.5). Esse amor não é passageiro, mas firme, paciente e sacrificial.

Jesus nos ensinou a amar até mesmo nossos inimigos, algo impossível pela força humana. O Espírito Santo é quem nos capacita a perdoar, acolher e servir com sinceridade. Ele molda nosso coração para amarmos como Cristo amou.

Quando deixamos o Espírito Santo guiar nossas atitudes, o amor se manifesta em palavras, gestos e decisões diárias. Esse amor não busca interesses próprios, mas glorifica a Deus. Permita que o Espírito Santo lhe ensine a amar sem limites, pois o amor genuíno é a marca de um verdadeiro discípulo. O Espírito nos ensina a ver as pessoas com os olhos de Cristo, compreendendo suas dores e estendendo compaixão.

Como você pode demonstrar o amor de Cristo hoje?

"O Espírito Santo nos capacita a amar como Jesus amou."

ACESSE O QR CODE PARA SABER MAIS

DIA
086

DESAFIE-SE A IR MAIS LONGE COM DEUS

@michelsimplicio

Que passo de fé você pode dar hoje para se aproximar mais de Deus?

O Senhor sempre tem mais para aqueles que estão dispostos a buscá-lo com intensidade e fé. Ele nos chama a sair de nossa zona de conforto e avançar em direção a um relacionamento mais profundo com ele.

Tiago 4.8 nos encoraja: "Aproximem-se de Deus, e ele se aproximará de vocês!". Esse desafio exige passos de fé, como orar mais, estudar a Palavra com dedicação e obedecer à sua voz, mesmo quando não entendemos completamente. Pedro experimentou o poder de Deus quando atendeu ao chamado de Jesus para andar sobre as águas. Foi um momento de fé e coragem que o levou a vivenciar o impossível (Cf. Mateus 14.29).

Desafiar-se a ir mais longe com o Senhor significa confiar nele para ir além do que você acha possível ou confortável. A cada passo de obediência, ele revela novos propósitos e derrama mais de sua presença.

Hoje, decida romper as barreiras do medo, da dúvida ou da comodidade. Seu Pai tem algo maior preparado para você, mas é preciso dar o primeiro passo com coragem e determinação.

ACESSE O QR CODE PARA SABER MAIS

"Deus tem mais para você; avance com fé e coragem!"

O DESAFIO DE CONTINUAR

DIA **087**

@michelsimplicio

Muitas vezes, o maior desafio não é começar, mas continuar. Em Hebreus 10.36 está escrito: "Com efeito, tendes necessidade de perseverança, para que, havendo feito a vontade de Deus, alcanceis a promessa" (ARA).

Perseverar exige fé quando as forças diminuem e a vontade de desistir bate à porta. Moisés enfrentou quarenta anos no deserto liderando um povo difícil, mas não desistiu da missão. Paulo foi perseguido, preso e açoitado, mas não parou de pregar o Evangelho. Continuar exige mais coragem do que iniciar. Quando tudo dentro de você quiser parar, lembre-se: Deus o chamou para ir até o fim. A jornada pode ser cansativa, mas aquele que começou a boa obra na sua vida é fiel para completá-la (cf. Filipenses 1.6).

Continue, mesmo que devagar. Continue, mesmo sem aplausos. No tempo certo, Deus transformará seu esforço em colheita abundante. O desafio de continuar é a prova de que você está no caminho certo.

Em que área você precisa, hoje, pedir forças a Deus para continuar firme?

"Quem continua, mesmo cansado, verá a promessa de Deus se cumprir em sua vida."

ACESSE O QR CODE PARA SABER MAIS

DIA
088

A FÉ NÃO DÁ DESCULPAS

@michelsimplicio

Que desculpa você precisa abandonar, hoje, para viver o que Deus tem para a sua vida?

As desculpas são barreiras que nos impedem de viver tudo o que Deus preparou para nós. Quando Moisés foi chamado para libertar o povo de Israel, sua primeira reação foi dar desculpas: "Ah, Senhor! Eu nunca fui eloquente" (Êxodo 4.10 – NAA). Aquele homem errou por olhar para suas limitações em vez de confiar no poder de Deus.

Quantas vezes deixamos de viver promessas porque nos escondemos atrás de justificativas? "Não tenho tempo", "não sou capaz", "não é o momento certo" e coisas do tipo.

Deus não procura os mais capacitados, ele capacita aqueles que chama, mesmo conscientes de suas falhas. Quando você para de dar desculpas, começa a ver milagres acontecerem. Há propósitos esperando pelo seu "sim". Não adie mais o que Deus quer fazer por seu intermédio. Confie: quem o chamou também é fiel para capacitá-lo. Diga "não" às desculpas e "sim" ao propósito.

ACESSE O QR CODE PARA SABER MAIS

"As desculpas nos paralisam, mas a obediência nos leva ao destino que Deus preparou."

O QUE MOVE SUAS ESCOLHAS?

DIA
089

@michelsimplicio

A ambição saudável nos impulsiona a crescer, mas a ganância nos afasta dos propósitos de Deus. Jesus alertou: "Cuidado! Fiquem de sobreaviso contra todo tipo de ganância; a vida de um homem não consiste na quantidade dos seus bens" (Lucas 12.15).

A diferença entre ambição e ganância está na motivação do coração. A ambição busca alcançar propósitos e sonhos alinhados à vontade de Deus, enquanto a ganância quer acumular para si, sem limites nem princípios. Talvez você esteja vivendo momentos de conquista e crescimento. Isso é bênção, mas é importante examinar se seu coração permanece sensível à voz de Deus. Lembre-se: o que construímos fora da vontade do Senhor pode se tornar um peso, não uma bênção.

Deixe que seus sonhos sejam guiados pela fé e pelo propósito, não pelo desejo desenfreado de ter mais. Escolha ambicionar os planos de Deus, não os tesouros deste mundo.

Suas conquistas, hoje, estão alinhadas aos propósitos de Deus ou aos desejos do mundo?

....

....

....

....

....

....

....

....

....

"Ambicionar o propósito de Deus traz vida; buscar apenas bens traz vazio."

ACESSE O QR CODE PARA SABER MAIS

DIA
090

@michelsimplicio

SUA JUSTIÇA VEM DE DEUS

Qual injustiça você precisa entregar, hoje, totalmente nas mãos de Deus?

....

....

....

....

....

....

....

....

....

....

A injustiça dói, especialmente quando tentamos fazer o certo e, ainda assim, somos mal interpretados ou prejudicados. Em 1Pedro 2.23, a Bíblia diz sobre Jesus: "Quando insultado, não revidava; quando sofria, não fazia ameaças, mas entregava-se àquele que julga com justiça". Jesus foi o maior exemplo de quem sofreu injustamente e confiou a sua causa ao Pai.

Muitas vezes, queremos responder, nos justificar ou lutar com as próprias forças, mas o Senhor nos chama a confiar que ele é o nosso justo juiz. Deus vê tudo o que está acontecendo. Nenhuma lágrima, nenhuma humilhação, nenhum silêncio passa despercebido aos olhos dele.

Quando entregamos as injustiças nas mãos de Deus, ele age no tempo certo, trazendo vindicação e promovendo aqueles que permaneceram firmes. Não carregue o peso da vingança ou da amargura. Confie: o Todo-Poderoso está trabalhando em seu favor.

ACESSE O QR CODE PARA SABER MAIS

"Deus é o seu justo juiz, ele vê o que fizeram com você e sabe como honrá-lo."

LIDERANDO PELO EXEMPLO DE CRISTO

DIA 091

@michelsimplicio

O verdadeiro líder não impõe sua autoridade, mas inspira por meio do exemplo. Jesus disse: "Quem quiser tornar-se grande entre vós, será esse o que vos sirva" (Mateus 20.26 - ARA). Ele não apenas ensinou sobre liderança, mas viveu como o maior exemplo de serviço.

Jesus lavou os pés dos discípulos para demonstrar que a liderança começa na humildade (cf. João 13.14-15). Ele não buscou reconhecimento, mas entregou sua vida por amor. Quem lidera à maneira de Cristo compreende que o propósito não é ser servido, mas servir.

Liderar pelo exemplo significa agir com integridade, amar incondicionalmente e caminhar em obediência a Deus. Quando demonstramos fidelidade e caráter, influenciamos vidas para o Reino. O verdadeiro líder não apenas aponta o caminho, mas o percorre primeiro. Ele entende que liderar é sacrificar-se pelo bem dos outros e guiar com amor e sabedoria.

Como você pode liderar melhor por meio do seu exemplo?

"A liderança eficaz é aquela que reflete o caráter de Cristo."

ACESSE O QR CODE PARA SABER MAIS

DIA
092

@michelsimplicio

JESUS: O AMIGO QUE NUNCA NOS ABANDONA

Como você pode fortalecer sua amizade com Cristo no dia a dia?

Em um mundo onde amizades podem ser passageiras, há um amigo que nunca nos deixa: Jesus. Ele prometeu: "E eis que eu estou convosco todos os dias, até a consumação dos séculos" (Mateus 28.20 - ACF). Seu amor e sua fidelidade permanecem para sempre, independentemente das circunstâncias.

Pedro negou Jesus três vezes, mas, mesmo assim, o Senhor o restaurou e reafirmou seu chamado (cf. João 21.17). Cristo não abandona os que erram, mas os chama de volta para perto. Seu amor não depende do que fazemos, mas de sua graça e fidelidade. Ele nos aceita como somos e nos transforma.

Se você já se sentiu sozinho ou rejeitado, lembre-se de que Jesus está sempre ao seu lado. Ele conhece suas dores, compreende suas lutas e nunca desiste de você. Seu amor é incondicional, e ele nos sustenta em cada momento da jornada. Confie nele, pois seu cuidado nunca falha.

ACESSE O QR CODE PARA SABER MAIS

"Jesus é o amigo fiel que nunca nos abandona e sempre nos acolhe com amor."

O QUE É SEU NINGUÉM TOMA

DIA
093

@michelsimplicio

Quando Deus determina algo para sua vida, nada nem ninguém pode impedir. Em Isaías 43.13, está escrito: "Ainda antes que houvesse dia, eu sou; e não há quem possa livrar alguém das minhas mãos; agindo eu, quem o impedirá?" (NAA). Davi foi ungido para ser rei ainda jovem, mas levou anos enfrentando perseguições e desafios antes de assumir o trono.

Saul tentou matá-lo, inimigos se levantaram, mas o que Deus havia reservado para Davi permaneceu intacto. Assim também é na sua vida: o que o Senhor preparou para você está guardado pelas suas divinas mãos. Pessoas podem tentar atrasar, desacreditar ou resistir, mas não podem tomar o que o Todo-Poderoso já determinou.

Por isso, não tema as oposições. Continue sendo fiel, caminhando em obediência e confiando na soberania de Deus. No tempo certo, o que é seu virá às suas mãos, porque o que o Senhor promete, ele cumpre.

Você confia que Deus está guardando o que ele mesmo preparou para a sua vida?

"Ninguém pode roubar aquilo que Deus já separou para você."

ACESSE O QR CODE PARA SABER MAIS

DIA
094

@michelsimplicio

HONRE A DEUS EM CADA DECISÃO

Em qual decisão você precisa escolher honrar a Deus acima de tudo?

....

....

....

....

....

....

....

....

....

....

Nossas decisões revelam o que há no coração. Pedro e João, mesmo ameaçados pelas autoridades, se recusaram a parar de falar de Jesus (cf. Atos 4.18-20). Eles poderiam ter escolhido o caminho mais fácil e se calado, mas decidiram honrar a Deus acima das pressões humanas.

Manter os princípios divinos nem sempre é o caminho mais confortável, mas é o da verdadeira honra. Talvez você esteja enfrentando situações em que seria mais simples ceder ou se esconder. Lembre-se: suas escolhas revelam a quem você realmente serve.

Honrar a Deus em cada decisão é viver para agradá-lo, não para agradar as pessoas. Mesmo que poucos percebam, Deus vê cada atitude fiel. E ele recompensa aqueles que permanecem firmes. Escolha hoje ser alguém que honra a Deus em cada detalhe da caminhada.

ACESSE O QR CODE PARA SABER MAIS

"Quem honra a Deus nas pequenas decisões será honrado nas grandes vitórias."

ROMPENDO LIMITES COM A AJUDA DE DEUS

DIA
095

@michelsimplicio

Deus nos criou para vivermos além das limitações humanas. A Palavra declara: "Porque para Deus nada é impossível" (Lucas 1.37 – ACF). Quando confiamos no Senhor, ele nos capacita a ir além do que imaginamos e nos fortalece para vencer desafios.

Gideão se via pequeno e incapaz, mas Deus o chamou de valente e o usou para libertar Israel (cf. Juízes 6.12). A força daquele homem não estava na própria habilidade, mas no poder de Deus. Muitas vezes, enxergamos apenas nossas fraquezas, mas o Senhor vê nosso potencial e nos impulsiona a avançar.

Os maiores desafios podem parecer impossíveis, mas o Todo-Poderoso nos dá coragem para enfrentá-los. O segredo da vitória está em depender totalmente do Senhor. Quando pomos nossa fé em ação e confiamos no seu poder, os limites humanos se tornam oportunidades para milagres.

Que limites você precisa ultrapassar com a ajuda de Deus?

"Com Deus, não há limites que não possam ser superados."

ACESSE O QR CODE PARA SABER MAIS

DIA
096

@michelsimplicio

CRESCENDO EM MATURIDADE ESPIRITUAL

O que você pode fazer hoje para crescer espiritualmente?

A maturidade espiritual não acontece de uma hora para outra, mas é um processo contínuo de aprendizado e entrega a Deus. A Bíblia nos ensina: "Antes, crescei na graça e no conhecimento de nosso Senhor e Salvador Jesus Cristo" (2Pedro 3.18 - ARA). O crescimento espiritual exige compromisso e constância.

Paulo comparou os imaturos na fé a crianças espirituais que ainda se alimentam de leite, quando já deveriam estar prontos para alimento sólido (cf. Hebreus 5.12-14). Isso nos ensina que Deus deseja que avancemos, aprofundando nosso relacionamento com ele e praticando sua Palavra no dia a dia.

A maturidade vem por meio de comunhão com Deus, oração, estudo bíblico e obediência. Tiago 1.4 nos lembra: "E a perseverança deve ter ação completa, a fim de que vocês sejam maduros e íntegros, sem lhes faltar coisa alguma." As provações da vida também nos ajudam a crescer, tornando-nos mais fortes na fé e mais dependentes do Senhor.

Não se contente com uma fé superficial. Busque crescer em Deus todos os dias!

ACESSE O QR CODE PARA SABER MAIS

"A maturidade espiritual é fruto da comunhão e da obediência a Deus."

NÃO LIMITE O QUE DEUS PODE FAZER

DIA **097**

@michelsimplicio

Deus é especialista em fazer infinitamente mais do que pedimos ou pensamos (cf. Efésios 3.20). Muitas vezes, somos nós que tentamos limitar o que ele quer realizar em nossa vida, estabelecendo barreiras a partir do medo, da dúvida ou da visão pequena.

Quando Deus planta um sonho no seu coração, ele já sabe como torná-lo realidade. Mesmo que pareça impossível para você, para o Senhor não é. Não reduza seus planos ao que os olhos conseguem ver ou ao que suas forças podem alcançar. O Eterno não é limitado pelas circunstâncias nem pelas impossibilidades humanas.

Talvez você tenha parado de sonhar ou diminuiu suas expectativas. Hoje, Deus o chama a crer novamente. Não tente limitar o que ele pode fazer. Sonhe mais alto, creia mais profundamente e caminhe com fé. O que o Senhor preparou pode ser maior do que você imagina.

Que sonho você precisa, hoje, confiar de novo às mãos de Deus?

“Seus limites não limitam o que Deus pode fazer na sua vida.”

ACESSE O QR CODE PARA SABER MAIS

DIA
098

@michelsimplicio

O PODER DE UMA ESCOLHA CERTA

Em que área Deus o está chamando a exercer o poder de dizer "não"?

Resistir à tentação é uma das maiores demonstrações de maturidade espiritual. Jesus, no deserto, foi tentado em sua fome, sua identidade e seu propósito, mas em todas as situações respondeu com a Palavra e recusou-se a ceder (cf. Mateus 4.1-11).

Dizer "não" às ofertas erradas é dizer "sim" ao propósito de Deus. Muitas vezes, ceder parece mais fácil, mas resistir é o que nos fortalece e nos aproxima do que o Senhor preparou para nós.

Talvez você esteja enfrentando pressões para fazer escolhas que sabe que não agradam ao seu Pai. Lembre-se: cada "não" que diz ao pecado é um "sim" para a vontade de Deus em sua vida. O Espírito Santo o capacita a vencer. Você não está sozinho nessa batalha. O poder de dizer "não", hoje, é o que o prepara para viver grandes conquistas amanhã.

ACESSE O QR CODE PARA SABER MAIS

"Quem diz 'não' ao pecado hoje diz 'sim' ao propósito de Deus para sempre."

O MUNDO ESPIRITUAL É REAL

DIA
099

@michelsimplicio

Existe uma realidade além do que nossos olhos podem ver. Em Efésios 6.12, a Bíblia afirma: "[...] pois a nossa luta não é contra pessoas, mas contra os poderes e autoridades, contra os dominadores deste mundo de trevas, contra as forças espirituais do mal nas regiões celestiais".

O mundo espiritual é real e influencia o que acontece no natural. Daniel orou por 21 dias até que o anjo trouxesse a resposta, revelando que havia uma batalha espiritual ocorrendo enquanto ele esperava (cf. Daniel 10.12-13).

Muitas vezes, não entendemos os atrasos, as lutas ou as resistências que enfrentamos, mas Deus nos chama a permanecer firmes em fé e oração. Não ignore o mundo espiritual; esteja preparado, revestido da armadura de Deus e sensível à direção do Espírito Santo. Lembre-se: você não luta sozinho. Deus é o Senhor dos Exércitos e luta em seu favor!

Em que área você precisa se fortalecer espiritualmente para vencer as batalhas invisíveis?

"A realidade espiritual é tão real quanto a natural; por isso, permaneça firme e vigilante."

ACESSE O QR CODE PARA SABER MAIS

DIA
100

@michelsimplicio

VIVENDO UMA FÉ RELEVANTE

O que você pode fazer hoje para viver uma fé mais relevante?

....

....

....

....

....

....

....

....

....

....

....

A fé verdadeira não é um sentimento, mas uma vida de impacto e transformação. A Bíblia diz: "Assim também a fé, se não tiver as obras, é morta em si mesma" (Tiago 2.17 - ACF). Uma fé relevante é aquela que reflete Cristo no dia a dia.

Jesus chamou seus discípulos para ser luz do mundo e sal da Terra (cf. Mateus 5.13-14). Quem vive uma fé autêntica influencia seu ambiente com amor, esperança e justiça. Não basta apenas crer, é necessário agir e demonstrar a presença de Deus por meio de atitudes.

O mundo precisa ver cristãos que vivem aquilo que pregam. Uma fé que não se limita a palavras, mas se expressa em serviço, compaixão e integridade. Quando vivemos dessa maneira, nossa fé se torna um testemunho poderoso e glorifica a Deus.

ACESSE O QR CODE PARA SABER MAIS

"Uma fé relevante transforma vidas e impacta o mundo ao nosso redor."

NÃO CONTE SEUS PROJETOS ANTES DA HORA

DIA
101

@michelsimplicio

Quando o anjo anunciou a Zacarias que ele teria um filho, algo grandioso estava para acontecer: João Batista, o precursor do Messias, seria gerado. Mas, por sua incredulidade, Zacarias ficou mudo até o nascimento da criança (cf. Lucas 1.20). Mesmo parecendo uma punição, esse silêncio foi também uma proteção. Deus estava guardando o que ainda estava em formação.

Muitos sonhos e projetos acabam abortados porque são expostos antes de estar prontos. Compartilhar o que Deus revelou antes do tempo pode atrair críticas, incredulidade e até sabotagens espirituais. Nem todos ao redor vão entender o que você carrega. Assim como Maria guardava as palavras em seu coração (cf. Lucas 2.19), há momentos em que o silêncio é o maior aliado do cumprimento das promessas.

Aprenda a discernir o tempo de falar e o tempo de se calar. Espere o nascimento do milagre. E quando ele acontecer, todos verão que foi Deus quem realizou.

Você tem guardado seus projetos em oração ou os tem exposto antes da hora?

"Nem todo sonho precisa ser contado; alguns precisam ser apenas guardados até nascer."

ACESSE O QR CODE PARA SABER MAIS

DIA
102

@michelsimplicio

APRENDA A OUVIR A VOZ DE DEUS

Como você pode criar um ambiente para ouvir a voz de Deus?

A vida muitas vezes parece um turbilhão. Entre desafios, preocupações e incertezas, podemos nos perguntar: como ouvir a voz de Deus em meio a tanto barulho? Elias viveu isso quando fugia para o deserto. Deus não falou com ele no vento forte, no terremoto ou no fogo, mas em um sussurro suave (cf. 1Reis 19.12).

Deus continua falando, mas precisamos silenciar o coração para escutá-lo. A correria do dia a dia, as distrações e os medos podem abafar sua voz. Por isso, Jesus nos convida: "Mas tu, quando orares, entra no teu aposento e, fechando a tua porta, ora a teu Pai" (Mateus 6.6 – ACF). A intimidade com Deus nos torna sensíveis à sua direção e nos ensina a discernir a divina voz no meio das tempestades.

Se o caos o cerca, busque a presença do Senhor. Leia a Palavra, ore com sinceridade e aprenda a descansar nele. Deus não está distante, mas está perto, deseja falar com você, acalmar seu coração e guiar seus passos. Quando paramos para ouvir, percebemos que ele já está nos conduzindo, fortalecendo e dando paz.

ACESSE O QR CODE PARA SABER MAIS

"A voz de Deus traz paz em meio à tempestade."

A PRESENÇA DE JESUS TRANSFORMA TUDO

DIA **103**

@michelsimplicio

Quando Jesus está presente, tudo muda. A Bíblia diz: "Porque, onde estiverem dois ou três reunidos em meu nome, ali estou eu no meio deles" (Mateus 18.20 - NAA). Sua presença traz cura, paz e transformação para qualquer situação, trazendo vida onde há caos.

No casamento em Caná, a água foi transformada em vinho porque Jesus estava lá (cf. João 2.9-10). No barco com os discípulos, a tempestade foi acalmada porque ele estava presente (cf. Marcos 4.39). Sua presença faz o impossível se tornar realidade e muda completamente as circunstâncias, trazendo esperança e renovação.

Se permitirmos que Jesus esteja no centro da nossa vida, seremos transformados. Ele muda corações, restaura famílias e traz esperança onde há dor. Não há nada mais poderoso do que caminhar com Cristo diariamente e desfrutar da sua presença em cada momento. A presença do nosso Senhor nos fortalece e nos enche de paz.

Como você pode buscar mais a presença de Jesus em sua vida?

"Quando Jesus está presente, o impossível se torna possível."

ACESSE O QR CODE PARA SABER MAIS

DIA
104

@michelsimplicio

A FÉ CRESCE EM COMUNHÃO

Você tem cultivado sua fé no ambiente da comunhão ou tem vivido isolado?

A fé não foi feita para ser vivida no isolamento. A comunhão é o ambiente em que a fé é alimentada, fortalecida e testada. A Bíblia diz que devemos considerar uns aos outros, "para nos estimularmos ao amor e às boas obras. Não deixemos de congregar-nos" (Hebreus 10.24-25 – ARA). A igreja é o lugar onde nossa fé é ativada.

Na comunhão, encontramos encorajamento, correção e direção. É quando estamos juntos que percebemos que não estamos sozinhos. Deus usa pessoas para nos levantar, ensinar e nos alinhar ao propósito. A ausência de comunhão esfria o coração e enfraquece a fé.

A fé cresce quando ouvimos a Palavra, servimos e somos desafiados a amar e perdoar. E tudo isso acontece no corpo. A fé pode morrer no isolamento, mas certamente floresce na comunhão. Volte para perto, pois sua fé precisa do ambiente certo para crescer.

ACESSE O QR CODE PARA SABER MAIS

"A fé não cresce na solidão, ela floresce na comunhão com o Corpo de Cristo."

VOCÊ VIVERÁ UMA GRANDE COLHEITA

DIA **105**

@michelsimplicio

A lei da semeadura e da colheita é um princípio divino. A Bíblia declara: "Tudo o que o homem semear, isso também ceifará" (Gálatas 6.7 - ACF). Quem deseja colher abundantemente precisa plantar com fé, obediência e perseverança, confiando que Deus multiplicará cada semente.

Isaque semeou em tempos de escassez e colheu cem vezes mais porque confiou no Senhor (cf. Gênesis 26.12). Sua fidelidade trouxe uma colheita sobrenatural. O segredo não está apenas no ato de semear, mas em permanecer firme, mesmo quando as circunstâncias parecem adversas. Quem semeia com fé verá o fruto no tempo certo e será recompensado.

Nossas sementes são nossas palavras e atitudes, além da generosidade. Quando semeamos amor, fé e obediência à Palavra, Deus nos recompensa abundantemente. A colheita farta não acontece da noite para o dia, mas é resultado da constância e da confiança no Senhor.

Que sementes você tem plantado para uma colheita abundante?

"Quem semeia com fé colhe abundantemente no tempo de Deus."

ACESSE O QR CODE PARA SABER MAIS

DIA
106

@michelsimplicio

DEUS LHE DÁ UMA NOVA HISTÓRIA

O que você precisa entregar a Deus para viver em liberdade?

Muitas pessoas vivem presas ao passado, carregando culpas, traumas e frustrações. No entanto, Deus nos convida a viver uma nova vida nele. A Bíblia diz: "Se alguém está em Cristo, nova criatura é: as coisas velhas já passaram; eis que tudo se fez novo" (2Coríntios 5.17 – ARC).

Paulo, que antes perseguia cristãos, entendeu que não podia avançar olhando para trás. Ele declarou: "Esquecendo-me das coisas que atrás ficam, e avançando para as que estão diante de mim, prossigo para o alvo" (Filipenses 3.13-14 – ACF). Para viver plenamente, precisamos soltar as amarras do que já passou.

O Inimigo tenta nos lembrar de erros e dores, mas Deus nos chama para a liberdade. O perdão, tanto de Deus quanto o que liberamos para nós mesmos e para os outros, é essencial para essa libertação. Cristo nos redimiu, e nele temos uma nova identidade.

Não deixe o passado definir quem você é. Deus tem um futuro de paz e esperança para você.

ACESSE O QR CODE PARA SABER MAIS

"O passado não pode prender quem Cristo libertou."

MOTIVAÇÃO QUE VEM DO ALTO

DIA **107**

@michelsimplicio

A verdadeira motivação não está nas circunstâncias, mas em Deus. A Bíblia ensina: "Os que esperam no SENHOR renovarão as forças, subirão com asas como águias" (Isaías 40.31 - ACF). Quando confiamos nele, encontramos ânimo para continuar e superar desafios.

Davi enfrentou momentos de desânimo, mas escolheu fortalecer-se no Senhor (cf. 1Samuel 30.6). Em vez de se render às dificuldades, buscou a Deus e encontrou renovação. Quem se alimenta da Palavra e da presença de Deus nunca fica sem esperança, pois ele é a fonte de força e motivação.

Se depender das situações externas, nossa motivação oscilará. Mas quando olhamos para Deus, recebemos ânimo para prosseguir. Ele nos renova, fortalece e nos dá propósito. A motivação que vem do Alto nos impulsiona a viver cada dia com fé, perseverança e coragem para vencer qualquer adversidade.

O que você pode fazer hoje para buscar motivação em Deus?

"A motivação vinda de Deus nos dá forças para seguir e conquistar."

ACESSE O QR CODE PARA SABER MAIS

DIA
108

VOCÊ PODE RECOMEÇAR MAIS FORTE

@michelsimplicio

O que você pode fazer hoje para recomeçar com a força de Deus?

Recomeçar nem sempre é fácil, mas Deus nos dá forças para seguir em frente. A Bíblia declara: "As misericórdias do SENHOR são a causa de não sermos consumidos [...] renovam-se cada manhã" (Lamentações 3.22-23 - ARA). Em Cristo, sempre há uma nova oportunidade.

Após falhar, Pedro pensou que sua missão havia acabado, mas Jesus o restaurou e o chamou novamente (cf. João 21.17). O Senhor não nos define pelos nossos erros, mas pelo propósito que tem para nós. Seu amor nos fortalece para seguir adiante e superar as marcas do passado.

O que passou não pode nos prender quando Deus nos chama para algo novo. Ele nos capacita a levantar, superar desafios e recomeçar com fé. O que parecia um fim pode ser o início de uma nova fase cheia de graça, crescimento e oportunidades. Em Cristo, sempre há esperança para um recomeço cheio de propósito.

ACESSE O QR CODE PARA SABER MAIS

"Com Deus, sempre há esperança para um novo começo."

QUANDO A FÉ É TUDO O QUE VOCÊ TEM

DIA
109

@michelsimplicio

Há momentos em que tudo ao nosso redor parece incerto, e a única coisa que nos resta é a fé. A Bíblia nos ensina: "Ora, a fé é o firme fundamento das coisas que se esperam, e a prova das coisas que se não veem" (Hebreus 11.1 – ACF). Quando tudo falta, a fé nos sustenta.

A mulher do fluxo de sangue enfrentou anos de sofrimento, mas quando ouviu falar de Jesus, agarrou-se à fé (cf. Marcos 5.28). Sem recursos, apoio, nem garantias, ela decidiu crer. Sua fé foi suficiente para tocar Jesus e receber o milagre.

Quando a fé é tudo o que temos, aprendemos a confiar inteiramente em Deus. Ele nunca falha e sempre cumpre suas promessas. Se as circunstâncias dizem que não há saída, lembre-se de que a fé move montanhas e abre portas impossíveis. Confie e siga em frente.

Como você pode fortalecer sua fé nos momentos de incerteza?

"A fé é o que nos sustenta quando tudo parece impossível."

ACESSE O QR CODE PARA SABER MAIS

DIA
110

@michelsimplicio

ESTÁ NA HORA DE TOMAR UMA ATITUDE

Qual atitude você precisa tomar hoje para viver o que Deus já falou?

Existem momentos em que orar, esperar e crer é fundamental. Mas também há momentos em que Deus já falou, a direção já foi dada e tudo o que falta é uma atitude.

Em João 5.8-9, Jesus encontra um homem paralítico havia 38 anos e lhe diz: “Levanta-te, toma o teu leito, e anda” (ACF). O milagre aconteceu quando o homem decidiu obedecer. Ele poderia continuar deitado, lamentando-se, mas escolheu agir.

Muitas bênçãos estão do outro lado de uma atitude de fé. Ficar parado, analisando demais ou esperando um “sinal”, pode ser apenas uma desculpa para não agir. Deus honra quem se move pela fé. Talvez você já tenha orado, jejuado e buscado, mas agora é tempo de agir! Afinal, a fé sem obras é morta (cf. Tiago 2.17).

Não espere que tudo esteja perfeito para se mover. Às vezes, Deus só revela o passo seguinte depois que você dá o primeiro.

ACESSE O QR CODE PARA SABER MAIS

“Quem decide agir pela fé sai do lugar da espera e entra no lugar da promessa.”

NEM TUDO PRECISA SER DITO

DIA
111

@michelsimplicio

Vivemos em tempos em que todos querem comentar, opinar e criticar. Mas nem tudo o que pensamos precisa ser falado. A Bíblia ensina: "O que guarda a sua boca conserva a sua alma" (Provérbios 13.3 - ACF). Falar por impulso pode abrir feridas, gerar confusão e até atrapalhar o agir de Deus. Às vezes, o silêncio é mais poderoso que mil palavras.

Jesus nos deu esse exemplo. Em muitos momentos, ele escolheu se calar. Isso não foi fraqueza, mas sabedoria. Nem todo assunto edifica, nem toda conversa merece resposta. A boca do cristão deve ser instrumento de bênção, e não de contenda.

Antes de falar, ore. Antes de expor, pense. Antes de comentar, filtre. Suas palavras têm poder, e você será conhecido pelo que fala. Use sua voz para glorificar o Céu, e não para espalhar julgamentos. Fale mais de Deus, menos de si e nada dos outros.

Você tem usado sua boca para edificar ou tem falado demais, sem direção?

"Palavras são sementes — pense bem antes de plantar o que você não quer colher."

ACESSE O QR CODE PARA SABER MAIS

DIA
112

@michelsimplicio

VOCÊ NASCEU PARA ALGO MAIOR

Como suas escolhas refletem os propósitos eternos de Deus?

Nossa vida não se resume ao aqui e agora; fomos criados para um propósito eterno. A Bíblia ensina: "Não ajunteis tesouros na terra [...]; mas ajuntai tesouros no céu" (Mateus 6.19-20 - ACF). O que fazemos para Deus tem valor eterno e permanece para sempre.

Moisés escolheu abandonar os prazeres do Egito para cumprir o chamado de Deus (cf. Hebreus 11.24-26). Ele entendeu que viver para o propósito divino é muito mais valioso do que qualquer conquista passageira. Quem tem uma visão eterna não desperdiça a vida com o que é temporário, mas investe naquilo que tem impacto para o Reino de Deus.

Viver com propósitos eternos significa priorizar o Reino, amar ao próximo e dedicar-se a ações que glorificam a Deus. Quando vivemos dessa forma, nossa fé se torna um testemunho que inspira outras pessoas e deixa um legado de esperança. Quem vive com essa perspectiva encontra verdadeiro significado e propósito em tudo o que faz.

ACESSE O QR CODE PARA SABER MAIS

"Quem vive com propósitos eternos deixa um legado para a glória de Deus."

DEUS JÁ PREPAROU O QUE VOCÊ PRECISA

DIA
113

@michelsimplicio

A verdadeira prosperidade não vem apenas de esforço humano, mas do favor de Deus. A Bíblia ensina que é o Senhor quem nos dá força para adquirirmos riquezas (cf. Deuteronômio 8.18). Ele é a fonte de toda provisão e bênção, e nada nos falta quando confiamos nele.

Abraão foi abençoado porque confiou em Deus e obedeceu à sua voz (cf. Gênesis 12.2). A prosperidade que vem do Senhor não se limita a bens materiais, mas envolve paz, saúde, alegria e plenitude. Quando buscamos ao Senhor em primeiro lugar, ele supre todas as nossas necessidades e nos guia para caminhos de abundância.

Depender de Deus significa reconhecer que ele é o provedor de tudo o que precisamos. Nossa segurança não está nas riquezas, mas na fidelidade do Senhor. Quando vivemos de acordo com seus princípios, experimentamos prosperidade em todas as áreas da vida. O Eterno deseja nos abençoar para que sejamos um canal de bênçãos para outros.

Como você pode confiar mais em Deus como sua fonte de provisão?

"A verdadeira prosperidade vem de Deus e traz plenitude e paz."

ACESSE O QR CODE PARA SABER MAIS

DIA
114

@michelsimplicio

FUJA DE ONDE HÁ CONFUSÃO

Você tem insistido ficar em ambientes que estão destruindo sua paz?

Ambientes de confusão, fofoca e contenda não são lugares onde devemos permanecer. A Bíblia diz que "onde há inveja e sentimento faccioso, aí há confusão e toda espécie de coiass ruins" (Tiago 3.16 – ARA). Confusão não é obra de Deus, é terreno fértil para o Inimigo agir. Ficar onde reina a confusão pode enfraquecer sua fé, roubar a paz e desviar o foco do propósito.

Abraão, ao perceber que seus pastores e os de Ló estavam em conflito, decidiu se afastar para preservar a paz (cf. Gênesis 13.8-9). Sua atitude de sabedoria e maturidade o levou para mais perto da promessa. Há lugares que não merecem mais sua permanência. O que está em risco é maior do que o orgulho de "estar certo".

Deus habita onde há unidade e paz. Se o ambiente não edifica, não purifica e não glorifica a Deus, é hora de sair. Fuja de onde há confusão e se aproxime de onde há direção.

"A presença de Deus habita onde reina a paz — não insista em ficar onde só há confusão."

ACESSE O QR CODE PARA SABER MAIS

OLHANDO PARA JESUS, O AUTOR DA FÉ

DIA
115

@michelsimplicio

A jornada cristã exige perseverança, e a única forma de vencer é manter os olhos fixos em Jesus. A Bíblia declara: "Olhando para Jesus, autor e consumador da fé" (Hebreus 12.2 - ACF). Ele é a fonte e o aperfeiçoador da nossa fé, fortalecendo-nos a cada passo.

Pedro andou sobre as águas enquanto manteve seu olhar em Jesus (cf. Mateus 14.29-30). Mas quando focou no vento e nas ondas, começou a afundar. Assim também acontece conosco: quando desviamos nossa atenção de Cristo, a dúvida e o medo nos dominam.

Olhar para Jesus significa confiar nele acima das circunstâncias. Ele nos dá direção, renova nossas forças e nos sustenta em tempos difíceis. Quem mantém os olhos fixos no Senhor encontra segurança, paz e coragem para continuar a caminhada de fé.

O que tem desviado seu olhar de Jesus e como você pode voltar a focar nele?

"Olhe para Jesus e encontre força para seguir adiante com confiança."

ACESSE O QR CODE PARA SABER MAIS

DIA
116

O PODER TRANSFORMADOR DO NOME DE JESUS

@michelsimplicio

Como você pode confiar mais no poder do nome de Jesus em sua vida?

O nome de Jesus tem autoridade para transformar qualquer situação. A Bíblia declara: "Em nome de Jesus Cristo, o Nazareno [...], este [homem] está são diante de vós" (Atos 4.10 – ACF). Quando invocamos o nome de Cristo com fé, milagres acontecem e vidas são restauradas.

O coxo na porta do templo foi curado porque Pedro usou da autoridade do nome de Jesus (cf. Atos 3.6-7). Não havia ouro nem prata, mas o poder daquele que tem domínio sobre todas as coisas estava ali. O nome de Jesus não apenas cura, mas liberta, restaura e traz salvação. Seu nome tem poder sobre toda enfermidade, angústia e opressão.

Muitas vezes, enfrentamos desafios que parecem impossíveis. No entanto, há poder no nome do Senhor para abrir portas, quebrar correntes e mudar realidades. Quando pomos nossa fé nesse nome poderoso, experimentamos transformação e vitória em todas as áreas da vida. Nada pode resistir à autoridade do nome que está acima de todo nome!

ACESSE O QR CODE PARA SABER MAIS

"O nome de Jesus tem poder para mudar qualquer circunstância."

SUA PROSPERIDADE COMEÇA NO SEU CORAÇÃO

DIA
117

@michelsimplicio

A verdadeira prosperidade não começa no exterior, mas dentro de nós. A Bíblia ensina: "Acima de tudo, guarde o seu coração, pois dele depende toda a sua vida" (Provérbios 4.23). Quando nosso coração está alinhado com Deus, a prosperidade se manifesta em todas as áreas, trazendo equilíbrio e paz.

Salomão pediu sabedoria em vez de riquezas, e Deus lhe concedeu ambas (cf. 1Reis 3.11-13). Sua prosperidade começou com um coração voltado para o Senhor. Muitos buscam riquezas sem antes cultivar um coração generoso, fiel e íntegro diante do Todo-Poderoso. Um coração próspero é aquele que sabe dar, servir e confiar no Eterno.

Prosperidade não se resume a bens materiais, mas envolve paz, alegria, relacionamentos saudáveis e contentamento. Quando confiamos em Deus, ele nos capacita a administrar bem o que recebemos e nos abençoa além do que pedimos ou imaginamos. O segredo está em pôr o Senhor em primeiro lugar e deixar que ele guie nossas decisões.

Como você pode ajustar seu coração para viver a verdadeira prosperidade?

"A prosperidade verdadeira começa com um coração alinhado com Deus."

ACESSE O QR CODE PARA SABER MAIS

DIA
118

@michelsimplicio

DEUS TEM PLANOS PARA VOCÊ

Como você pode renovar sua confiança nos planos de Deus para sua vida?

Em momentos de incerteza, podemos nos perguntar se Deus ainda tem algo preparado para nós. Ele assegurou ao povo de Judá: "Eu é que sei que pensamentos tenho a vosso respeito, diz o SENHOR; pensamentos de paz e não de mal" (Jeremias 29.11 – ARA). Do mesmo modo, podemos entender que o Senhor não se esqueceu de você, e seus planos continuam firmes, mesmo quando tudo parece incerto.

José passou anos preso e esquecido antes de ver os sonhos de Deus se cumprirem (cf. Gênesis 50.20). Mesmo nas adversidades, o Senhor estava trabalhando para cumprir seu divino propósito. Se você sente que tudo parou, lembre-se de que Deus ainda está escrevendo sua história, e nada pode impedir o que ele já determinou.

Os planos do Alto são maiores do que imaginamos. O Eterno transforma circunstâncias, abre portas e guia nossos passos. Confie no Senhor e continue avançando, pois aquilo que ele prometeu se cumprirá. Seu futuro está nas mãos daquele que nunca falha e sempre cumpre sua palavra.

ACESSE O QR CODE PARA SABER MAIS

"Os planos de Deus para você ainda estão de pé, e ele cumprirá cada promessa."

CORAGEM PARA AVANÇAR EM NOVOS DESAFIOS

DIA
119

@michelsimplicio

Todo novo desafio exige coragem e fé. Deus disse a Josué: “Esforça-te, e tem bom ânimo; não temas, nem te espantes; porque o SENHOR teu Deus é contigo” (Josué 1.9). Da mesma forma, devemos crer que ele nos fortalece para seguir adiante, mesmo quando o futuro parece incerto.

Josué enfrentou a missão de conduzir o povo à Terra Prometida. Ele poderia ter recuado, mas escolheu confiar no Todo-Poderoso (cf. Josué 3.17). Cada passo exigia fé, mas o Senhor abriu o caminho diante dele. Assim também acontece conosco: os desafios parecem grandes, mas Deus já preparou a vitória.

Avançar exige ousadia para sair da zona de conforto. Deus nos chama a viver por fé, e não pelo medo. Quando confiamos em sua direção, enfrentamos desafios com a certeza de que ele nos capacita. Tenha coragem, pois grandes promessas aguardam aqueles que seguem firmes na jornada.

Qual novo desafio você precisa enfrentar com fé e coragem?

....

....

....

....

....

....

....

....

....

....

....

“A coragem para avançar vem da certeza de que Deus está ao seu lado.”

ACESSE O QR CODE PARA SABER MAIS

DIA

120

PARE DE SE DECEPCIONAR COM OS OUTROS

@michelsimplicio

Você tem esperado mais das pessoas do que do próprio Deus?

....

....

....

....

....

....

....

....

....

....

Expectativas erradas geram decepções constantes. Às vezes, esperamos demais das pessoas e nos frustramos quando elas não correspondem. Mas a Bíblia nos lembra de que maldito é o homem que confia no homem (cf. Jeremias 17.5). Isso não significa que devemos viver desconfiados, mas que nossa esperança deve estar firmada em Deus — não em pessoas falhas como nós.

Jesus conhecia o coração humano e, mesmo assim, escolheu amar. Ele foi traído por Judas, negado por Pedro e abandonado pelos discípulos. Ainda assim, permaneceu focado em sua missão. Quando você aprende a esperar mais de Deus do que dos homens, a frustração diminui e a paz cresce.

Pare de depositar sua alegria no comportamento dos outros. Foque em agradar a Cristo e em ser quem ele o chamou para ser. O que vem do Senhor nunca decepciona.

ACESSE O QR CODE PARA SABER MAIS

"Quem espera em Deus se fortalece; quem espera nos homens se desgasta."

NÃO PERCA A ALEGRIA DE VIVER

DIA
121

@michelsimplicio

A vida cristã não é ausência de lutas, mas presença constante da alegria que vem do Senhor. Em meio às batalhas diárias, é possível sorrir, ter paz e continuar firme, pois a alegria do Senhor é a nossa força (cf. Neemias 8.10). Quando a alegria se vai, tudo parece perder o sentido. Mas quando ela permanece, até o dia difícil se torna suportável.

Davi, mesmo em meio a crises e perseguições, orava: "Torna a dar-me a alegria da tua salvação" (Salmos 51.12 – ACF). Isso mostra que a verdadeira alegria não vem das circunstâncias, mas da presença de Deus. Não permita que problemas, pessoas ou pressões roubem esse dom precioso.

Valorize a vida, celebre as pequenas vitórias e confie que Deus ainda tem muito a realizar. A alegria do Alto renova, cura e mantém você de pé. Não perca a alegria de viver — ela é combustível para cumprir o seu propósito.

O que você pode fazer hoje para reencontrar a alegria que vem do alto?

....

....

....

....

....

....

....

....

....

....

"A alegria do Senhor levanta você quando o desânimo quer derrubá-lo."

ACESSE O QR CODE PARA SABER MAIS

DIA

122

PORTAS SE ABREM QUANDO VOCÊ ORA

@michelsimplicio

Qual porta fechada você precisa apresentar a Deus em oração, confiando no poder dele para agir?

Muitas vezes, deparamo-nos com situações que parecem impossíveis de mudar. Portas fechadas geram frustração e desânimo, mas a Palavra de Deus ensina que a oração tem poder para abrir caminhos onde não há saída.

Atos 16.25-26 relata que Paulo e Silas estão presos, mas decidem orar e louvar a Deus. Então, um terremoto sacode as cadeias, e as portas da prisão se abrem.

A oração não apenas transforma circunstâncias, mas também fortalece nossa fé e nos aproxima do Senhor. Deus não está limitado pelas dificuldades humanas, e quando clamamos a ele com fé, milagres acontecem. Se alguma porta parece fechada diante de você, não desanime. Persevere na oração e confie que o Senhor pode fazer o impossível.

Quando oramos, não apenas buscamos soluções, mas alinhamos nosso coração à vontade do Pai. Muitas vezes, a resposta dele não é como esperamos, mas sempre é perfeita. Continue orando, pois aquilo que parece um obstáculo hoje pode ser a preparação para um grande milagre amanhã.

ACESSE O QR CODE PARA SABER MAIS

“A oração não apenas abre portas, mas também nos fortalece para atravessá-las com fé e coragem.

NÃO VIVA ESTRESSADO

DIA
123

@michelsimplicio

O estresse é sinal de que algo está fora do lugar, seja por excesso de carga, por falta de descanso ou pouca confiança em Deus. Quando vivemos no limite, tentando controlar tudo, esquecemos que não fomos chamados para carregar o mundo nas costas, mas para lançar sobre Cristo toda a nossa ansiedade (cf. 1Pedro 5.7). Ele não nos criou para a exaustão constante, mas para uma vida de equilíbrio e confiança.

Marta, mesmo estando perto de Jesus, andava inquieta e sobrecarregada com muitas tarefas (cf. Lucas 10.41). Maria, por sua vez, escolheu o melhor lugar: aos pés do Mestre. A escolha de viver em paz começa com a decisão de confiar, descansar e ouvir a voz de Deus acima da agitação ao redor.

Estresse não se resolve apenas com pausas, mas com fé. Organize sua rotina e respeite seus limites, mas, acima de tudo, entregue o controle ao Senhor. Ele está no comando. Ele sustenta todas as coisas — até mesmo você.

O que você precisa entregar hoje a Deus para viver com mais leveza e paz?

....

....

....

....

....

....

....

....

....

....

"O que está sob estresse precisa ser apresentado em oração a Deus."

ACESSE O QR CODE PARA SABER MAIS

DIA
124

@michelsimplicio

RETOME O CONTROLE DA SUA VIDA

Qual área da sua vida precisa ser realinhada com a vontade de Deus?

....

....

....

....

....

....

....

....

....

....

Existem momentos em que nos sentimos totalmente perdidos: a rotina nos consome, os sentimentos nos dominam e as decisões parecem escapar das nossas mãos. Mas Deus não nos chamou para viver à deriva, sem direção ou propósito.

Em 2Timóteo 1.7, a Palavra declara que Deus nos deu espírito de poder, amor e equilíbrio — e não de confusão ou medo. Portanto, retomar o controle da vida não é sobre dominar cada detalhe, mas sobre realinhar as prioridades com sabedoria. É voltar à presença de Deus, organizar o coração, silenciar o caos interior e escolher avançar mesmo em meio às incertezas. Muitas vezes, o descontrole externo é fruto de um desalinhamento interno. Quando o Eterno governa o interior, o exterior começa a se ajustar naturalmente.

Não espere o cenário mudar para agir. Levante-se, hoje, com fé, ainda que em passos pequenos. Decida sair da paralisia, renovar a mente e viver com propósito e direção em Deus.

ACESSE O QR CODE PARA SABER MAIS

"Quem põe Deus no centro reencontra direção, equilíbrio e força para recomeçar."

DEUS FAZ MILAGRES

DIA
125

@michelsimplicio

Milagres não são lendas antigas ou histórias distantes — eles continuam acontecendo em nossos dias. O Senhor é imutável e poderoso para agir de forma sobrenatural na sua vida. A Bíblia diz: "Porque para Deus não haverá impossíveis em todas as suas promessas" (Lucas 1.37 - ARA). Onde termina o esforço humano, começa a intervenção divina.

O milagre da multiplicação, da cura, da restauração e da provisão ainda está ao alcance dos que creem. O cego voltou a ver, o morto tornou a viver e o que parecia perdido foi restaurado. E esse mesmo Deus continua agindo quando há fé, clamor e entrega total.

Não limite o Todo-Poderoso ao que você vê ou sente. Ele é especialista em reverter diagnósticos, transformar histórias e surpreender aqueles que confiam em sua Palavra. Espere pelo impossível, pois o Deus dos milagres não mudou.

Você ainda tem fé para esperar por um milagre em sua vida?

"O Deus que fez ontem é o mesmo que pode fazer hoje — creia no milagre!"

ACESSE O QR CODE PARA SABER MAIS

DIA
126

@michelsimplicio

DEUS LHE DARÁ NOVAS IDEIAS

Você tem buscado em Deus sabedoria para novas ideias e direções?

Deus é criativo, e quem anda com ele também pode viver cheio de criatividade. Em tempos de escassez, crise ou estagnação, o Senhor não apenas envia recursos, mas também ideias. Em Êxodo 31.3, vemos que ele encheu Bezalel com o Espírito Santo e lhe deu sabedoria, inteligência e conhecimento em todo tipo de artesanato. Isso porque Deus capacita com ideias que transformam.

As ideias que vêm do Céu não são comuns. Elas geram soluções, abrem portas, abençoam outros e glorificam o Senhor. Quando você ora e busca direção, ele pode surpreendê-lo com algo novo. Uma nova estratégia, uma visão diferente, uma inspiração inovadora... tudo isso pode ser resposta do Alto.

Não se acomode à rotina nem se prenda ao que deu certo ontem. Abra-se ao novo de Deus. Ele é criativo, e quem busca a presença dele nunca fica sem direção.

ACESSE O QR CODE PARA SABER MAIS

"Quando a fonte é Deus, até uma ideia simples pode se tornar algo extraordinário."

PARE DE SE ACOSTUMAR COM POUCO

DIA
127

@michelsimplicio

Deus não chamou você para viver limitado, preso à escassez ou acomodado em uma zona de conforto espiritual. O povo de Israel se acostumou ao maná no deserto, mas Deus tinha preparado uma terra que manava leite e mel. Muitas vezes, adaptamo-nos ao pouco por medo de crescer ou de dar passos de fé. Fato é que a zona de conforto pode se tornar uma prisão disfarçada de segurança.

Jesus disse: "Eu vim para que tenham vida e a tenham em abundância" (João 10.10 - ARA). Essa abundância inclui paz, propósito, provisão, alegria e plenitude. Mas para viver o muito de Deus, é necessário sair da estagnação e romper com hábitos, pensamentos e limitações que nos mantêm presos. O conforto do pouco pode ser mais perigoso do que o desafio do novo, pois nos impede de experimentar o melhor.

Não aceite menos do que Deus prometeu. Ele quer fazer além do que pedimos ou pensamos. Levante-se com fé, creia nas promessas e avance em direção ao que o Senhor tem para a sua vida.

"Deus tem muito para quem decide sair da zona de conforto e andar pela fé."

Você tem vivido o melhor de Deus ou apenas se acostumado com o mínimo?

ACESSE O QR CODE PARA SABER MAIS

DIA
128

@michelsimplicio

O PODER DA ADORAÇÃO SINCERA

Você tem adorado a Deus com sinceridade, mesmo nos momentos difíceis?

A adoração verdadeira não é apenas um cântico ou palavras ditas, mas um estilo de vida que glorifica a Deus. João 4.23 nos ensina: "No entanto, está chegando a hora, e de fato já chegou, em que os verdadeiros adoradores adorarão o Pai em espírito e em verdade. Estes são os adoradores que o Pai procura". O Eterno não busca performances, mas corações rendidos.

Paulo e Silas, mesmo presos, adoraram ao Senhor e testemunharam um grande milagre (cf. Atos 16.25-26). A adoração sincera muda ambientes, fortalece nossa fé e abre portas impossíveis. Quando adoramos, declaramos nossa confiança no Senhor, independentemente das circunstâncias.

A verdadeira adoração nasce de um coração que reconhece a grandeza de Deus, apesar do que está acontecendo ao redor. Decida adorar em todo tempo, não apenas nos dias bons, e tenha a certeza de que o Senhor se agradará disso.

ACESSE O QR CODE PARA SABER MAIS

"A verdadeira adoração nasce de um coração rendido, que exalta a Deus, a despeito das circunstâncias."

DEUS HONRA QUEM OBEDECE

DIA
129

@michelsimplicio

A obediência a Deus é um princípio fundamental para uma vida frutífera. Jesus disse em João 15.5: "Eu sou a videira; vocês são os ramos. Se alguém permanecer em mim e eu nele, esse dará muito fruto; pois sem mim vocês não podem fazer coisa alguma". Quando seguimos os mandamentos divinos, nossa vida se alinha com a vontade do Alto e nos tornamos produtivos para o Reino.

A desobediência nos afasta das bênçãos e da plenitude que o Criador deseja para nós. Abraão foi chamado para sair de sua terra sem saber para onde iria, e sua obediência resultou em promessas cumpridas e descendência abençoada.

Obedecer pode ser desafiador, mas sempre nos leva ao melhor de Deus. Muitas vezes, ele nos chama para dar passos de fé sem explicações, apenas confiando em sua voz. Quem obedece colhe frutos espirituais e vê portas abertas. Mesmo que nem sempre entendamos os caminhos do Senhor, confiar e obedecer nos conduz a uma vida plena e cheia de realizações.

"A obediência a Deus é o segredo para uma vida frutífera e cheia das suas promessas."

Em quais áreas da sua vida Deus o tem chamado a obedecer para que você frutifique mais?

ACESSE O QR CODE PARA SABER MAIS

DIA
130

@michelsimplicio

NÃO HÁ PAZ FORA DA VONTADE DE DEUS

Você está vivendo no centro da vontade de Deus ou apenas seguindo os próprios planos?

A paz verdadeira não vem da ausência de problemas, mas da presença de propósito. Muitos vivem angustiados, mesmo cercados de conquistas, porque estão fora da vontade de Deus. Jonas é o maior exemplo disso: fugiu da direção do Senhor e acabou em meio a uma tempestade — não por falta de sorte, mas por estar fora do lugar que Deus queria (cf. Jonas 1.3-4).

Você pode até ter conforto, mas sem paz nada satisfaz. Estar fora da rota divina gera cansaço, frustração e confusão. Mas todo aquele que decide voltar encontra restauração. Deus nunca rejeita um filho arrependido. A vontade dele pode exigir renúncia, mas sempre traz paz, direção e descanso para a alma.

Se sua alma está inquieta, talvez Deus o esteja chamando de volta ao centro da sua vontade. Fuja do pecado, mas jamais da presença. A paz que você procura não está no sucesso, mas na obediência ao Pai.

ACESSE O QR CODE PARA SABER MAIS

“A paz que você perdeu no mundo será encontrada onde você a deixou: na presença.”

SUA FÉ TEM SIDO EXEMPLO PARA OUTROS

DIA
131

@michelsimplicio

Cada dor vencida e cada desafio enfrentado com fé se torna uma semente de superação. Deus transforma nossas lutas em testemunhos vivos e nossas quedas em pontos de partida para algo maior e mais frutífero. "Os que com lágrimas semeiam com júbilo ceifarão" (Salmos 126.5 - NAA), diz a Palavra. Suas lágrimas, hoje, podem ser as sementes da sua colheita de amanhã.

Superar não é esquecer o que passou, mas crescer com o que se viveu. Cada vez que você escolhe levantar, perdoar ou recomeçar, está plantando algo novo no solo da fé. O terreno da superação é regado com perseverança, esperança e confiança no Deus que é fiel para fazer florescer no tempo certo.

Suas superações não servem apenas para você — elas alimentam outros, inspiram vidas e glorificam o nome do Senhor. Não subestime o que o Criador está fazendo por meio das suas dores. Continue semeando com fé, porque o que Deus está construindo vai florescer em esperança e em vida para muitos.

Quais sementes de superação você tem plantado, com fé, no solo da sua dor?

....

....

....

....

....

....

....

....

....

....

"As maiores superações começam com sementes pequenas de fé e perseverança."

ACESSE O QR CODE PARA SABER MAIS

DIA
132

@michelsimplicio

MAIS FÉ E MENOS PREOCUPAÇÃO

Você tem buscado descanso na presença de Deus ou tem carregado seus fardos sozinho?

A vida pode ser cheia de pressões, preocupações e desafios que nos deixam esgotados. No entanto, Deus nos convida a descansar nele. Em Mateus 11.28, Jesus disse: "Venham a mim, todos os que estão cansados e sobrecarregados, e eu darei descanso a vocês".

O verdadeiro repouso não é apenas físico, mas também espiritual e emocional. Muitas vezes, tentamos carregar nossos fardos sozinhos, mas o Todo-Poderoso deseja aliviar nosso peso e renovar nossas forças. Quando confiamos no Senhor e entregamos nossas ansiedades a ele, encontramos paz mesmo em meio às tempestades. O descanso em Deus não significa inatividade, mas sim um coração tranquilo diante das adversidades.

Não permita que a inquietação roube sua paz. Separe tempo para estar na presença de Deus, meditar em sua Palavra e descansar em suas promessas. Quem aprende a descansar nele vive com mais fé e menos preocupação. Deus nunca falha, e seu amor sustenta aqueles que confiam nele plenamente.

ACESSE O QR CODE PARA SABER MAIS

"O verdadeiro descanso não está na ausência de problemas, mas na presença de Deus em nossa vida."

NÃO SE ESQUEÇA DE AGRADECER

DIA
133

@michelsimplicio

Ter um coração grato é essencial para uma vida cheia de paz e alegria. A gratidão nos ajuda a focar nas bênçãos de Deus, em vez de nas dificuldades. Em 1Tessalonicenses 5.18, a Bíblia nos ensina: "Deem graças em todas as circunstâncias, pois esta é a vontade de Deus para vocês em Cristo Jesus".

A gratidão não depende das circunstâncias, mas da nossa atitude diante delas. Quando somos gratos, reconhecemos a bondade de Deus, e isso nos torna mais contentes e menos ansiosos.

Jesus foi o maior exemplo de gratidão, até nos momentos de dor. Cultivar a gratidão transforma nossa vida, trazendo mais alegria e esperança, independentemente dos desafios que enfrentamos.

Ao agradecer a Deus diariamente, experimentamos sua paz e atraímos mais da sua presença. A gratidão nos aproxima de Deus e nos ajuda a viver de forma mais plena e em harmonia com os planos dele.

Você tem cultivado um coração grato, reconhecendo as bênçãos de Deus em sua vida?

"A gratidão transforma nossa perspectiva, fazendo-nos enxergar as bênçãos de Deus, mesmo em tempos difíceis."

ACESSE O QR CODE PARA SABER MAIS

DIA
134

@michelsimplicio

DEUS NÃO ESTÁ DEMORANDO

Você confia no tempo de Deus ou tem questionado o processo?

Às vezes, parece que Deus está atrasado. Oramos, esperamos e nada acontece. Mas a verdade é que ele nunca se atrasa, sempre age no tempo certo. O apóstolo escreveu: “O Senhor não retarda a sua promessa, ainda que alguns a têm por tardia” (2Pedro 3.9 – ACF). O que você chama de demora, o Onisciente chama de preparo.

Enquanto você aguarda, Deus está trabalhando em áreas que você não vê. Ele está fortalecendo sua fé, moldando seu caráter e ajustando os detalhes. Ele não está parado, mas organizando o cenário para que tudo aconteça de forma perfeita. A promessa não foi esquecida, ela está em processo.

Abraão esperou anos pela promessa. José passou pelo poço e pela prisão antes de chegar ao palácio. Se Deus está demorando, pode ser porque esteja caprichando. Não se apresse. Quem confia espera. E quem espera pode viver o sobrenatural.

ACESSE O QR CODE PARA SABER MAIS

“O que parece demora é, na verdade, cuidado — Deus nunca se atrasa.”

NÃO IGNORE SUAS EMOÇÕES

DIA
135

@michelsimplicio

Ignorar o que se sente não é sinal de força, é porta aberta para o desgaste interior. Deus nos criou com emoções, e elas não são fraqueza — são alertas da alma. Quando ignoradas, podem gerar dores profundas, mas quando entregues ao Senhor, tornam-se caminhos de cura. Davi, homem segundo o coração de Deus, não escondia suas emoções. Ele chorava, angustiava-se e até questionava, mas sempre levava tudo em oração (cf. Salmos 42.5).

Fingir que está tudo bem não resolve. Emoções mal resolvidas se tornam mágoas, culpas e afastamentos. Jesus chorou, compadeceu-se e se entristeceu, portanto ele nos entende. Não precisamos esconder nada do nosso Salvador. Ele nos convida a lançar sobre si toda a ansiedade, porque cuida de nós (cf. 1Pedro 5.7).

Seja sincero com Deus. Confesse o que sente, mesmo quando for confuso. Ele não rejeita corações quebrantados, antes, os restaura. O que você entrega ele transforma. E o que você sente ele pode curar.

Você tem lidado com seus sentimentos ou tem apenas ignorado o que sente?

....

....

....

....

....

....

....

....

....

"Deus não o chamou para que esconda suas emoções, mas para que seja curado por meio delas."

ACESSE O QR CODE PARA SABER MAIS

DIA
136

@michelsimplicio

AGUARDE O TEMPO DE DEUS

Você está aguardando com paciência ou murmurando durante o processo?

Esperar não é perder tempo, é confiar no tempo de Deus. A Bíblia diz: “Tudo fez formoso em seu tempo” (Eclesiastes 3.11 - ACF). O Senhor não trabalha com pressa nem se atrasa. Ele age no momento certo, quando tudo está pronto — até mesmo o nosso coração.

Queremos respostas rápidas, mas Deus enxerga além. Ele sabe quando estamos prontos para viver o que pedimos. Há bênçãos que, se chegassem antes da hora, se tornariam peso em vez de resposta. O tempo de espera é também o de crescimento, quando aprendemos a depender do Eterno.

Jesus esperou o tempo do Pai para começar seu ministério. Se até ele soube aguardar, por que apressar o processo? Tenha paciência, e com fé, pois Deus não se esqueceu de você. O tempo dele é perfeito, e quando ele age, tudo faz sentido.

ACESSE O QR CODE PARA SABER MAIS

“O tempo de Deus é sempre o melhor para a nossa vida.”

CRISTO CHAMOU VOCÊ PARA A LIBERDADE

DIA
137

@michelsimplicio

Deus não o criou para viver preso em vícios, hábitos destrutivos ou correntes invisíveis. A Bíblia afirma: "Foi para a liberdade que Cristo nos libertou" (Gálatas 5.1). Isso significa que, em Jesus, há um novo começo. Você não precisa se definir pelos erros do passado nem carregar prisões que já foram quebradas na Cruz.

A verdadeira liberdade não é apenas mudar de comportamento, é ter o coração transformado pelo poder do Espírito Santo. Muitos tentam vencer vícios com esforço próprio, mas é o agir de Deus que quebra os grilhões. Ele não apenas perdoa o pecado, mas rompe com o poder dele sobre sua vida.

Você não precisa viver acorrentado emocional, espiritual ou fisicamente. Cristo venceu para que você fosse livre por completo. Volte-se para ele, confesse suas lutas e receba força para caminhar. Onde o Espírito do Senhor está, ali há liberdade.

Você tem vivido como alguém livre ou ainda se sente preso ao que Deus já quer quebrar?

....

....

....

....

....

....

....

....

....

....

"Cristo não apenas perdoa, ele liberta e nos ensina a viver uma nova história."

ACESSE O QR CODE PARA SABER MAIS

DIA
138

@michelsimplicio

DEUS AMA CORAÇÕES QUEBRANTADOS

Você tem se apresentado diante de Deus com um coração quebrantado?

Deus não se impressiona com aparência, títulos ou palavras bonitas. O que realmente move o coração dele é um coração quebrantado. A Bíblia diz: “Os sacrifícios que agradam a Deus são um espírito quebrantado; um coração quebrantado e contrito, ó Deus, não desprezarás” (Salmos 51.17). Ele não rejeita quem se apresenta com sinceridade.

Quebrantamento não é sinal de fraqueza, mas de rendição. É o reconhecimento de que precisamos da graça para continuar. Davi, mesmo após seus erros, foi restaurado porque se humilhou. O filho pródigo só foi restaurado quando decidiu voltar com o coração em pedaços.

Deus não espera perfeição, mas verdade. Se você sente que fracassou, mas ainda consegue se curvar diante dele, então há esperança. Corações quebrantados são terreno fértil para milagres. O Senhor cura, restaura e faz tudo novo quando encontra alguém disposto a se render.

ACESSE O QR CODE PARA SABER MAIS

“O que você entrega em lágrimas, Deus recebe como semente de restauração.”

A NECESSIDADE DE PERSISTIR EM ORAÇÃO

DIA
139

@michelsimplicio

A oração é a nossa comunicação com Deus, e ele nos chama a persistir nela. Em Lucas 18.1, lemos: "Então Jesus contou aos seus discípulos uma parábola, para mostrar-lhes que eles deviam orar sempre e nunca desanimar." A persistência na oração é um ato de fé, demonstrando que confiamos no tempo e nos planos de Deus.

Muitas vezes, oramos por algo e não vemos a resposta imediata, mas a persistência nos ensina a confiar em Deus, mesmo quando a resposta não vem rápido. Quando somos constantes em oração, nossa fé é fortalecida e a intimidade com Deus cresce. A oração frequente nos ajuda a alinhar nossa vontade com a do Senhor, e ele, em sua fidelidade, responde no momento certo. Não devemos desanimar diante das dificuldades ou das demoras.

Persistir em oração é também reconhecer que dependemos de Deus para tudo e que sua resposta é sempre a melhor. O poder da oração persistente transforma nosso coração e nos dá a paciência necessária para esperar no Senhor.

Como você pode fortalecer sua perseverança na oração, mesmo quando não vê respostas imediatas?

"Persistir em oração é um ato de fé que fortalece nossa confiança em Deus e nos aproxima dele."

ACESSE O QR CODE PARA SABER MAIS

DIA
140

@michelsimplicio

NÃO PERCA O FOCO

O que tem distraído você da presença de Deus?

Vivemos em um mundo cheio de distrações. Redes sociais, preocupações e compromissos nos afastam do essencial: a presença de Deus. Marta passou por isso quando servia, enquanto Maria escolheu estar aos pés de Jesus. Então, ele disse: "Maria escolheu a boa parte, e esta não lhe será tirada" (Lucas 10.42).

Assim como Marta, podemos nos ocupar tanto que perdemos o foco. No entanto, Deus nos chama a buscá-lo de todo o coração. Em Colossenses 3.2, somos orientados: "Pensai nas coisas lá do alto, não nas que são aqui da terra" (ARA). Focar em Deus exige escolhas diárias e disciplina espiritual. Desenvolver hábitos como oração e leitura da Palavra nos ajuda a manter a mente em Cristo. Pequenos ajustes fazem diferença: reduzir o tempo nas redes sociais, criar momentos de busca e valorizar a presença de Deus. Quando priorizamos o Senhor, encontramos equilíbrio e paz.

Desconecte-se do que rouba sua atenção e volte seu coração para o Criador. Escolha a melhor parte e permita que ele guie sua vida.

ACESSE O QR CODE PARA SABER MAIS

"Quem foca em Deus encontra direção para a vida."

O SUCESSO É PREVISÍVEL

DIA
141

@michelsimplicio

O sucesso não é um acaso, mas o reflexo de escolhas consistentes, princípios aplicados e fé em prática. A Palavra é clara: "Pois o que o homem semear, isso também colherá" (Gálatas 6.7). Deus abençoa o esforço, a fidelidade e o preparo de quem decide caminhar com propósito. Sucesso é o resultado do que você planta com sabedoria todos os dias.

Davi venceu Golias porque foi fiel nas pequenas batalhas. Jesus só começou seu ministério público após anos de preparo. Deus trabalha com princípios, e não com improvisos. Não espere colher algo que não tem semeado. O sucesso de amanhã começa hoje, com atitudes de responsabilidade, oração, dedicação e constância.

A colheita não mente. Se você está plantando com excelência, o Céu está vendo. Continue firme, pois o que você faz em secreto será recompensado em público.

Suas atitudes de hoje apontam para o sucesso que você deseja viver amanhã?

"Quem semeia com propósito colhe com honra — o sucesso é previsível."

ACESSE O QR CODE PARA SABER MAIS

DIA
142

A RECOMPENSA É DE QUEM PERSEVERAR

@michelsimplicio

Como você pode perseverar mais firmemente na fé?

Perseverar na fé é um dos maiores desafios que enfrentamos como cristãos. Em Tiago 1.12, a Bíblia nos ensina: "Bem-aventurado o homem que suporta [...] a provação; porque, depois de ter sido aprovado, receberá a coroa da vida, a qual o Senhor prometeu aos que o amam" (ARA).

A perseverança na fé não é fácil, mas é por meio dela que experimentamos a fidelidade de Deus em nossa vida. Embora as provações possam ser difíceis, elas produzem em nós a resistência e nos aproximam de Deus. A recompensa de quem persevera não é apenas uma vitória temporária, mas uma coroa eterna.

A perseverança na fé traz frutos abundantes, fortalece o caráter e nos prepara para cumprir os propósitos divinos. Não importa quanto tempo leve, a fidelidade de Deus é certa e a recompensa é garantida para todos aqueles que permanecem firmes até o fim. Quando perseveramos, o Senhor nos capacita a superar as adversidades e nos honra com sua recompensa, tanto agora quanto na eternidade.

ACESSE O QR CODE PARA SABER MAIS

"A perseverança na fé nos leva a experimentar a fidelidade de Deus e a alcançar sua recompensa eterna."

DEUS ESTÁ CUIDANDO DE TUDO

DIA
143

@michelsimplicio

A confiança em Deus é a chave para romper qualquer barreira que se levante contra a nossa vida. Em Provérbios 3.5, a Bíblia nos ensina: "Confie no Senhor de todo o seu coração e não se apoie em seu próprio entendimento". Quando depositamos total confiança no Todo-Poderoso, ele nos capacita a superar obstáculos que parecem intransponíveis.

A confiança no Altíssimo nos dá força para continuar, mesmo quando as dificuldades nos cercam. Ela nos permite ver além das limitações naturais e a enxergar as possibilidades que Deus tem para nós. A verdadeira confiança nele nos leva a tomar decisões ousadas, a avançar em áreas novas e a viver os sonhos que o Senhor depositou em nosso coração. Rompemos barreiras não pela nossa força, mas pela força que vem do Alto, que é capaz de fazer infinitamente mais do que pedimos ou pensamos.

A confiança no Pai nos faz andar em fé e nos leva à vitória. Quando confiamos plenamente em Deus, ele abre portas, derruba muros e nos capacita a alcançar aquilo que parecia impossível.

Como você pode confiar mais em Deus para romper barreiras e alcançar o seu propósito para sua vida?

"A confiança em Deus nos capacita a romper barreiras e avançar com fé em direção às suas promessas."

ACESSE O QR CODE PARA SABER MAIS

DIA

144

@michelsimplicio

A CRUZ DE CRISTO: SÍMBOLO DE AMOR INCONDICIONAL

Como você pode viver o amor incondicional de Cristo no seu dia a dia, seguindo o exemplo de sua entrega?

A cruz de Cristo é o maior símbolo de amor incondicional que já existiu. Em João 15.13, a Bíblia nos ensina: "Ninguém tem maior amor do que este, de dar alguém a sua vida pelos seus amigos" (ACF). Jesus, ao morrer na cruz, não fez distinção de quem seria digno de seu sacrifício. Ele se entregou por todos, sem exceção, demonstrando o amor incondicional de Deus pela humanidade.

A cruz é o lugar onde o pecado foi derrotado e onde a graça foi liberada para todos os que creem. O amor de Cristo na cruz não depende das nossas ações ou méritos, mas é dado gratuitamente a todos que se rendem a ele. Ao refletirmos sobre a cruz, somos chamados a viver esse amor incondicional em nossos relacionamentos, perdoando e amando como Jesus nos amou.

A cruz de Cristo não é apenas um símbolo de sofrimento, mas de redenção e transformação. O amor incondicional do Salvador na cruz nos desafia a viver a entrega total a Deus e aos outros, como ele fez por nós.

ACESSE O QR CODE PARA SABER MAIS

"A cruz de Cristo é o maior símbolo de amor incondicional, onde Deus nos demonstrou seu amor supremo."

DEUS ESTÁ AGINDO A SEU FAVOR

DIA **145**

@michelsimplicio

Os milagres de Deus são manifestações de seu poder sobrenatural. Em Marcos 9.23, Jesus nos ensina: "Tudo é possível àquele que crê". Muitas vezes, enfrentamos situações que parecem impossíveis, mas a nossa fé e confiança no Senhor podem trazer respostas milagrosas.

Quando oramos com fé, cremos que o Eterno é capaz de agir de maneiras sobrenaturais, rompendo as limitações humanas. Os milagres não são apenas eventos extraordinários, mas sinais do amor e da fidelidade do Criador com seu povo. Quando os Céus respondem com milagres, Deus nos mostra que ele está no controle de todas as coisas e que a fé é requisito para ver o impossível se tornar possível.

No entanto, os milagres não são apenas para atender às nossas necessidades, mas para glorificar a Deus e fortalecer a nossa fé. Acredite, pois quando os Céus respondem, a transformação é real e visível. A fé que espera em Deus, sem duvidar, é a que vê milagres acontecerem.

Como você pode fortalecer sua fé e crer que Deus responde com milagres em sua vida?

"Quando os céus respondem com milagres, vemos a mão de Deus agindo de maneira sobrenatural em nossa vida."

ACESSE O QR CODE PARA SABER MAIS

DIA
146

@michelsimplicio

DEUS SUSTENTA VOCÊ NA ADVERSIDADE

Como você pode confiar em Deus e perseverar com fé em meio às adversidades que enfrenta atualmente?

....

....

....

....

....

....

....

....

....

As adversidades são inevitáveis, mas a forma como as enfrentamos pode ser transformadora. Tiago 1.12 nos ensina: "Bem-aventurado o homem que suporta [...] a provação; porque, depois de ter sido aprovado, receberá a coroa da vida, a qual o Senhor prometeu aos que o amam" (ARA). Perseverar em meio às dificuldades é uma expressão de fé, confiança e dependência do Senhor. Quando passamos por provas, o Pai está conosco, dando-nos força para resistir.

A perseverança nos torna mais fortes, molda nosso caráter e nos prepara para receber as bênçãos que o Eterno tem para nós. Embora as adversidades possam nos fazer questionar, elas não são o fim da jornada: são oportunidades para crescermos espiritualmente e para vivermos de acordo com o propósito de Deus.

O segredo para perseverar é confiar em que, no fim, o Mestre tem algo melhor preparado para aqueles que permanecem firmes e continuam a buscar sua vontade. Não devemos desistir, pois as provas de hoje são as vitórias de amanhã, e Deus é fiel para nos capacitar em todas as situações.

ACESSE O QR CODE PARA SABER MAIS

"Perseverar nas adversidades é confiar em que Deus usará cada prova para nos fortalecer e cumprir seu propósito."

O AMOR DE DEUS PREENCHE O VAZIO DA ALMA

DIA
147

@michelsimplicio

O vazio da alma é algo que todos experimentamos em algum momento da vida. Em 1João 4.9, o apóstolo nos ensina: "Nisto se manifestou o amor de Deus em nós: em haver Deus enviado o seu Filho unigênito ao mundo, para vivermos por meio dele" (NAA). O amor divino é a única coisa que pode preencher esse vazio de forma completa e duradoura.

Muitas vezes, tentamos preencher o vazio com as coisas do mundo, mas elas nunca conseguem satisfazer plenamente. Apenas o amor do Senhor tem o poder de transformar nossa vida e dar-nos verdadeira paz e alegria. O amor do Pai é incondicional e nos chama para uma relação íntima com ele, em quem encontramos a plenitude. Quando aceitamos esse amor e permitimos que ele nos preencha, nossa vida se torna mais rica, completa e alinhada com os propósitos divinos.

O amor de Deus não só preenche o vazio, mas também nos dá um propósito eterno, transformando a nossa jornada e nos permitindo experimentar paz duradoura.

Como você pode abrir seu coração para que o amor de Deus preencha o vazio da sua alma, trazendo transformação à sua vida?

....

....

....

....

....

....

....

"O amor de Deus é a chave que preenche o vazio da alma, trazendo paz, alegria e satisfação duradoura."

ACESSE O QR CODE PARA SABER MAIS

DIA
148

@michelsimplicio

NUNCA CONTE UMA MENTIRA

Você tem escolhido a verdade, mesmo quando ela é desconfortável?

A mentira pode parecer inofensiva, mas ela rompe com a essência de quem Deus é. A Bíblia diz que o Diabo é o pai da mentira (cf. João 8.44), e todo engano, mesmo disfarçado de "boa intenção", afasta o coração da verdade. Deus é luz, e não há trevas nele. Quem anda com o Senhor é chamado a viver com integridade — mesmo quando a verdade for difícil de dizer.

Mentir para fugir de uma consequência ou agradar alguém é um laço que aprisiona. Uma mentira puxa outra, e logo se perde a paz. Já a verdade, embora desconfortável no início, traz liberdade e descanso. Jesus disse que conhecer a verdade nos liberta (cf. João 8.32). E a verdade começa dentro de nós, em nossas palavras, ações e decisões.

Não negocie sua verdade por conveniência. Deus honra quem é sincero no oculto. Aquele que vive na luz não precisa temer a exposição. Escolha ser verdadeiro, porque o caráter vale mais do que a aprovação momentânea.

ACESSE O QR CODE PARA SABER MAIS

"A verdade pode custar caro, mas a mentira sempre cobra mais caro depois."

DESFAÇA O QUE DEUS NUNCA APROVOU

DIA
149

@michelsimplicio

Nem toda aliança é bênção. Algumas conexões parecem inofensivas, mas foram estabelecidas fora da direção de Deus. Sansão foi separado desde o ventre, mas sua aliança com Dalila o levou à ruína. A força que vinha do Todo-Poderoso foi comprometida por uma escolha sentimental fora da vontade divina.

O Pai celestial se importa com quem você anda, ouve e em quem confia. Existem amizades, parcerias e relacionamentos que adoecem a fé, abafam o chamado e desalinham o coração. O Espírito Santo sempre alerta antes da queda, então creia que, quando Deus mostra algo, é para proteger — não ignore os sinais.

Desfazer uma aliança errada pode doer, mas permanecer nela custa muito mais. Se algo ou alguém o está afastando do altar, é tempo de decisão. Alianças saudáveis aproximam de Deus, produzem frutos e preservam o propósito. Não tenha medo de cortar o que o Senhor nunca quis que permanecesse.

Existe alguma aliança em sua vida que Deus já mandou você encerrar?

....

....

....

....

....

....

....

....

....

....

....

"Desfazer uma aliança errada é um passo de coragem que preserva seu destino."

ACESSE O QR CODE PARA SABER MAIS

DIA
150

@michelsimplicio

NÃO FAÇA O QUE NÃO AGRADA A DEUS

Você tem feito escolhas que agradam a Deus ou apenas satisfazem seu ego?

Nem tudo o que é aceito pelo mundo é aprovado por Deus. Viver pela fé é escolher agradar ao Senhor acima de pessoas, mesmo que isso signifique nadar contra a corrente. A Bíblia diz: "Pelo contrário, como homens aprovados por Deus para nos confiar ele o evangelho, não falamos para agradar pessoas, mas a Deus, que prova o nosso coração." (1Tessalonicenses 2.4). Quando você entende isso, suas decisões mudam.

Fazer o que desagrada ao Senhor pode até trazer prazer momentâneo, mas rouba a paz, apaga a sensibilidade espiritual e enfraquece a comunhão. O pecado é sedutor, mas sempre cobra caro no fim. A obediência pode ser difícil, mas traz vida, honra e direção.

Deus procura corações dispostos a dizer "não" ao mundo e "sim" à sua vontade. Ele se agrada de quem o honra em secreto. Escolha fazer o que satisfaz o coração do Eterno — sua fidelidade hoje definirá a sua colheita amanhã.

ACESSE O QR CODE PARA SABER MAIS

"A maior conquista não é impressionar o mundo, mas agradar o coração de Deus."

DEUS PERDOOU VOCÊ, FAÇA O MESMO

DIA
151

@michelsimplicio

O perdão é uma das maiores expressões do amor de Deus. Quando guardamos ressentimentos, criamos barreiras que nos afastam da paz e nos aprisionam em dores passadas. Jesus ensinou que devemos perdoar não apenas sete, mas setenta vezes sete (cf. Mateus 18.22), mostrando que o perdão não é um sentimento, mas uma decisão. Ao perdoar, libertamos não apenas quem nos feriu, mas, principalmente, a nós mesmos. Deus nos perdoou sem exigir nada em troca (cf. Efésios 4.32) e nos convida a fazer o mesmo.

O perdão traz cura, restaura relacionamentos e nos aproxima do coração do Pai. Se não perdoamos, abrimos espaço para a amargura e o sofrimento contínuo. Perdoar é um ato de fé que nos conduz a um novo nível de liberdade e paz.

Quando escolhemos perdoar, experimentamos a leveza de uma vida restaurada e cheia da graça divina. Perdoar não significa esquecer, mas decidir não mais permitir que a dor controle seu futuro. Hoje, decida confiar em Deus e abrir mão do peso do passado, pois ele tem um novo tempo para você.

O que o impede de perdoar e experimentar a paz que Deus tem para sua vida?

....

....

....

....

....

....

....

....

....

....

"O perdão liberta, cura e abre caminho para que Deus escreva um novo capítulo na sua história."

ACESSE O QR CODE PARA SABER MAIS

DIA 152

A EXAUSTÃO NÃO VEM DE DEUS

@michelsimplicio

O que você pode mudar em sua rotina para melhorar seu autocuidado e cumprir o chamado de Deus?

Cuidar de nós mesmos não é um ato de egoísmo, mas um princípio bíblico essencial. Deus nos chama para amar o próximo como a nós mesmos (cf. Marcos 12.31), o que significa que precisamos estar bem para cuidarmos dos outros. Muitas vezes, desgastamo-nos tentando fazer tudo e acabamos negligenciando nossa saúde emocional, física e espiritual. Até Jesus, em sua jornada, tirava momentos para descansar e buscar comunhão com o Pai (cf. Lucas 5.16).

O autocuidado envolve equilíbrio: descansar, ter tempo de oração e cuidar do corpo e da mente. Quando ignoramos esse cuidado, podemos nos tornar vulneráveis ao cansaço, à ansiedade e ao esgotamento espiritual. Deus deseja que tenhamos forças para seguir firmes em nossa caminhada, cumprindo seu propósito. Ao priorizar sua saúde, você se torna mais apto a servir com alegria.

Lembre-se: seu corpo é templo do Espírito Santo (cf. 1Coríntios 6.19), e cuidar dele é um ato de obediência e gratidão ao Senhor. Busque equilíbrio em sua rotina e confie que Deus deseja seu bem.

ACESSE O QR CODE PARA SABER MAIS

"Cuidar de você mesmo fortalece sua fé e permite-lhe servir a Deus com excelência."

ESSA FASE VAI PASSAR

DIA
153

@michelsimplicio

Muitas vezes, deparamo-nos com desafios que parecem intransponíveis. No entanto, Deus nos chama para avançar, mesmo diante das adversidades. A Bíblia nos mostra que Josué enfrentou muralhas aparentemente impossíveis de serem derrubadas, mas, ao seguir a direção de Deus, viu Jericó ruir diante de seus olhos (cf. Josué 6.20). Da mesma forma, quando confiamos no Senhor e caminhamos em fé, ele nos capacita a superar qualquer barreira.

O medo, a insegurança e as limitações humanas não podem impedir aqueles que confiam no poder divino. Deus não nos deu um espírito de medo, mas de poder, amor e equilíbrio (cf. 2Timóteo 1.7). Se ele está conosco, nenhuma muralha permanecerá de pé. O impossível torna-se realidade para quem ousa crer. Se hoje você enfrenta limites, entregue tudo a Deus e avance, pois ele já preparou a vitória para você.

Persevere, pois Deus abre caminhos onde não existem portas e fortalece aqueles que permanecem firmes na fé. Não permita que os obstáculos impeçam seu crescimento: siga adiante e confie na promessa.

Quais barreiras você precisa entregar a Deus para avançar e viver a plenitude das promessas dele?

....

....

....

....

....

....

....

....

"Com Deus, nenhuma barreira é intransponível. Persevere e confie na vitória que ele prometeu!"

ACESSE O QR CODE PARA SABER MAIS

DIA
154

MODO ERRADO DE PENSAR PRODUZ MODO ERRADO DE VIVER

@michelsimplicio

Quais pensamentos precisam ser renovados em sua mente para que você viva com mais fé e esperança?

A maneira como pensamos influencia diretamente nossas emoções, atitudes e decisões. Deus nos chama a renovar a mente para que possamos experimentar sua boa, agradável e perfeita vontade (cf. Romanos 12.2).

Muitas vezes, deixamo-nos levar por pensamentos negativos, medos e preocupações, mas a Palavra nos ensina que devemos levar cativo todo pensamento à obediência de Cristo (cf. 2Coríntios 10.5). Quando enchemos nossa mente com a verdade de Deus, substituímos mentiras por esperança e medos por fé. O segredo para uma mente saudável é alimentá-la com a Palavra, rejeitar padrões negativos e confiar na direção do Espírito Santo. Deus deseja que você tenha paz e clareza para viver plenamente o propósito dele para sua vida.

Não permita que pensamentos destrutivos dominem sua mente; entregue-os a Deus e desfrute da transformação que ele pode realizar em você. Fortaleça sua mente com oração, louvor e gratidão, pois o Senhor renova aqueles que nele confiam.

ACESSE O QR CODE PARA SABER MAIS

“Renovar a mente com a Palavra de Deus traz clareza, paz e força para enfrentar qualquer desafio.”

DEUS LHE DARÁ VERDADEIRA PROSPERIDADE

DIA
155

@michelsimplicio

Muitas pessoas associam prosperidade apenas a bens materiais, mas, segundo a Bíblia, esse é um conceito que vai muito além. Deus deseja que prosperemos em todas as áreas da vida: espiritual, emocional, familiar e financeira (cf. 3João 1.2). A verdadeira prosperidade não está no acúmulo de riquezas, mas em cumprir o propósito do Criador. Salomão pediu sabedoria, e o Senhor o abençoou com riquezas porque sabia que seu coração estava alinhado com o propósito divino (cf. 1Reis 3.13). Quando usamos nossos recursos para abençoar outros, honramos ao Senhor e vivemos a plenitude do que ele tem para nós.

A prosperidade com propósito gera generosidade, impacta vidas e glorifica a Deus. Mais do que ter riquezas, é essencial saber administrá-las para o Reino. Quem é fiel no pouco será posto sobre o muito (cf. Mateus 25.21). Tudo o que recebemos vem das mãos do Senhor e, quando compreendemos isso, vivemos uma vida próspera e significativa. Seja um bom mordomo daquilo que Deus confiou a você e veja a prosperidade fluir em sua vida.

Como você pode alinhar sua prosperidade ao propósito de Deus e usá-la para servir melhor?

....

....

....

....

....

....

....

....

“A verdadeira prosperidade não está no ter, mas em cumprir o propósito e multiplicar para o Reino.”

ACESSE O QR CODE PARA SABER MAIS

DIA

156

@michelsimplicio

DEUS O FAZ FORTE NO MEIO DA GUERRA

Como você pode se fortalecer em Deus para enfrentar os desafios com fé e perseverança?

Passar por tempos difíceis faz parte da caminhada cristã, mas Deus nunca nos deixa sozinhos. Ele nos fortalece e nos sustenta em meio às adversidades. A Bíblia nos ensina que aqueles que esperam no Senhor renovam as suas forças e voam como águias (cf. Isaías 40.31). Em meio aos desafios, é essencial nos apoiarmos na Palavra, buscando força na oração e na comunhão com Deus.

Davi enfrentou perseguições, mas encontrou força no Senhor para seguir em frente (cf. 1Samuel 30.6). O segredo para superar tempos difíceis não está na própria capacidade, mas na dependência total de Deus. Ele é nosso refúgio e fortaleza, socorro bem presente na angústia (cf. Salmos 46.1). Não importa a dificuldade, seu Pai está ao seu lado.

Quando nos voltamos para ele, encontramos direção e paz em meio às tempestades. Sua graça é suficiente, e seu amor nos sustenta. Confie nele, permaneça firme e veja como o Senhor transforma dores em testemunhos de vitória. Lembre-se: Deus nunca falha e sempre fortalece aqueles que nele confiam.

ACESSE O QR CODE PARA SABER MAIS

"A força para vencer tempos difíceis vem da confiança em Deus e da busca constante por sua presença."

DEUS CHAMOU VOCÊ PARA ALGO MAIOR

DIA
157

@michelsimplicio

Zaqueu era rico, tinha posição e reconhecimento, mas vivia vazio por dentro. Sua rotina seguia normalmente, mas o coração estava perdido e sedento. Quando ouviu que Jesus passaria por onde estava, correu e subiu em uma árvore — não apenas por curiosidade, mas por uma necessidade profunda de ver algo que preenchesse sua alma. Cristo o viu, chamou-o pelo nome e entrou em sua casa, trazendo direção e transformação (cf. Lucas 19.1-10).

Muitos vivem como Zaqueu: acordam, trabalham e seguem a agenda, mas sentem-se desconectados da vida, do propósito e até de si mesmos. Vivem no automático, com o olhar apagado e a alma cansada de tanto tentar preencher o vazio com aquilo que não satisfaz.

Jesus, porém, continua passando pelos nossos caminhos, enxergando o que ninguém vê. Se você se sente sem rumo, saiba: Deus o vê, o chama e quer trazer clareza onde hoje há confusão. Um simples gesto de buscar pode abrir espaço para um encontro que transforma tudo.

Você tem parado para ouvir a direção de Deus ou só tem vivido no automático?

"Deus não quer que você apenas exista, quer que viva com propósito."

ACESSE O QR CODE PARA SABER MAIS

DIA

158

@michelsimplicio

APRENDA A AGUARDAR O TEMPO DE DEUS

Você tem confiado no tempo de Deus ou tentado controlar o processo com as próprias mãos?

Deus havia prometido um filho a Abraão e Sara, mas os anos passaram e nada acontecia. A idade avançava, o tempo parecia fugir e a esperança se enfraquecia. Então, Sara decidiu tomar o controle da situação: entregou sua serva Agar a Abraão, na tentativa de "ajudar" o cumprimento da promessa (cf. Gênesis 16.2). O plano humano gerou conflitos, dores emocionais e consequências que ecoaram por gerações. Mas, no tempo certo, Deus cumpriu o que havia prometido — e Sara deu à luz Isaque (cf. Gênesis 21.1-2).

Sara nos ensina o que muitos vivem: quando a promessa demora, a ansiedade tenta assumir o volante. Querem acelerar o processo, controlar os meios, forçar os resultados. Mas a bênção fora do tempo pode se transformar em peso, e o que nasce da precipitação nunca substitui o que nasce da promessa.

Deus não precisa da nossa interferência, mas da nossa confiança. O que ele prometeu, cumprirá. No tempo certo, do jeito certo, com paz e propósito.

ACESSE O QR CODE PARA SABER MAIS

"Deus não precisa de ajuda para ser fiel, só de um coração que confie até o fim."

O SENHOR VÊ O QUE NINGUÉM VÊ

DIA
159

@michelsimplicio

Natanael foi apresentado a Jesus por Filipe, mas sua primeira reação foi de dúvida: "Pode vir alguma coisa boa de Nazaré?" (João 1.46 - ACF). Ainda assim, ele foi até o Mestre e se surpreendeu. Antes mesmo que dissesse qualquer palavra, Cristo declarou: "Aí está um verdadeiro israelita, em quem não há falsidade" (v. 47). O Messias viu o coração de Natanael antes de qualquer atitude. Viu sinceridade, integridade e sede por verdade.

Às vezes, sentimo-nos invisíveis. Pessoas olham para nossa origem, aparência ou história e nos subestimam. Mas Jesus vê além das primeiras impressões. Ele conhece intenções, dores e o potencial escondido em cada um. E quando nos aproximamos, revela-nos questões maiores do que esperávamos.

Natanael achava que estava só conhecendo um mestre — mas encontrou o Filho de Deus. Quem se aproxima com sinceridade é surpreendido pela graça.

Você tem se aproximado de Jesus com sinceridade para viver o que ele já viu em você?

"Deus vê o coração mesmo quando o mundo só enxerga a aparência."

ACESSE O QR CODE PARA SABER MAIS

DIA 160

A ARTE DE SE LEVANTAR APÓS AS QUEDAS

@michelsimplicio

Como suas quedas podem ensiná-lo a confiar mais em Deus e fortalecer sua caminhada?

Todos nós enfrentamos quedas ao longo da vida, mas Deus nos ensina a levantar e seguir em frente. A Bíblia diz que o justo pode cair sete vezes, mas sempre se levanta (cf. Provérbios 24.16). Nossas falhas não definem quem somos, pois em Cristo encontramos restauração. Pedro negou Jesus três vezes, mas, arrependido, foi restaurado e se tornou um grande líder (cf. João 21.17).

A queda não é o fim, mas uma oportunidade de aprendizado e crescimento. Deus usa nossos erros para nos ensinar a depender mais dele. Portanto, não se prenda ao passado, mas confie que o Senhor tem um novo tempo para você.

Se você sente que falhou, lembre-se de que o Senhor é especialista em transformar histórias. Levante-se, confie na graça e prossiga para o propósito que ele preparou para sua vida. Cada queda pode ser um impulso para um novo começo quando depositamos nossa confiança no Senhor. Deus restaura, fortalece e nos ensina a caminhar novamente. Deixe o passado para trás e siga firme para o alvo que ele estabeleceu para você.

ACESSE O QR CODE PARA SABER MAIS

“Deus não vê suas quedas como o fim, mas como uma chance real de crescimento e recomeço.”

MANTENDO A PAZ EM MEIO AO CAOS

DIA
161

@michelsimplicio

Em um mundo cheio de desafios e incertezas, manter a paz pode parecer impossível. No entanto, Jesus nos deixou um grande presente: "Deixo-vos a paz, a minha paz vos dou" (João 14.27 - ACF). A paz de Deus não depende das circunstâncias, mas da confiança nele. Quando os discípulos estavam no meio de uma tempestade, Jesus acalmou o vento e o mar, mostrando que tem poder sobre qualquer situação (cf. Marcos 4.39).

Assim também, em meio ao caos, podemos descansar sabendo que Deus está no controle. A ansiedade e o medo tentam roubar a paz, mas a oração e a confiança no Senhor nos fortalecem. Filipenses 4.6-7 nos ensina que, ao orarmos, a paz de Deus guarda nosso coração e nossa mente.

Não permita que as preocupações do dia a dia dominem sua vida. Busque a presença de Deus e experimente a paz que só ele pode dar. Sempre que sua alma estiver inquieta, lembre-se de que o Eterno é sua rocha e fortaleza. Ele acalma tempestades externas e internas. Quando entregamos tudo ao Senhor, experimentamos a paz que excede todo entendimento.

"A verdadeira paz não depende das circunstâncias, mas da confiança total em Deus."

O que você pode fazer hoje para manter a paz em Deus, mesmo em meio às dificuldades?

....

....

....

....

....

....

....

....

....

ACESSE O QR CODE PARA SABER MAIS

DIA
162

@michelsimplicio

SUA RECOMPENSA VIRÁ NO TEMPO CERTO

Você tem servido ao Reino mesmo quando ninguém vê ou reconhece?

Em sua carta aos colossenses, Paulo menciona um homem chamado Jesus, conhecido como Justo. Ele não aparece em grandes narrativas, não realiza milagres registrados nem lidera igrejas. Mas Paulo faz questão de citá-lo como um dos poucos judeus convertidos que o consolaram e trabalharam fielmente ao seu lado no Reino (cf. Colossenses 4.11). Mesmo com poucas palavras, aquele homem deixou um testemunho marcante de fidelidade, companheirismo e serviço discreto.

Nem todos serão conhecidos, vistos ou celebrados publicamente. Mas Deus vê quem serve com sinceridade, quem permanece firme nos bastidores, quem sustenta o ministério com orações, apoio, lealdade e encorajamento. Justo nos ensina que não é necessário palco para ser útil — é necessário um coração leal e disponível.

O Reino de Deus também é construído por mãos anônimas, por nomes pouco citados, mas eternamente recompensados. Deus valoriza cada ato silencioso feito com amor. Ser fiel no oculto é tão poderoso quanto pregar para multidões.

ACESSE O QR CODE PARA SABER MAIS

“A fidelidade silenciosa vale mais para Deus do que aplausos humanos.”

DEUS TEM UM NOVO CAPÍTULO NA SUA HISTÓRIA

DIA
163

@michelsimplicio

Deus é especialista em transformar histórias. Ele não nos define pelos nossos erros, mas pela sua graça (cf. Apocalipse 21.5). Muitas vezes, apegamo-nos ao passado, mas o Eterno nos convida a olhar para o futuro com esperança.

José foi traído pelos irmãos e preso injustamente, mas o Senhor reescreveu sua história e o exaltou no Egito (cf. Gênesis 41.41). O mesmo aconteceu com Rute, que perdeu tudo, mas o Todo-Poderoso lhe deu um novo começo (cf. Rute 4.13-14). O Senhor nunca nos abandona, e quando nos rendemos a ele, um novo capítulo começa.

Seu passado não limita o que Deus pode fazer em sua vida. Se você sente que sua história chegou ao fim, saiba que Deus já preparou um novo tempo. Confie no Senhor, siga em frente e permita que ele escreva um futuro cheio de bênçãos para você. Deus está sempre pronto para reescrever sua história com amor, graça e um propósito renovado.

Creia e viva esse novo tempo com fé. Não permita que as marcas do passado o impeçam de viver tudo o que Deus tem reservado para sua vida.

Que áreas da sua vida você precisa entregar a Deus para viver o novo que ele preparou?

....

....

....

....

....

....

....

....

....

"A coragem para recomeçar vem da certeza de que Deus está ao seu lado em cada passo.

ACESSE O QR CODE PARA SABER MAIS

DIA
164

@michelsimplicio

A ORAÇÃO LIBERA MILAGRES

Que área da sua vida precisa de um milagre? Ore com fé e creia que Deus pode agir.

A oração é uma chave poderosa que move o sobrenatural. Tiago 5.16 nos ensina que a oração do justo é poderosa e eficaz. Muitas vezes, enfrentamos situações que parecem impossíveis, mas quando oramos com fé, Deus age.

Ana era estéril, clamou ao Senhor, e ele lhe concedeu um filho (cf. 1Samuel 1.20). Elias, por sua vez, orou, e Deus enviou chuva após anos de seca (cf. 1Reis 18.42-45).

Quando nos pomos diante de Deus em oração, reconhecemos que dependemos dele. O Senhor não ignora nossas súplicas e no tempo certo responde. A fé é um ingrediente essencial para a oração eficaz. Marcos 11.24 nos lembra de que, quando oramos, devemos crer que já recebemos. Não pare de orar! O Todo-Poderoso tem poder para mudar sua realidade e realizar o impossível. Persevere na oração e veja os milagres divinos se manifestarem em sua vida.

A oração abre portas, fortalece a fé e nos aproxima de Deus. Creia no poder da oração e veja o agir do Senhor. Não desanime, pois o Pai ouve cada clamor e responde no tempo certo, trazendo milagres e renovo.

ACESSE O QR CODE PARA SABER MAIS

"A oração feita com fé move o sobrenatural e libera os milagres de Deus em sua vida."

A IMPORTÂNCIA DO DESCANSO PARA UMA VIDA EQUILIBRADA

DIA
165

@michelsimplicio

Vivemos em um mundo acelerado, onde o cansaço físico e emocional se tornam comuns. No entanto, Deus nos ensina a valorizar o descanso. Em Gênesis 2.2, vemos que o próprio Senhor descansou após a criação. Jesus também mostrou a importância de parar e renovar as forças, chamando os discípulos para um tempo de repouso (cf. Marcos 6.31).

O descanso não é sinal de fraqueza, mas fruto da necessidade de restaurar corpo e mente. Quando negligenciamos o descanso, tornamo-nos vulneráveis ao esgotamento e à ansiedade. Mateus 11.28 nos lembra de que Jesus convida os cansados e sobrecarregados a encontrar descanso nele. Confiar em Deus inclui entender que não precisamos carregar tudo sozinhos. Equilibrar trabalho e descanso nos torna mais produtivos e espiritualmente saudáveis.

Priorize momentos de repouso, oração e renovação na presença do Senhor. Ao descansar, fortalecemos a fé, renovamos as forças e seguimos com mais ânimo para cumprir nossa missão.

Como você pode equilibrar trabalho e descanso para manter sua vida saudável e produtiva?

....

....

....

....

....

....

....

....

....

"O descanso não é fraqueza, mas um presente de Deus para restaurar forças."

ACESSE O QR CODE PARA SABER MAIS

DIA
166

O VERDADEIRO TESOURO ESTÁ EM DEUS

@michelsimplicio

Onde você tem investido mais: nos tesouros deste mundo ou na sua comunhão com o Senhor?

Muitas pessoas passam a vida buscando riquezas e sucesso, mas a Bíblia nos ensina que o verdadeiro tesouro está em Deus. Jesus disse: "Pois onde estiver o seu tesouro, aí também estará o seu coração" (Mateus 6.21). O que valorizamos revela onde está nossa fé. Salomão teve riquezas, mas entendeu que temer ao Senhor era mais valioso (cf. Provérbios 9.10).

Paulo considerava tudo como perda diante da grandeza de conhecer Cristo (cf. Filipenses 3.8). Isso, porque as riquezas deste mundo são passageiras, mas o que construímos em Deus é eterno. Quando buscamos primeiro o Reino, ele supre todas as nossas necessidades (cf. Mateus 6.33).

Invista sua vida no Senhor, pois nele está o maior e mais precioso tesouro. A eternidade com Deus vale mais do que qualquer bem passageiro. Deposite sua esperança naquilo que nunca se perde: a presença do Senhor. O céu e a Terra passarão, mas a Palavra de Deus e suas promessas permanecerão para sempre. Quem confia no Eterno nunca será decepcionado, pois ele é fiel para cumprir tudo o que prometeu.

ACESSE O QR CODE PARA SABER MAIS

"O maior tesouro da vida não está nas riquezas, mas na comunhão diária com Deus."

MOTIVAÇÃO PARA SEGUIR EM FRENTE

DIA **167**

@michelsimplicio

Todos enfrentamos momentos em que sentimos vontade de desistir, mas Deus nos fortalece para seguir em frente. A Bíblia diz: "Mas os que esperam no Senhor renovarão as forças" (Isaías 40.31 – ACF). O desânimo pode tentar nos paralisar, mas quando confiamos no Criador, encontramos renovação. Moisés enfrentou dificuldades, mas seguiu firme na promessa do Alto (cf. Êxodo 3.12). Davi foi perseguido, mas permaneceu confiante no Senhor (cf. Salmos 27.1).

O segredo para continuar é não olhar para as dificuldades, mas para o Deus que nos sustenta. Filipenses 3.14 nos ensina a prosseguir para o alvo, pois há um prêmio reservado para aqueles que perseveram. O Onipotente tem planos para sua vida e deseja que você avance. Não desista! Sua força vem dele, e cada passo que você dá com fé o aproxima do propósito que Deus preparou. Ele é fiel e nunca abandona aqueles que confiam nele.

Persevere, pois o Senhor já preparou a sua vitória. Confie que ele está cuidando de cada detalhe e siga firme na sua jornada.

O que você pode fazer hoje para renovar sua motivação e continuar avançando com fé?

....

....

....

....

....

....

....

....

....

"Quando confiamos em Deus, encontramos forças para seguir e vencer qualquer obstáculo."

ACESSE O QR CODE PARA SABER MAIS

DIA
168

@michelsimplicio

O PODER DA DISCIPLINA PARA UMA VIDA TRANSFORMADA

Quais áreas da sua vida precisam de mais disciplina para você crescer espiritualmente em Deus?

A disciplina é essencial para quem deseja uma vida transformada. A Bíblia nos ensina que Deus nos chama para viver de forma ordenada e focada. Provérbios 10.17 diz que quem aceita a disciplina está no caminho da vida.

Jesus nos mostrou a importância da disciplina ao separar tempo para oração e comunhão com o Pai (cf. Marcos 1.35). Já Paulo comparou a vida cristã a uma corrida, dizendo que precisamos nos exercitar na piedade (cf. 1Timóteo 4.7-8).

A disciplina nos ajuda a permanecer firmes na fé, a crescer espiritualmente e a cumprir os propósitos divinos. Não basta começar bem, é preciso perseverar. Quando somos disciplinados na leitura da Palavra, na oração e no serviço a Deus, experimentamos um crescimento contínuo. A transformação acontece quando decidimos viver de forma intencional e dedicada ao Senhor.

Deus honra aqueles que permanecem fiéis e disciplinados, pois a constância gera frutos que glorificam seu nome. Além disso, a perseverança na disciplina traz recompensas eternas para aqueles que seguem firmes na fé.

ACESSE O QR CODE PARA SABER MAIS

"A disciplina espiritual nos fortalece e nos conduz a uma vida transformada e frutífera."

NÃO SE PRENDA AO QUE NÃO DEU CERTO

DIA **169**

@michelsimplicio

Frustrações fazem parte da vida. Nem sempre as coisas saem como esperamos, mas isso não significa que Deus perdeu o controle. Em momentos assim, precisamos de coragem para continuar.

Davi foi perseguido por Saul e mesmo assim manteve seu coração firme em Deus. Ele aprendeu a transformar frustração em fé viva e esperança renovada. A coragem para enfrentar a frustração vem de saber que nosso valor não está no que acontece, mas em quem nos chamou. Deus usa até as decepções para nos alinhar com o propósito eterno. O que hoje o frustra pode ser exatamente o que amanhã vai fortalecê-lo para novos desafios e maiores conquistas.

Não deixe que a frustração paralise sua fé ou roube sua visão. Ore, respire fundo, levante a cabeça e continue caminhando. A coragem que vem do Espírito Santo é maior do que qualquer decepção humana. O que Deus tem para sua vida é infinitamente maior do que aquilo que você perdeu ou deixou para trás.

Como você pode responder às frustrações com coragem e fé, em vez de desistência?

....

....

....

....

....

....

....

....

....

....

"Creia que a frustração não é o fim, mas uma curva no caminho para algo ainda melhor."

ACESSE O QR CODE PARA SABER MAIS

DIA
170

@michelsimplicio

A VITÓRIA VEM PARA QUEM NÃO DESISTE

Qual área da sua vida exige mais perseverança para você alcançar a vitória de Deus?

A caminhada cristã é marcada por desafios, mas aqueles que perseveram experimentam a vitória. Paulo nos ensina: "E não nos cansemos de fazer o bem, pois no tempo próprio colheremos, se não desanimarmos" (Gálatas 6.9). A perseverança é essencial para alcançar as promessas de Deus.

José passou por injustiças, mas não desistiu e foi exaltado no Egito (cf. Gênesis 41.41). Já Davi enfrentou gigantes e perseguições, mas permaneceu firme até se tornar rei (cf. 1Samuel 17.50). E o próprio Jesus suportou a cruz por amor a nós e, com isso, venceu a morte (cf. Hebreus 12.2).

A vitória vem para aqueles que confiam e continuam avançando, mesmo diante das dificuldades. Se Deus prometeu, cumprirá. Mantenha a fé, pois o Senhor é fiel para cumprir as promessas na sua vida. Não permita que o medo ou a dúvida o impeçam de seguir. Continue firme, pois cada passo de fé o aproxima da vitória. Deus honra aqueles que confiam nele e não desistem do propósito. Creia que o Senhor já preparou tudo e sua perseverança será recompensada no tempo certo.

ACESSE O QR CODE PARA SABER MAIS

"A vitória vem para aqueles que não desistem e confiam que Deus cumprirá suas promessas."

O QUE DEUS TEM PARA VOCÊ É SÓ SEU

DIA **171**

@michelsimplicio

Na parábola dos trabalhadores da vinha, Jesus conta sobre um dono que contratou homens em horários diferentes ao longo do dia, mas pagou o mesmo valor a todos (cf. Mateus 20.1-16). Alguns questionaram: "Trabalhamos o dia inteiro, por que receber igual aos que chegaram no fim?". A resposta do Senhor foi firme: "Não estou sendo injusto contigo... estou sendo bom".

A comparação nasce quando tiramos os olhos da graça e focamos nos outros. Começamos a medir esforços, conquistas e recompensas, esquecendo que tudo é fruto da bondade divina. Deus não trabalha com medidas humanas. Ele é justo, mas também é generoso. A bênção que outro recebe nunca diminui o que foi preparado para você.

Cada um tem um tempo, um processo e uma jornada desenhada por Deus. Quando nos comparamos, perdemos a gratidão, adoecemos o coração e retardamos o que ele quer fazer em nós. O olhar de Deus sobre você é pessoal e cheio de amor. Sua graça é suficiente e sempre chega no tempo certo.

Você tem confiado no tempo e no cuidado de Deus para sua jornada?

"A comparação apaga a gratidão e distorce o valor da graça."

ACESSE O QR CODE PARA SABER MAIS

DIA
172

@michelsimplicio

ANDAR COM DEUS FAZ TODA DIFERENÇA

Sua jornada com Deus tem sido de visitas esporádicas ou de uma caminhada diária?

A Bíblia diz que "Andou Enoque com Deus e já não era, porque Deus o tomou para si" (Gênesis 5.24 - ARA). Aquele homem viveu 365 anos, e não há registro de feitos extraordinários, conquistas visíveis ou realizações humanas marcantes de sua parte. Apenas um fato que se destaca: Enoque andou com Deus.

Em Hebreus 11.5, lemos que ele agradou tanto ao Senhor que foi arrebatado, sem experimentar a morte. Sua intimidade com Deus foi tão profunda que sua caminhada na Terra foi interrompida por uma eternidade antecipada.

Enoque nos ensina que o Senhor valoriza mais o relacionamento do que as aparências ou os resultados. Intimidade com ele é fruto de constância, sinceridade, reverência e amor genuíno, algo que não se constrói da noite para o dia, mas com passos diários de fé, rendição e confiança.

O mundo pode não entender uma vida assim, mas o céu reconhece e honra. Você não precisa de palco para agradar a Deus, mas de um coração humilde e disposto a andar com ele em cada detalhe do seu dia.

ACESSE O QR CODE PARA SABER MAIS

"Intimidade é mais do que servir, é caminhar lado a lado com Deus, todos os dias."

DEUS USA PESSOAS SIMPLES PARA GRANDES PROPÓSITOS

DIA
173

@michelsimplicio

Dorcas, também chamada de Tabita, era uma discípula conhecida por suas boas obras e por ajudar os necessitados (cf. Atos 9.36-42). Ela costurava roupas, servia com generosidade e vivia com propósito. Quando morreu, sua ausência foi sentida com profunda dor. As viúvas mostraram a Pedro as roupas que ela havia feito, como prova viva do impacto silencioso que sua vida simples havia deixado. Deus, então, a ressuscitou, e por meio desse milagre muitos creram no Senhor.

Dorcas não era famosa, não liderava grandes multidões, mas sua vida tocou profundamente sua comunidade. Ela nos ensina que não é preciso palco para ser relevante no Reino de Deus. O amor em ação, mesmo nos gestos pequenos e aparentemente insignificantes, transforma vidas e deixa marcas eternas.

Deus continua usando pessoas comuns, com corações disponíveis, para realizar feitos extraordinários. O céu valoriza aquilo que o mundo muitas vezes ignora. Nunca subestime o que você faz quando serve alguém com amor — tudo isso ecoa na eternidade.

Sua vida tem deixado marcas que apontam para o amor de Cristo?

"O serviço que parece pequeno para o mundo é grande diante de Deus."

ACESSE O QR CODE PARA SABER MAIS

DIA

174

@michelsimplicio

DEUS NÃO QUER SER O ÚLTIMO DA SUA LISTA

Você tem reservado um tempo real e intencional para estar a sós com Deus?

Jesus tinha uma rotina cheia: multidões o seguiam, milagres aconteciam e os discípulos o procuravam constantemente. Mas, mesmo com tanta demanda e urgência ao redor, ele separava tempo intencional para estar a sós com o Pai. "De madrugada, quando ainda estava escuro, Jesus levantou-se, saiu de casa e foi para um lugar deserto, onde ficou orando" (Marcos 1.35). Isso mostra que, antes de agir, Cristo se conectava — antes de falar ao povo, ele ouvia o Pai.

A vida devocional não é um peso, uma obrigação religiosa ou uma formalidade espiritual — é uma necessidade vital. É ali, no secreto, que recebemos direção, força, discernimento e paz. Quem vive correndo, sem parar para estar com Deus, inevitavelmente se esgota. Mas quem valoriza o tempo a sós com ele frutifica no público e permanece firme mesmo nos dias difíceis.

Não importa a estação ou o ritmo da agenda. Separar tempo para Deus é prioridade para quem deseja permanecer sensível à sua voz. Tudo começa no quarto secreto.

ACESSE O QR CODE PARA SABER MAIS

"Uma vida devocional constante sustenta tudo o que Deus quer construir em você."

NÃO SE PREOCUPE: DEUS FARÁ JUSTIÇA

DIA
175

@michelsimplicio

A injustiça dói, especialmente quando somos acusados injustamente, esquecidos ou traídos por quem amamos. Mas Deus continua sendo justo, fiel e atento. A Palavra afirma: "Deus é um juiz justo" (Salmos 7.11). Ele não falha nem se esquece, mas age com perfeição no tempo certo. Nossa missão é confiar, não nos vingar.

José foi vítima de injustiças, mas permaneceu firme. Deus não apenas o exaltou como também usou toda dor para cumprir um propósito maior. Isso nos ensina que a justiça divina não falha. Ela pode demorar aos nossos olhos, mas sempre vem na hora certa.

Quando tentamos fazer justiça com as próprias mãos, nós nos desgastamos. Mas quando entregamos nas mãos de Deus, ele age com poder, honra e verdade. A justiça dele é completa, pública e glorifica o nome do Senhor. Confie. Descanse. E viva com integridade, porque Deus vai justificá-lo.

Você tem confiado em Deus ou tentado fazer justiça com as próprias mãos?

....

....

....

....

....

....

....

....

....

....

"A justiça de Deus chega na hora certa, sem falhas e com propósito eterno."

ACESSE O QR CODE PARA SABER MAIS

DIA 176

VOCÊ NÃO FOI CRIADO PARA VIVER SÓ

@michelsimplicio

Você tem se conectado à comunhão ou deixado a solidão roubar sua força?

Deus não nos criou para viver sozinhos, mas para compartilhar a vida em comunhão. Desde o Éden, ele declarou: "Não é bom que o homem esteja só" (Gênesis 2.18). O isolamento prolongado enfraquece a alma, confunde a mente e dá espaço para mentiras do Inimigo. Quem se afasta do Corpo perde a força, pois não fomos feitos para lutar sozinhos.

A comunhão é um princípio espiritual. A Bíblia diz que "melhor é serem dois do que um" (Eclesiastes 4.9 - ACF). Quando nos conectamos à Igreja, encontramos apoio, oração e direção. Deus usa pessoas para nos fortalecer, nos aconselhar e até nos restaurar.

O isolamento pode parecer proteção, mas, muitas vezes, é prisão. A comunhão cura, levanta e renova. Volte para perto, participe, sirva e permita que Deus o fortaleça por meio dos relacionamentos certos. Onde há comunhão existem vida, força e propósito.

ACESSE O QR CODE PARA SABER MAIS

"Isolamento enfraquece, comunhão fortalece — você foi criado para viver em unidade."

NÃO TENHA MEDO DE DAR UM PASSO DE FÉ

DIA **177**

@michelsimplicio

Pedro teve coragem de sair do barco em meio à tempestade. Ele andou sobre as águas porque manteve os olhos fixos em Jesus. Mas, ao perceber a força do vento e o agito das ondas, teve medo e começou a afundar (cf. Mateus 14.30). Foi nesse exato momento que Jesus estendeu a mão e o segurou. Pedro falhou, mas não foi deixado ali. A mão do Salvador foi mais rápida que o medo do discípulo e mais firme que a sua dúvida.

O medo de falhar paralisa. Faz com que a gente não tente, arrisque nem obedeça. Mas a verdade é que todos falham em algum momento. O problema não é cair, é não confiar que Deus continua ali, mesmo quando não acertamos. Ele não exige perfeição, mas fé. E fé inclui passos ousados, mesmo com riscos.

Pedro afundou, mas também foi o único que viveu o milagre de andar sobre as águas. Quem tem coragem de sair do barco pode até errar, mas também experimenta o extraordinário de Deus. A mão que nos chama é a mesma que nos sustenta.

Você tem deixado o medo de errar impedi-lo de viver o que Deus quer lhe mostrar?

"O medo de falhar não pode ser maior que a confiança em quem chamou você."

ACESSE O QR CODE PARA SABER MAIS

DIA
178

@michelsimplicio

NÃO ESTEJA OCUPADO DEMAIS PARA AMAR

Você tem parado o suficiente para amar como Cristo lhe ensinou?

A correria da vida moderna tem nos tornado ocupados demais até para amar. Agendas cheias, compromissos em sequência e rotinas aceleradas nos roubam o tempo mais precioso: o de amar e cuidar do próximo. Jesus, mesmo com uma missão eterna, nunca esteve ocupado demais para ouvir, tocar e ajudar.

A parábola do bom samaritano mostra que quem ama de verdade interrompe o caminho para socorrer. Dois homens passaram apressados, talvez com boas justificativas. Mas foi o samaritano que entendeu o valor de parar. A pressa não pode nos impedir de ser resposta para alguém.

Deus nos chama a viver com sensibilidade, perceber quem precisa de nós e agir com compaixão. Talvez a missão mais importante do seu dia seja parar por alguém. Não permita que o ativismo roube a essência do Evangelho: o amor em ação.

ACESSE O QR CODE PARA SABER MAIS

"O tempo que você dedica ao próximo revela quanto você entendeu sobre amar como Jesus."

SEJA MAIS COMPREENSIVO

DIA
179

@michelsimplicio

Em um mundo apressado e cheio de julgamentos, a compreensão se tornou uma virtude rara. Ser compreensivo é olhar além das atitudes e tentar entender os motivos. A Bíblia nos ensina a sermos prontos para ouvir, tardios para falar e tardios para nos irar (cf. Tiago 1.19). Isso é sabedoria e também maturidade espiritual.

Pessoas feridas reagem com dureza. Quem está sobrecarregado nem sempre consegue expressar o que sente. Por isso, antes de julgar, pare para ouvir. Antes de criticar, tente enxergar com os olhos da graça. Jesus sempre foi compassivo, mesmo com quem falhou.

A compreensão abre portas, cura relacionamentos e evita conflitos desnecessários. Quando somos mais compreensivos, nós nos parecemos mais com Cristo. Escolha responder com empatia e paciência. Alguém pode precisar de um pouco mais de compreensão e menos cobrança.

Você tem sido compreensivo com os outros ou está reagindo sem discernir?

"A compreensão não justifica tudo, mas reflete o amor de quem aprendeu com Cristo."

ACESSE O QR CODE PARA SABER MAIS

DIA
180

@michelsimplicio

VERDADE SEMPRE APARECE

Existe alguma verdade que você precisa trazer à luz para viver em liberdade?

Por mais que alguém tente esconder, a verdade sempre encontra um caminho para vir à tona. A Bíblia afirma: "Quem encobre as suas transgressões jamais prosperará; mas o que as confessa e abandona alcançará misericórdia" (Provérbios 28.13 – NAA). Deus não revela para expor, mas para tratar, curar e libertar.

Pecados encobertos adoecem a alma. A culpa se acumula, o coração endurece e a comunhão com Deus esfria. Viver escondendo o que precisa ser curado só prolonga o sofrimento. O que está nas sombras precisa ser trazido à luz para que haja restauração.

Confessar não é fraqueza, é coragem. É abrir espaço para a graça agir. Deus não espera perfeição, mas sinceridade. Ele já sabe de tudo, mas deseja que você confie nele o suficiente para entregar o que o tem aprisionado. A verdade dói por um momento, mas liberta para sempre.

ACESSE O QR CODE PARA SABER MAIS

"O que é exposto diante de Deus é curado pela graça; o que é escondido aprisiona."

QUANDO DEUS PARECE ESTAR EM SILÊNCIO

DIA **181**

@michelsimplicio

Há momentos em que clamamos, mas parece que Deus está em silêncio. Davi também passou por isso e expressou sua angústia: "Até quando, SENHOR? Esquecer-te-ás de mim para sempre?" (Salmos 13.1 – ARA). No entanto, mesmo sem respostas imediatas, ele escolheu confiar na fidelidade divina e declarou que cantaria ao Senhor, pois o Eterno tinha sido bom para ele.

O silêncio de Deus não significa ausência. Muitas vezes, ele está trabalhando nos bastidores, moldando nosso caráter e fortalecendo nossa fé. Jó, em meio ao sofrimento, declarou: "Ainda que ele me mate, nele esperarei" (Jó 13.15 –ACF). A verdadeira confiança se revela quando continuamos firmes, mesmo sem entender os planos de Deus.

Se o Senhor parece em silêncio, não desista. Persevere em oração e medite na Palavra. Ele nos vê, nos ouve e age no tempo certo. O silêncio do Criador nunca é vazio, mas é, isto sim, cheio de propósito. Às vezes, Deus usa esse tempo para nos ensinar a depender mais dele, desenvolver paciência e fortalecer nosso relacionamento com ele.

Ainda que a resposta demore, continue confiando. Deus está agindo, mesmo quando não percebemos.

"A espera em Deus nunca é perda de tempo."

Como você pode confiar em Deus, mesmo quando não vê respostas?

ACESSE O QR CODE PARA SABER MAIS

DIA
182

@michelsimplicio

INTEGRIDADE: UM TESOURO RARO

Como você pode fortalecer sua integridade no dia a dia?

A integridade é um valor essencial para quem deseja viver segundo a vontade de Deus. A Bíblia ensina: "O justo anda na sua sinceridade; bem-aventurados serão os seus filhos depois dele" (Provérbios 20.7 – ACF). Viver com integridade é ser sincero e fiel em todas as áreas da vida, mesmo quando ninguém está olhando.

José, mesmo diante da tentação e da injustiça, escolheu manter a integridade (cf. Gênesis 39.9). Ele preferiu perder uma posição a perder a comunhão com Deus. Sua fidelidade o levou a cumprir o propósito divino e ser exaltado no tempo certo.

O mundo valoriza atalhos e vantagens ilícitas, mas Deus honra aqueles que escolhem um caminho reto. Ser íntegro não é apenas agir corretamente quando somos vistos, mas manter-se fiel ao caráter de Cristo em todas as situações. Quem anda em integridade caminha com segurança e colhe frutos duradouros.

ACESSE O QR CODE PARA SABER MAIS

"A integridade é um tesouro valioso que Deus recompensa."

PONHA DEUS NO TOPO DA SUA AGENDA

DIA **183**

@michelsimplicio

Vivemos dias corridos, e muitas vezes a oração e a leitura da Palavra acabam sendo deixadas de lado. Porém, Jesus nos ensina que buscar a Deus deve ser nossa prioridade: “Mas, buscai primeiro o reino de Deus, e a sua justiça, e todas estas coisas vos serão acrescentadas” (Mateus 6.33 - ACF).

O problema não é a falta de tempo, mas a forma como priorizamos nossas atividades, pois sempre encontramos tempo para o que realmente valorizamos. Davi disse: “Ó Deus, tu és o meu Deus, eu te busco intensamente” (Salmos 63.1). Esse desejo de estar com o Senhor precisa ser cultivado para que ele ocupe um lugar central em nossa vida.

Pequenos ajustes fazem a diferença. Podemos começar o dia com uma oração curta, ouvir a Palavra enquanto realizamos tarefas e terminar o dia agradecendo. Deus não busca quantidade, mas constância e sinceridade, pois ele deseja um relacionamento real conosco.

Não deixe que as ocupações diárias roubem seu tempo com Deus. Quando buscamos ao Senhor, ele renova nossas forças e nos dá clareza na caminhada.

“Quem prioriza Deus nunca se perde no caminho.”

Como você pode reorganizar seu tempo para buscar mais a Deus?

....

....

....

....

....

....

....

....

....

....

....

ACESSE O QR CODE PARA SABER MAIS

DIA

184

@michelsimplicio

A ESTAÇÃO DE FRUTIFICAR CHEGOU

Como você pode permanecer mais conectado com Cristo e experimentar frutificação em todas as áreas da sua vida?

A prosperidade e a frutificação são resultados naturais de uma vida vivida segundo os princípios de Deus. Em João 15.5, Jesus nos ensina: “Eu sou a videira, vocês são os ramos. Quem permanece em mim, e eu, nele, esse dá muito fruto; porque sem mim vocês não podem fazer nada” (NAA).

O segredo para uma vida próspera e frutífera está em permanecer em Cristo, mantendo uma relação íntima com ele. Quando estamos conectados à videira, recebemos a nutrição espiritual necessária para viver de acordo com os propósitos de Deus. A frutificação não ocorre apenas na vida pessoal, mas também nos relacionamentos, no trabalho e no ministério. A prosperidade verdadeira não se mede apenas por riquezas materiais, mas por paz, alegria e cumprimento do chamado do Senhor.

Quando buscamos o Reino de Deus em primeiro lugar, todas as outras coisas são acrescentadas. O Criador nos chama a viver de forma frutífera, de modo que suas bênçãos nos conduzam ao propósito que ele tem para nós, impactando os outros ao redor.

ACESSE O QR CODE PARA SABER MAIS

“Permanecer em Cristo é o segredo para uma vida próspera, frutífera e cheia de paz.”

SUPERANDO A CULPA DO PASSADO

DIA 185

@michelsimplicio

Muitas pessoas carregam a culpa por erros do passado, sentindo-se indignas do amor de Deus. No entanto, a Bíblia nos assegura: "Se confessarmos os nossos pecados, ele é fiel e justo para perdoar os nossos pecados e nos purificar de toda injustiça" (1João 1.9). O perdão de Deus é completo para aqueles que se arrependem.

Paulo, antes perseguidor da Igreja, encontrou a misericórdia do Senhor e declarou: "Esquecendo-me das coisas que atrás ficam, e avançando para as que estão diante de mim, prossigo para o alvo" (Filipenses 3.13-14 - ACF). Assim como ele, precisamos deixar o que já foi perdoado para trás e seguir em frente.

Se Deus escolheu esquecer seus pecados, por que você ainda os carrega? A culpa paralisa, mas a graça restaura. O Inimigo tenta nos prender ao passado, mas Jesus nos chama para uma nova vida. Ele já pagou o preço pela sua libertação, e você pode viver em liberdade.

Sua identidade não é definida pelos seus erros, mas pelo amor de Deus. Caminhe sem culpa e viva plenamente a graça dele!

O que você precisa entregar a Deus para seguir em liberdade?

....

....

....

....

....

....

....

....

....

....

....

"Quem vive na graça não é escravo da culpa."

ACESSE O QR CODE PARA SABER MAIS

DIA
186

SE DEUS MUDAR A ROTA, OBEDEÇA

@michelsimplicio

Você está aberto a mudar a estratégia sem abandonar o propósito?

A visão que Deus lhe deu é firme, mas o caminho até ela pode passar por mudanças. Muitas vezes, nós nos apegamos tanto à forma que perdemos de vista o verdadeiro propósito. O Senhor não muda o destino, mas pode alterar a rota. Por isso, escreva a visão a caneta — clara, firme e inegociável —, mas redija a estratégia a lápis, pronta para ser ajustada quando Deus quiser.

Jesus sabia que veio para salvar a humanidade, mas não o fez pela força nem por revoluções. Ele curou, ensinou, calou quando necessário e até fugiu de emboscadas. A missão era imutável, mas os métodos eram sensíveis à direção do Pai. Paulo queria pregar aos judeus, mas foi enviado aos gentios — o público mudou, mas o propósito permaneceu.

Não resista às mudanças de rota. Se Deus está redirecionando, confie. A visão continua de pé. Ajuste o plano, mantenha o alvo e siga ouvindo a voz que guia o caminho.

ACESSE O QR CODE PARA SABER MAIS

“A visão é eterna, mas a estratégia é adaptável; logo, não confunda método com missão.”

DISPONIBILIDADE VALE MAIS DO QUE HABILIDADE

DIA
187

@michelsimplicio

Lídia era uma mulher de negócios, vendedora de púrpura na cidade de Filipos, e temente a Deus. Enquanto Paulo pregava às mulheres reunidas à beira do rio, o Senhor abriu o coração de Lídia para receber a mensagem (cf. Atos 16.14). Imediatamente, ela foi batizada e, com prontidão, abriu sua casa para os apóstolos. Sua atitude marcou o início da igreja em Filipos, tornando-a a primeira convertida da Europa e uma peça-chave no avanço do Evangelho.

Lídia nos ensina que Deus não procura status, prestígio ou títulos, e sim sensibilidade espiritual e disposição. Ela não apenas creu, mas agiu. Sua fé se traduziu em hospitalidade, generosidade, obediência e influência no Reino.

Deus ainda procura corações disponíveis como o de Lídia. Não importa sua profissão, rotina ou o contexto em que vive, se estiver sensível à voz do Senhor, ele pode usar sua vida e seu lar como instrumentos de transformação e plataformas para cumprir grandes propósitos eternos.

Você tem deixado Deus abrir seu coração para ser resposta onde está plantado?

"Um coração sensível pode abrir portas que impactam gerações."

ACESSE O QR CODE PARA SABER MAIS

DIA

188

@michelsimplicio

DEUS NÃO COPIA PROPÓSITOS

Como você pode focar mais na sua caminhada e menos na dos outros?

A comparação pode enfraquecer nossa fé. Quando olhamos para a caminhada de outros, podemos nos sentir inferiores ou superiores. Porém, Deus não nos chamou para competir, e sim para crescer nele. A Bíblia nos adverte: "Não nos atrevemos a nos igualar ou a nos comparar com alguns que se recomendam a si mesmos [...]. Mas eles, medindo-se consigo mesmos, e comparando-se consigo mesmos, não são sábios" (2Coríntios 10.12).

Pedro viveu isso quando perguntou sobre o destino de João. Jesus respondeu: "Se eu quero que ele fique até que eu venha, que te importa a ti? Segue-me tu" (João 21.22). Deus tem um chamado único para cada um, e nosso foco deve estar nele, não nos outros.

Sua jornada com Deus é individual. Ele conhece seu ritmo, suas lutas e seu crescimento. Em vez de se comparar, busque ser fiel no que o Senhor lhe confiou. Cada pessoa está em um estágio diferente, e o que importa é continuar avançando.

ACESSE O QR CODE PARA SABER MAIS

"Cresça na graça de Deus sem se comparar com ninguém."

A FÉ VENCE O DESÂNIMO

DIA **189**

@michelsimplicio

Todos passamos por momentos de desânimo. Até os grandes homens de Deus enfrentam isso. Elias, após uma grande vitória, sentiu medo e pediu a morte (cf. 1Reis 19.4), mas Deus o fortaleceu e renovou sua missão.

O desânimo tenta nos fazer desistir, mas a fé nos ensina a confiar mesmo quando não sentimos forças. A Bíblia nos encoraja, ao lermos as palavras do Senhor a Josué: "Seja forte e corajoso! Não se apavore nem desanime, pois o SENHOR, o seu Deus, estará com você por onde você andar" (Josué 1.9).

Quando a fé enfrenta o desânimo, devemos lembrar que o Todo-Poderoso continua no controle. Ele não nos abandona e tem propósitos maiores do que podemos ver. A oração e a Palavra nos renovam, trazendo força e esperança. Davi enfrentou lutas, mas declarou: "Por que você está assim tão triste, ó minha alma? [...] Ponha a sua esperança em Deus! Pois ainda o louvarei" (Salmos 42.5). Ele aprendeu que a fé deve ser maior que as circunstâncias.

Não deixe o desânimo calar sua fé. Deus está com você, e nele encontramos forças para continuar.

"A fé nos sustenta mesmo nos dias difíceis."

O que você pode fazer para fortalecer sua fé nos momentos de desânimo?

....

....

....

....

....

....

....

....

....

....

ACESSE O QR CODE PARA SABER MAIS

DIA 190

CONSTÂNCIA: O SEGREDO DOS VENCEDORES

@michelsimplicio

Em que área você precisa perseverar com fé, mesmo sem resultados visíveis?

....

....

....

....

....

....

....

....

....

....

A constância pode não ser celebrada como os grandes feitos, mas é ela que sustenta uma vida frutífera. Não é o que fazemos de vez em quando, mas o que fazemos com perseverança que revela maturidade e profundidade. Como diz a Palavra, "sede firmes e constantes, sempre abundantes na obra do Senhor" (1Coríntios 15.58 - ACF). A fidelidade no pouco constrói grandes colheitas ao longo do tempo.

Ser constante é continuar quando não há aplausos. É manter a fé quando tudo parece igual. É obedecer quando ninguém está olhando. Deus honra aqueles que permanecem firmes, mesmo quando os frutos ainda não são visíveis. A bênção não está apenas em um início empolgado ou em um fim vitorioso, mas em cada passo firme — dado com fé no meio do caminho.

A constância revela amor, compromisso e confiança verdadeira. É assim que crescemos espiritualmente e impactamos vidas ao redor. Não desanime por não ver resultados imediatos. Há bênção sendo gerada em cada atitude constante diante de Deus.

ACESSE O QR CODE PARA SABER MAIS

"A constância no secreto constrói frutos que o tempo revelará com abundância."

VOCÊ NÃO VAI CAIR

DIA **191**

@michelsimplicio

A tentação faz parte da vida, mas Deus nos dá forças para vencê-la. A Bíblia nos ensina: "Não sobreveio a vocês nenhuma tentação que não fosse humana; mas Deus é fiel e não permitirá que vocês sejam tentados além do que podem suportar" (1Coríntios 10.13 - NAA).

Jesus, mesmo sendo o Filho de Deus, foi tentado no deserto, mas venceu por meio da Palavra (cf. Mateus 4.1-11). Isso nos ensina que a melhor maneira de resistir à tentação é estar firme na verdade. Quanto mais nos fortalecemos com oração e leitura da Escritura, menos espaço damos ao pecado.

O Diabo sempre tentará nos afastar de Deus, usando nossas fraquezas. Mas Tiago 4.7 nos dá um segredo poderoso: "Sujeitem-se a Deus, mas resistam ao diabo, e ele fugirá de vocês" (NAA). A obediência ao Senhor fortalece nossa fé e nos livra das armadilhas do Inimigo.

Vigie suas escolhas diárias. Pequenos desvios podem levar ao erro. Buscar a Deus todos os dias nos mantém firmes para resistir. Não lute sozinho! O Senhor está com você e lhe dá forças para vencer.

"Quem busca a Deus encontra força contra a tentação."

O que você pode fazer para fortalecer sua fé e resistir ao pecado?

ACESSE O QR CODE PARA SABER MAIS

DIA
192

@michelsimplicio

DEUS NÃO ESTÁ DISTANTE

O que você pode fazer hoje para se aproximar mais de Deus?

Há momentos em que nos sentimos longe do Senhor, como se ele estivesse em silêncio. No entanto, nosso Pai nunca nos abandona. A Bíblia nos assegura: "Aproximem-se de Deus, e ele se aproximará de vocês!" (Tiago 4.8).

Davi passou por períodos assim e clamou: "Até quando, SENHOR? Esquecer-te-ás de mim para sempre?" (Salmos 13.1 - ARA). Mas, apesar do sentimento de abandono, ele decidiu confiar e declarar que Deus ainda era sua salvação.

A distância do Eterno muitas vezes vem da falta de oração, da correria do dia a dia ou de distrações. Mas ele está sempre pronto para nos receber de volta. O primeiro passo pode ser um simples momento de oração ou a leitura da Palavra.

Assim como o filho pródigo foi recebido pelo pai de braços abertos (cf. Lucas 15.20), Deus espera por você. Não importa quão longe tenha ido, sempre há um caminho de volta. Ele deseja restaurar sua comunhão e renovar sua fé.

Volte-se para o Senhor hoje. Ele está mais perto do que você imagina.

ACESSE O QR CODE PARA SABER MAIS

"Deus nunca se afasta de nós; somos nós que nos afastamos dele."

A DOR NÃO IMPEDIRÁ SUA ADORAÇÃO

DIA
193

@michelsimplicio

Nos momentos difíceis, nossa primeira reação pode ser reclamar ou desanimar. No entanto, a Bíblia nos ensina que adorar é a melhor atitude. Quando Paulo e Silas foram presos injustamente, em vez de se lamentarem, eles oraram e cantaram louvores. O resultado? Deus moveu-se em seu favor, e as cadeias se romperam (cf. Atos 16.25-26).

A adoração nos lembra de quem o Criador é, mesmo quando as circunstâncias são contrárias. Jó perdeu tudo, mas declarou: "O Senhor o deu, e o Senhor o tomou; bendito seja o nome do Senhor" (Jó 1.21 - ACF). Ele escolheu adorar, confiando que Deus ainda estava no controle.

Quando adoramos, nossa perspectiva muda. Em vez de focarmos no problema, olhamos para aquele que pode nos sustentar. A adoração traz paz, fortalece nossa fé e nos aproxima do Senhor. Seja qual for a sua luta, adore! Deus habita no meio dos louvores do seu povo (cf. Salmos 22.3) e pode transformar a sua dor em vitória.

Como você pode adorar a Deus, mesmo nos dias difíceis?

"A adoração fortalece a fé e traz libertação."

ACESSE O QR CODE PARA SABER MAIS

DIA
194

@michelsimplicio

NÃO RESISTA AO NOVO DE DEUS

Você está abraçando o novo de Deus ou resistindo ao que ele quer fazer?

Transições são caminhos que Deus usa para nos tirar do conhecido e nos levar ao sobrenatural. Pedro foi chamado enquanto pescava e precisou deixar redes, barco e rotina para viver algo maior. Paulo teve a vida interrompida e transformada pela revelação de Cristo no caminho de Damasco. Cada transição os levou para perto do propósito.

O Senhor não muda nossa estação por acaso. Às vezes, ele permite desconfortos para nos tirar do lugar onde nos acomodamos. Os discípulos deixaram tudo para seguir Jesus e não sabiam onde seria o fim — mas sabiam quem estavam seguindo. A confiança no guia vale mais do que o mapa.

Transições exigem fé, desapego e obediência. Os novos ares de Deus trazem renovo, visão ampliada e uma nova missão. Se ele o está movendo, é porque algo maior está por vir. Confie no sopro do Espírito e siga!

ACESSE O QR CODE PARA SABER MAIS

"Quando Deus muda sua estação, é porque ele quer revelar algo novo e maior."

O QUE FAZER QUANDO A VIDA PARECE FORA DE CONTROLE?

DIA
195

@michelsimplicio

Há momentos em que tudo parece dar errado. Os planos falham, os problemas surgem e sentimos que perdemos o controle. Mas a verdade é que nunca o tivemos, Deus sempre esteve no comando. A Bíblia nos lembra de quem manda: "Entrega o teu caminho ao Senhor; confia nele, e ele o fará" (Salmos 37.5 - ACF).

Pedro afundou quando tirou os olhos de Jesus e focou na tempestade (cf. Mateus 14.30). Isso mostra que quando olhamos para as circunstâncias, o medo nos domina. Mas quando confiamos no Todo-Poderoso, encontramos paz mesmo em meio ao caos.

O segredo para enfrentar tempos difíceis não é tentar resolver tudo sozinho, mas descansar no Senhor. Em Filipenses 4.6, Paulo ensina: "Não andeis ansiosos de coisa alguma; em tudo, porém, sejam conhecidas, diante de Deus, as vossas petições, pela oração e pela súplica" (ARA).

Se sua vida parece fora de controle, entregue tudo ao Senhor. Ele vê além do que enxergamos e sabe o que é melhor para nós.

"Quando confiamos em Deus, encontramos paz mesmo nas tempestades."

Como você pode entregar mais suas preocupações ao Senhor?

....

....

....

....

....

....

....

....

....

....

....

....

ACESSE O QR CODE PARA SABER MAIS

DIA
196

VOCÊ NÃO PRECISA PROVAR NADA A NINGUÉM

@michelsimplicio

Você tem vivido para agradar a Deus ou vem tentando provar algo para os outros?

....

....

....

....

....

....

....

....

....

Jesus foi acusado, afrontado e provocado, mas não caiu na armadilha de tentar se justificar. Ele sabia quem era, de onde veio e para onde ia. Quando você entende sua identidade em Deus, não precisa responder a toda provocação nem tentar provar seu valor a quem não reconhece sua essência. A insegurança grita, mas a maturidade silencia. O orgulho reage, mas a sabedoria se cala.

A Bíblia diz a respeito de Cristo: "Quando insultado, não revidava; quando sofria, não fazia ameaças, mas entregava-se àquele que julga com justiça" (1Pedro 2.23). Isso mostra que nem toda afronta merece sua energia. Algumas provocações são apenas distrações para tirá-lo do foco. O Inimigo provoca quando sabe que você está perto de avançar.

Continue firme. Quem o chamou foi Deus. A sua missão não é convencer, é obedecer. Quem anda na luz não perde tempo com as sombras da provocação. Deus o aprovou, e isso basta.

ACESSE O QR CODE PARA SABER MAIS

"Você não precisa provar nada quando sabe que Deus é quem o aprova."

O PASSADO É UMA LIÇÃO, E NÃO UMA PRISÃO

DIA **197**

@michelsimplicio

O passado pode nos ensinar, mas nunca deve nos aprisionar. Muitas pessoas carregam culpas, traumas ou erros antigos que as impedem de avançar. No entanto, em Cristo, somos novas criaturas (cf. 2Coríntios 5.17). O que passou não define quem você é, até porque Deus é especialista em recomeços, e sua graça é capaz de escrever novas histórias.

O Inimigo quer que você viva preso ao que aconteceu, mas Deus deseja que você caminhe para o que ainda vai acontecer. O apóstolo Paulo disse que esquecia das coisas que ficaram para trás e avançava para o alvo (cf. Filipenses 3.13), que é precisamente o convite para você hoje: deixar o que pesa e correr leve, livre do que já foi vencido na Cruz.

Não ignore o passado, mas também não se submeta a ele. Perdoe, perdoe-se e siga adiante. O futuro que Deus tem preparado não depende do seu histórico, mas da sua entrega e confiança nele. Levante-se, crendo que o que está à frente é infinitamente maior do que aquilo que ficou para trás.

O que do seu passado você precisa entregar a Deus para seguir em liberdade?

“Seu passado pode ter marcas, mas seu futuro carrega promessas de um novo tempo.”

ACESSE O QR CODE PARA SABER MAIS

DIA
198

REACENDA A CHAMA DO PRIMEIRO AMOR

@michelsimplicio

O que você pode fazer hoje para se reaproximar de Deus?

Com o tempo, é possível que nossa paixão por Deus esfrie. As preocupações, a rotina e as distrações podem nos afastar da intensidade do primeiro amor. Mas a boa notícia é que essa chama pode ser reacendida. Jesus disse à igreja em Éfeso: "Tenho, porém, contra ti que abandonaste o teu primeiro amor. Lembra-te, pois, de onde caíste, arrepende-te e volta à prática das primeiras obras" (Apocalipse 2.4-5 – ARA).

O primeiro passo para reacender essa chama é reconhecer o distanciamento. Depois, é preciso voltar às práticas que nos aproximam de Deus: oração, leitura da Palavra e adoração. O relacionamento com o Senhor precisa ser cultivado diariamente.

Davi clamou: "Restitui-me a alegria da tua salvação" (Salmos 51.12 – ARA). Isso nos ensina que podemos pedir ao Pai que reacenda em nós o fogo do Espírito. Quando buscamos sua presença com sinceridade, ele nos renova e fortalece nossa confiança nele.

Se sua fé esfriou, volte-se para Deus! Ele espera por você de braços abertos, pronto para restaurar seu amor.

ACESSE O QR CODE PARA SABER MAIS

"O primeiro amor não se perde, mas pode ser reacendido."

DEUS ESTÁ CUIDANDO DE CADA DETALHE

DIA
199

@michelsimplicio

A ansiedade tenta roubar nossa paz, mas a Palavra de Deus nos fortalece. Em Filipenses 4.6, Paulo ensina: "Não andem ansiosos por coisa alguma, mas em tudo, pela oração e súplicas, e com ação de graças, apresentem seus pedidos a Deus". Em vez de nos afogarmos em preocupações, devemos entregar tudo ao Senhor e confiar em seu cuidado.

A Bíblia nos lembra de que o Senhor cuida de nós. Jesus disse: "Portanto, não se preocupem com o amanhã, pois o amanhã trará as suas próprias preocupações" (Mateus 6.34). Ele sabe o que precisamos e nunca nos abandona. Quando meditamos na Palavra e nos firmamos em suas promessas, a ansiedade perde força.

A paz que buscamos não vem das circunstâncias, mas de confiar no Senhor. Quando entregamos nossas ansiedades a ele e descansamos em sua verdade, experimentamos uma paz que excede todo entendimento. Alimente-se da Escritura e veja o Senhor transformar seu coração!

O que você pode entregar hoje ao Senhor para aliviar sua ansiedade?

"A Palavra de Deus é o antídoto contra a ansiedade."

ACESSE O QR CODE PARA SABER MAIS

DIA
200

DEUS NÃO SE ESQUECEU DE VOCÊ

@michelsimplicio

O que você pode fazer hoje para renovar sua confiança em Deus?

Em momentos de silêncio e espera, podemos nos perguntar se Deus ainda se lembra de nós. Mas a Palavra nos assegura que o Senhor ama os seus: "Ainda que a mãe se esquecesse do filho que amamenta, eu não me esquecerei de você", afirmou ele ao povo de Israel (cf. Isaías 49.15). O amor divino é inabalável, mesmo quando não enxergamos sua ação. Ele cuida de cada detalhe da nossa vida.

Talvez José tenha crido que o Criador o esqueceu por anos na prisão, mas o Todo-Poderoso nunca o abandonou e, no tempo certo, o exaltou (cf. Gênesis 41.41). Ana chorou esperando um filho, e Deus atendeu seu clamor (cf. 1Samuel 1.20). O silêncio do Alto não significa ausência, mas um tempo de preparo. Jeová vê cada lágrima, ouve cada oração e age no momento certo, de acordo com sua vontade perfeita.

Se você sente que Deus se esqueceu de você, lembre-se: ele está trabalhando nos bastidores, moldando sua história. Espere com fé, pois aquele que prometeu é fiel. Ele nunca esquece seus filhos e tem um propósito maior para sua vida. O tempo de Deus é perfeito, e aqueles que confiam nele jamais são decepcionados!

ACESSE O QR CODE PARA SABER MAIS

"Deus nunca se esquece de você. Confie no tempo dele!"

VIVA CHEIO DO ESPÍRITO

DIA
201

@michelsimplicio

A vida cristã não foi feita para ser vivida na força humana, mas no poder do Espírito Santo. Paulo nos exorta: "Enchei-vos do Espírito" (Efésios 5.18 — ACF). Isso significa estar continuamente submisso à sua direção, permitindo que ele molde nossas atitudes, palavras e ações. Não se trata de um evento isolado, mas da busca diária pela presença de Deus.

O Espírito Santo nos fortalece, consola e guia em toda a verdade (cf. João 16.13). Ele nos capacita a vencer o pecado e a andar em novidade de vida. Quando andamos no Espírito, refletimos o caráter de Cristo e produzimos frutos que glorificam a Deus (cf. Gálatas 5.22-23). No entanto, se negligenciarmos a comunhão com ele, tornamo-nos espiritualmente fracos e vulneráveis às ciladas do Inimigo.

Busque uma vida cheia do Espírito, por meio de oração, adoração e meditação na Palavra. Quanto mais espaço ele tiver em sua vida, mais poderosamente Deus operará em você e por meio de você. Permita que ele transforme sua mente, fortaleça sua fé e renove suas forças todos os dias.

O que você pode fazer hoje para se encher mais do Espírito Santo?

"Quem vive cheio do Espírito transborda a presença de Deus."

ACESSE O QR CODE PARA SABER MAIS

DIA
202

DEUS PREPARA VOCÊ ANTES DE LEVÁ-LO ADIANTE

@michelsimplicio

Como você pode aproveitar o tempo de espera para crescer espiritualmente?

Deus nunca nos leva a um novo nível sem antes nos preparar. Antes de José governar o Egito, ele passou anos sendo moldado na escravidão e na prisão. Moisés viveu quarenta anos no deserto antes de ser chamado para libertar Israel. Até mesmo Jesus, antes de iniciar seu ministério terreno, passou um tempo no deserto sendo fortalecido por Deus (cf. Mateus 4.1-2).

Os processos do Senhor podem parecer longos e difíceis, mas são necessários. Ele usa cada desafio para nos ensinar dependência, paciência e fé. Se tentarmos avançar sem preparação, podemos não suportar o peso da responsabilidade que virá. Deus não tem pressa, mas ele é fiel para completar a obra que começou em nós (cf. Filipenses 1.6).

Não desanime se parece que sua resposta está demorando. Deus não está atrasando, ele está treinando. No tempo certo, o Senhor o levará adiante, pronto para viver tudo o que planejou para sua vida. Confie no processo e permaneça fiel.

ACESSE O QR CODE PARA SABER MAIS

"O tempo de espera de Deus é tempo de preparo para algo maior."

SUAS PALAVRAS CONSTROEM OU DESTROEM?

DIA
203

@michelsimplicio

Nossas palavras têm o poder de edificar ou destruir relacionamentos. A Bíblia nos alerta que "a morte e a vida estão no poder da língua" (Provérbios 18.21 — ACF). O que falamos pode curar, restaurar e fortalecer ou, ao contrário, causar feridas profundas e afastamentos. Em um mundo marcado por pressa, impaciência e julgamentos rápidos, Deus nos chama a usar palavras com sabedoria, graça e amor.

Jesus sempre usou palavras que traziam vida, consolo e direção. Ele sabia que uma palavra no tempo certo tem poder de transformar corações. Assim também devemos agir. Um elogio sincero, um pedido de perdão, uma declaração de honra ou uma palavra de encorajamento podem mudar o clima de um lar, restaurar amizades e sarar corações.

Quem governa bem a sua língua reflete o caráter de Cristo. Palavras temperadas com graça preservam relacionamentos saudáveis, geram reconciliação e fortalecem vínculos. Palavras sábias e amorosas constroem pontes e fortalecem relacionamentos.

Como você tem usado suas palavras para edificar e abençoar os relacionamentos?

"Quem fala com amor planta sementes de cura e reconciliação ao seu redor!"

ACESSE O QR CODE PARA SABER MAIS

DIA
204

@michelsimplicio

VOCÊ FOI CHAMADO PARA SER DIFERENTE

O que você pode mudar hoje para viver uma vida mais santa?

Deus nos chamou para viver em santidade. A Bíblia nos ensina: "Sede santos, porque eu sou santo" (1Pedro 1.16 — ACF). Isso não significa perfeição humana, mas uma vida separada, consagrada e dedicada a Deus, rejeitando tudo aquilo que nos afasta da sua presença.

A santidade não é uma sugestão, mas um chamado e uma prioridade para quem deseja viver perto de Deus. Sem santidade, ninguém verá o Senhor (cf. Hebreus 12.14). Em um mundo que relativiza valores e normaliza o pecado, precisamos decidir todos os dias viver segundo a vontade de Deus. Isso envolve palavras, pensamentos, atitudes e intenções do coração.

Viver em santidade não é apenas evitar o pecado, mas buscar intimidade com Deus. É desejar agradá-lo mais do que agradar o mundo. Quando nos rendemos ao Espírito Santo, ele nos capacita, corrige e transforma. Que a nossa prioridade seja estar perto dele, refletindo sua glória com sinceridade e temor em tudo o que fazemos.

ACESSE O QR CODE PARA SABER MAIS

"A santidade nos aproxima de Deus e nos faz viver seu propósito."

MANTENHA O FOGO DA FÉ ACESO

DIA
205

@michelsimplicio

A fé é como um fogo que precisa ser alimentado constantemente. Paulo escreveu a Timóteo: "Mantenha viva a chama do dom de Deus que você recebeu" (2Timóteo 1.6). Isso nos mostra que o fogo da fé não se mantém automaticamente, antes, precisa ser cultivado, cuidado e renovado todos os dias.

A oração, a meditação na Palavra e a comunhão com o Espírito Santo são a lenha que mantém esse fogo aceso. Quando negligenciamos essas áreas, a chama enfraquece. O mundo tentará apagar sua fé com dúvidas, distrações, cansaço e preocupações. Mas cabe a você proteger o que Deus acendeu dentro do seu coração.

Não permita que a frieza espiritual tome espaço. Busque a Deus com intensidade, alimente sua fé com a verdade e cerque-se de pessoas que o encorajam a continuar. Quanto mais tempo na presença dele, mais forte será a chama. Não deixe o desânimo apagar o fogo. Deus está reacendendo sua fé para coisas extraordinárias!

O que você pode fazer hoje para reacender o fogo da sua fé?

"A fé se fortalece quando alimentamos nosso relacionamento com Deus."

ACESSE O QR CODE PARA SABER MAIS

DIA
206

ENFRENTE OS DESAFIOS COM O PODER DA ORAÇÃO

@michelsimplicio

Que desafio você precisa entregar a Deus, hoje, em oração?

A oração é a arma espiritual mais poderosa que temos. Quando enfrentamos desafios, a melhor resposta não é o medo, mas a busca pela presença de Deus. Diante de uma grande batalha, Josafá orou e o Senhor lhe deu vitória sem que precisasse lutar (cf. 2Crônicas 20.12-17). Isso nos ensina que, quando oramos, não estamos sozinhos nas batalhas — o Todo-Poderoso luta por nós.

Jesus nos mostrou o valor da oração em todo o seu ministério. Antes de grandes decisões, ele se retirava para orar (cf. Lucas 6.12). No Getsêmani, foi na oração que ele encontrou forças para cumprir a vontade do Pai (cf. Mateus 26.39). Se o próprio Jesus tinha uma visão de oração, quanto mais nós precisamos dela!

Não enfrente os desafios com as próprias forças. Entregue tudo ao Senhor e confie que ele está no controle. A oração não apenas muda circunstâncias, ela nos transforma, nos fortalece, acalma a alma e nos enche de paz. A oração é a ponte entre a fraqueza humana e o poder de Deus. Quem ora acessa o Céu e caminha com autoridade na Terra.

ACESSE O QR CODE PARA SABER MAIS

"A oração nos conecta ao Deus que tem todo o poder."

O SEGREDO DA PLENITUDE ESPIRITUAL

DIA
207

@michelsimplicio

Muitos buscam satisfação em prazeres passageiros, mas a verdadeira plenitude só é encontrada em Deus. Jesus declarou: "Eu sou o pão da vida. Quem vem a mim jamais terá fome" (João 6.35 — NAA). Isso significa que só ele pode preencher o vazio da alma e nos dar vida em abundância, com sentido, propósito e paz.

A plenitude espiritual não vem de conquistas, status ou bens materiais, mas de um relacionamento profundo com o Pai. Quanto mais nos rendemos a ele, mais experimentamos sua paz, alegria e direção, pois o Espírito Santo nos fortalece interiormente e nos conduz a um nível mais profundo de intimidade com Deus (cf. Efésios 3.16-19).

Se sua alma tem sede, busque ao Senhor de todo o coração. Medite na Palavra, ore com constância e viva para glorificá-lo. A verdadeira plenitude não está no que temos, mas em quem habita em nós. Estar no centro da vontade de Deus é o maior lugar de satisfação e descanso que podemos alcançar.

O que você pode fazer hoje para se aprofundar mais na presença de Deus?

....

....

....

....

....

....

....

....

....

....

"A plenitude espiritual vem de um coração totalmente rendido a Deus."

ACESSE O QR CODE PARA SABER MAIS

DIA
208

@michelsimplicio

LIDANDO COM AS INCERTEZAS DA VIDA

Que área da sua vida você precisa entregar totalmente ao Senhor?

A vida é cheia de incertezas, mas Deus nunca muda. Podemos não saber o que o futuro nos reserva, mas sabemos com confiança quem define o futuro. A Bíblia nos lembra: "Confia no Senhor de todo o teu coração e não te estribes no teu próprio entendimento" (Provérbios 3.5 — ACF). Quando confiamos no Senhor, encontramos paz mesmo em meio às inseguranças da vida.

Abraão teve de deixar sua terra, a família e tudo o que conhecia sem saber exatamente para onde iria. Mas ele obedeceu ao Criador e viu as promessas divinas se cumprirem (cf. Gênesis 12.1-4). O segredo para enfrentar o desconhecido é depender do Todo-Poderoso a cada passo, confiando que ele guia os que o buscam com sinceridade.

Se você está enfrentando dúvidas e incertezas, entregue tudo ao Pai. Ele não revela o caminho completo de uma vez, mas ilumina o passo seguinte. Confie na direção dele e caminhe com fé. Os planos de Deus são sempre maiores, melhores e perfeitamente ajustados ao que você realmente precisa.

ACESSE O QR CODE PARA SABER MAIS

"A incerteza do futuro não pode abalar a certeza da fidelidade de Deus."

VOCÊ NÃO FOI CHAMADO PARA RECUAR

DIA
209

@michelsimplicio

A vida cristã é marcada por conflitos espirituais constantes. Nossos três maiores inimigos — a carne, o mundo e o Diabo — tentam nos afastar do centro da vontade de Deus. A carne deseja o que é contrário ao Espírito (cf. Gálatas 5.17), incentivando impulsos, prazeres imediatos e decisões egoístas que nos afastam da santidade.

Por sua vez, o mundo oferece ilusões, distrações e caminhos largos que seduzem a alma com promessas vazias (cf. 1João 2.16). Já o Diabo, nosso adversário, age sorrateiramente para enganar, acusar e tentar destruir os filhos de Deus (cf. 1Pedro 5.8). Mas a boa notícia é que, em Cristo, já temos tudo de que precisamos para vencer!

O Espírito Santo nos fortalece, a Palavra nos arma e a armadura de Deus nos protege (cf. Efésios 6.11). Não recue diante dos ataques nem negocie sua fé. Lute com autoridade espiritual, persevere na oração e permaneça firme na verdade!

Em qual dessas áreas você precisa hoje se posicionar com a autoridade que Deus já lhe deu?

....

....

....

....

....

....

....

....

"Quem é fortalecido por Deus resiste à carne, ao mundo e ao Inimigo com fé e firmeza."

ACESSE O QR CODE PARA SABER MAIS

DIA
210

@michelsimplicio

ANDE COM QUEM ANDA COM DEUS

Que tipo de influência você tem permitido em seus relacionamentos?

Os relacionamentos têm o poder de moldar atitudes, decisões e até nosso destino. A Bíblia nos alerta com firmeza: "As más companhias corrompem os bons costumes" (1Coríntios 15.33). Isso nos mostra a importância de ter discernimento espiritual ao escolher com quem caminhamos. Relacionamentos saudáveis nos aproximam de Deus, nos encorajam na fé e nos mantêm no centro da vontade dele. As más influências, por sua vez, podem nos afastar do propósito e enfraquecer nossa caminhada.

Evitar influências negativas não é viver isolado, mas saber estabelecer limites e cultivar conexões que nos edificam. Devemos estar cercados de pessoas que nos inspiram a crescer, orar mais, confiar em Deus e viver de forma santa. Quem anda com pessoas cheias de fé, amor e temor ao Senhor cresce espiritualmente.

Precisamos pedir sabedoria a Deus para discernir quem nos impulsiona para o bem e quem nos afasta dos caminhos do Senhor. Relacionamentos saudáveis fortalecem a fé, protegem o coração e nos ajudam a permanecer firmes.

"Quem se cerca de boas influências floresce espiritualmente e honra a Deus!"

ACESSE O QR CODE PARA SABER MAIS

ESTÁ NA HORA DE CONFIAR EM DEUS

DIA
211

@michelsimplicio

Fé não é apenas crer em Deus, mas confiar nele em cada passo da caminhada. A Bíblia nos ensina: "Entrega o teu caminho ao SENHOR, confia nele, e ele tudo fará" (Salmos 37.5 — ARC). Isso significa que nossa jornada não depende de controle humano, mas de uma confiança contínua no caráter e nas promessas do Senhor.

Abraão confiou mesmo sem saber para onde ia (cf. Hebreus 11.8). Pedro, por sua vez, andou sobre as águas enquanto manteve os olhos em Jesus (cf. Mateus 14.29-30). A falta de confiança nos faz afundar, mas a certeza de que Deus é fiel nos mantém de pé, mesmo quando não entendemos os processos.

Confiar é continuar orando quando parece não haver resposta, é obedecer mesmo sem ver resultados. Confiança não é ausência de dúvidas, mas a escolha de crer que o Eterno sempre cumpre sua Palavra, no tempo certo e da melhor forma. Deus nunca falha, e quem confia nele nunca será envergonhado (cf. Romanos 10.11). Confie hoje — e continue confiando amanhã.

Que áreas da sua vida precisam ser entregues totalmente à confiança em Deus?

"A confiança em Deus nos sustenta quando não vemos o caminho à frente."

ACESSE O QR CODE PARA SABER MAIS

DIA 212

ESCOLHA VIVER A VONTADE DE DEUS

@michelsimplicio

O que você precisa deixar para viver plenamente a vontade de Deus?

Todos nós enfrentamos momentos em que precisamos decidir entre a nossa vontade e a de Deus. O coração humano naturalmente busca conforto, facilidade e controle, mas aquilo que o Todo-Poderoso quer nem sempre é o caminho mais fácil, embora seja, sem dúvida, o mais seguro, santo e frutífero.

Romanos 12.2 nos chama a não nos conformarmos com este mundo, mas a sermos transformados pela renovação da mente, para que possamos experimentar a boa, perfeita e agradável vontade do Senhor. A indecisão nasce quando tentamos conciliar dois caminhos, mas não há comunhão entre luz e trevas.

Chega um momento em que é preciso escolher: agradar a Deus ou seguir os próprios desejos. O Altíssimo honra decisões firmes. Quando escolhemos sua vontade, mesmo que doa, seremos conduzidos à vitória. A paz que vem do Céu sempre acompanha uma decisão certa, porque obedecer ao Senhor é sempre o melhor caminho.

ACESSE O QR CODE PARA SABER MAIS

“A vontade de Deus pode confrontá-lo, mas ela sempre conduz à vida e à paz.”

VOCÊ É MAIS FORTE DO QUE IMAGINA

DIA
213

@michelsimplicio

Você é mais forte do que imagina! A verdadeira força não está em nunca cair, mas em se levantar com fé todas as vezes. A Bíblia declara: "Quando sou fraco, então é que sou forte" (2Coríntios 12.10). Isso nos mostra que a força do cristão não vem de si mesmo, mas da graça do Deus que o sustenta nos dias mais difíceis.

Talvez você já tenha passado por momentos em que achou que não suportaria, mas o Senhor o levantou. Já chorou, sentiu medo, pensou em desistir, mas algo maior o manteve de pé. Isso é força espiritual. É a presença do Todo-Poderoso dando-lhe coragem quando tudo em você queria parar.

A sua caminhada até aqui prova que existe um propósito para sua vida. Você não chegou tão longe por acaso. Continue! Mesmo cansado, Deus é com você! Mesmo em silêncio, ele está agindo. Não pare agora! Você tem mais força do que pensa, porque quem o fortalece é o Senhor, e nele você pode todas as coisas.

O que está desafiando sua força e como Deus pode renová-lo para continuar?

....

....

....

....

....

....

....

....

....

....

"A sua força não está em você, mas no Deus que caminha ao seu lado todos os dias."

ACESSE O QR CODE PARA SABER MAIS

DIA
214

@michelsimplicio

A COMPREENSÃO NOS FAZ PARECIDOS COM CRISTO

Quem está ao seu lado e precisa mais da sua compreensão do que do seu julgamento?

....

....

....

....

....

....

....

....

....

....

Ser compreensivo com os outros é uma marca de maturidade espiritual. Jesus nos ensinou a amar, perdoar e suportar os outros com paciência e graça. Em Colossenses 3.13, Paulo nos lembra: "Suportem-se uns aos outros e perdoem as queixas que tiverem uns contra os outros. Perdoem como o Senhor os perdoou". A verdadeira espiritualidade se manifesta nas relações humanas.

Muitas vezes, exigimos dos outros o que nem sempre conseguimos praticar. Ser compreensivo não é ignorar o erro, mas olhar com empatia, lembrando que todos estão em processo. Você não conhece as batalhas silenciosas que alguém enfrenta. Às vezes, uma palavra de acolhimento pode transformar mais do que uma correção dura.

Compreender é amar de forma prática. Cristo nos compreendeu em nossas fraquezas e espera que façamos o mesmo. Onde há compreensão, há espaço para cura, restauração, paz e crescimento. Escolha agir com graça e refletir o coração de Jesus nas suas relações.

ACESSE O QR CODE PARA SABER MAIS

"Quem é cheio da graça de Deus aprende a estender essa graça aos outros com amor e sabedoria."

TRAGA À MEMÓRIA O QUE LHE DÁ ESPERANÇA

DIA
215

@michelsimplicio

Jeremias declarou: "Quero trazer à memória o que pode me dar esperança" (Lamentações 3.21 — NAA). Em meio à dor, à ruína e ao desespero, ele escolheu lembrar da fidelidade de Deus. Às vezes, a dor tenta apagar nossas lembranças do cuidado divino, mas a fé nos convida a lembrar dos livramentos, milagres e recomeços que já vivemos.

Davi fez isso: antes de enfrentar Golias, ele trouxe à memória os dias em que o Senhor o livrou do leão e do urso (cf. 1Samuel 17.37). Essa lembrança renovou sua coragem. Quando trazemos à mente os feitos do Eterno, algo se fortalece dentro de nós. A memória da fidelidade de Deus se torna combustível para a jornada.

Não alimente sua mente com medo, mas com testemunhos. Relembrar é uma forma de resistir ao desânimo e continuar com fé. Deus é o mesmo ontem, hoje e para sempre. Traga à memória o que lhe dá esperança e prossiga, confiando que ele ainda fará grandes coisas.

O que Deus já fez no passado que pode lhe dar esperança hoje?

"Lembrar do que Deus já fez é abrir o coração para crer no que ele ainda vai realizar."

ACESSE O QR CODE PARA SABER MAIS

DIA
216

@michelsimplicio

VENCENDO OS MEDOS QUE TIRAM SUA PAZ

O que você pode entregar ao Senhor para experimentar mais paz e menos ansiedade?

....

....

....

....

....

....

....

....

....

A ansiedade muitas vezes nasce de medos que se alojam silenciosamente em nossa mente, como o receio do futuro, da perda, da falta, da rejeição, do fracasso e do abandono. Esses temores crescem quando esquecemos de quem Deus é. Mas a Palavra nos encoraja a lançar fora todo medo com a força do amor divino: "No amor não há medo; pelo contrário, o perfeito amor expulsa o medo" (1João 4.18).

Quando conhecemos o caráter do Pai e confiamos em sua fidelidade, aprendemos a descansar, mesmo sem entender tudo. Jesus nos disse: "Deixo-vos a paz, a minha paz vos dou" (João 14.27 — ACF). Essa paz não depende das circunstâncias, ela excede todo entendimento e guarda o coração em meio às tempestades da vida.

Não permita que os medos dominem sua mente e seu coração. Renda os pensamentos ao Senhor, entregue as ansiedades em oração e permita que a confiança nele o cubra com a verdadeira paz que vem do Céu. Você não está sozinho, pois Deus está cuidando de tudo.

ACESSE O QR CODE PARA SABER MAIS

"A ansiedade enfraquece quando você decide confiar em Deus."

SUPERE LIMITES COM FÉ

DIA **217**

@michelsimplicio

Muitas vezes, enxergamos nossos limites como barreiras intransponíveis, mas Deus nos chama a olhar com os olhos da fé. Jesus disse: "Se tiverdes fé como um grão de mostarda, direis a este monte: Passa daqui para acolá, e ele passará" (Mateus 17.20 — ARA). A fé é a ponte entre o natural e o sobrenatural. Ela nos impulsiona a dar passos mesmo quando os pés querem parar.

Gideão se via como fraco, mas Deus o chamou de valente. Moisés achava que não sabia falar, mas Deus o escolheu para libertar um povo. Pedro, mesmo com falhas e medos, andou sobre as águas quando manteve os olhos em Jesus. A fé não ignora os limites — ela os entrega a Deus.

Quando sentir que não pode seguir, lembre-se: Deus não nos chama para viver pelo que vemos, mas pelo que cremos. A incredulidade paralisa, mas a fé nos move. Não permita que o medo, a insegurança ou as circunstâncias o prendam. Avance com fé e veja Deus abrir caminhos onde parecia não haver saída.

Que barreira você precisa superar hoje confiando em Deus?

"A fé nos faz enxergar possibilidades onde antes só víamos limites."

ACESSE O QR CODE PARA SABER MAIS

DIA
218

@michelsimplicio

COMO SE FORTALECER NA PALAVRA TODOS OS DIAS

O que você pode fazer hoje para aprofundar seu tempo com a Palavra?

A Palavra de Deus é nosso alimento espiritual. Jesus declarou: "Nem só de pão viverá o homem, mas de toda palavra que procede da boca de Deus" (Mateus 4.4). Assim como precisamos de alimento físico diariamente para sustentar o corpo, nossa alma também precisa ser alimentada constantemente pela Palavra para permanecer firme e saudável.

Ler a Bíblia fortalece a fé, renova a esperança, guia as decisões e protege o coração contra os enganos deste mundo. O salmista afirmou: "Lâmpada para os meus pés é tua palavra, e luz para o meu caminho" (Salmos 119.105 — ACF). No entanto, não basta apenas conhecer as Escrituras. É preciso meditar, aplicar e viver seus princípios no dia a dia.

Crie o hábito de separar um tempo exclusivo para a leitura bíblica, nem que sejam poucos minutos. Ore pedindo discernimento, memorize versículos e permita que a Palavra transforme seu interior. A força de que você precisa para vencer cada batalha da vida está na verdade eterna de Deus.

ACESSE O QR CODE PARA SABER MAIS

"A Palavra de Deus fortalece, guia e transforma aqueles que a praticam."

DEUS O CHAMOU PARA COISAS MAIORES

DIA
219

@michelsimplicio

Deus não nos criou para uma vida sem sentido, mas para glorificá-lo mediante o cumprimento de um propósito. Ele disse a Jeremias: “Antes de formá-lo no ventre eu o escolhi; antes de você nascer, eu o separei” (Jeremias 1.5). Essa declaração revela o que o Senhor pensava de seu servo antes mesmo de ele existir, o que nos permite crer que o nosso chamado é intencional, único e cheio de significado.

Moisés se achava incapaz, Gideão se via como fraco e Davi era apenas um jovem pastor de ovelhas. Porém, todos eles foram chamados pelo Senhor para missões grandiosas. O segredo não estava em suas habilidades, mas na obediência e na disposição de dizer “sim”. Quando o Pai chama, ele mesmo capacita, sustenta e conduz cada passo do caminho.

Se o Onipotente pôs um propósito no seu coração, não permita que o medo ou a insegurança o paralisem. Caminhe com fé, mesmo sem ter todas as respostas. Aquele que o chamou é fiel para completar a obra. Grandes coisas esperam por aqueles que confiam em Deus e se põem à disposição dele.

“Se Deus o chamou, ele o capacitará para cumprir o seu propósito.”

O que você pode fazer hoje para dar um passo em direção ao seu chamado?

....

....

....

....

....

....

....

....

....

....

....

ACESSE O QR CODE PARA SABER MAIS

DIA
220

@michelsimplicio

DEUS HONRA QUEM É DISCIPLINADO

Qual disciplina espiritual você pode praticar hoje para crescer na fé?

Uma vida espiritual forte não acontece por acaso, mas é fruto de disciplina diária. A Bíblia nos ensina: "Exercite-se na piedade" (1Timóteo 4.7). Assim como um atleta treina com esforço e constância para alcançar resultados, nossa fé também precisa de fortalecimento espiritual. A disciplina não é um fardo, mas um caminho de crescimento e intimidade com Deus.

A oração, a leitura da Palavra e a comunhão constante com o Senhor nos tornam mais sensíveis à sua voz e nos capacitam a enfrentar os desafios da vida. Jesus é nosso maior exemplo: mesmo sendo o Filho de Deus, ele separava momentos para estar a sós com o Pai (cf. Marcos 1.35). A disciplina espiritual é o que nos mantém firmes quando os ventos contrários sopram.

Nos dias difíceis, ela é escudo. Nos dias bons, é direção. Se quisermos crescer, precisamos perseverar. Mesmo quando não sentimos vontade, devemos continuar buscando a Deus. A constância no relacionamento com ele produz frutos de transformação, força e profunda intimidade. O Criador é nossa fonte de vida.

ACESSE O QR CODE PARA SABER MAIS

"A disciplina espiritual nos fortalece e nos aproxima de Deus todos os dias."

DEUS SE IMPORTA COM VOCÊ

DIA **221**

@michelsimplicio

Deus não está interessado apenas no que você faz, mas em quem você é. Em um mundo que valoriza desempenho, imagem e resultados, o Senhor olha para o coração (cf. 1Samuel 16.7). Ele se importa com as dores, os pensamentos, as lutas e as intenções mais profundas do seu coração. Antes mesmo de você agir, ele já conhece tudo o que se passa em seu interior.

Muitas vezes, achamos que precisamos impressionar o Senhor com boas obras ou palavras bonitas, mas ele deseja relacionamento antes de desempenho. Jesus valorizava pessoas, não aparências. O Mestre tocava leprosos, ouvia pecadores e restaurava identidades, porque, para ele, quem você é importa mais do que o que aparenta ser.

Você não precisa fingir diante de Deus. Pode ser honesto, vulnerável e verdadeiro, pois ele o ama como você é e o transforma em quem foi criado para ser. O valor que você tem está em ser filho, não em ser perfeito. Deus quer o seu coração, não sua atuação.

Você tem sido verdadeiro diante do Senhor?

"Deus o vê além das máscaras e se importa profundamente com quem você é."

ACESSE O QR CODE PARA SABER MAIS

DIA
222

@michelsimplicio

QUANDO TUDO DIZ QUE NÃO MAS DEUS DIZ QUE SIM

Em qual promessa de Deus você precisa continuar crendo, mesmo quando tudo parece dizer "não"?

Muitas vezes, as circunstâncias ao redor parecem gritar que algo é impossível. Mas Deus não é limitado pelo que vemos, ouvimos ou sentimos. A Bíblia nos lembra com autoridade: "Se Deus é por nós, quem será contra nós?" (Romanos 8.31). Quando Deus declara um "sim", não há força humana ou espiritual que possa impedir seu agir.

Abraão e Sara já estavam em idade avançada quando receberam a promessa de um filho. Tudo dizia que era tarde demais, mas Deus disse "sim", e Isaque nasceu (cf. Gênesis 21.1-2). José foi vendido, traído e preso injustamente, mas Deus disse "sim", e ele se tornou governador do Egito (cf. Gênesis 41.41). Lázaro já estava morto havia quatro dias, mas Jesus disse "sim", e a morte teve de recuar (cf. João 11.43-44).

Se você está diante de um cenário em que tudo parece fechado, lembre-se de que a última palavra vem do Céu. Deus não depende das circunstâncias para cumprir o que prometeu. Confie, persevere e creia: o "sim" de Deus chegará no tempo certo.

ACESSE O QR CODE PARA SABER MAIS

"A voz de Deus tem mais poder do que qualquer impossibilidade."

DEIXE A LUZ DE DEUS ILUMINAR SUA CASA

DIA
223

@michelsimplicio

Maria estava grávida pelo Espírito Santo, e José, confuso, pensava em deixá-la em silêncio. O relacionamento parecia comprometido antes mesmo de começar. A dor da dúvida, o medo da vergonha e a falta de entendimento poderiam ter separado os dois para sempre (cf. Mateus 1.18-19). Mas Deus interveio. Em sonho, falou com José e restaurou aquele relacionamento. O segredo foi um coração disposto a ouvir a voz divina e obedecer mesmo sem entender tudo.

Conflitos familiares, crises no casamento e o silêncio dentro de casa ainda ferem muitos lares em nossos dias. Falta diálogo, sobra orgulho. Mas quando nosso Pai é incluído na equação, tudo pode mudar. Ele dá sabedoria, cura corações e restabelece pontes que pareciam destruídas pelo tempo ou pela dor.

Não há dor familiar que Deus não possa restaurar. Mas é preciso humildade para ouvir, coragem para perdoar e disposição para recomeçar. Ele ainda é especialista em transformar lágrimas em recomeços e corações feridos em histórias de esperança.

Você tem convidado o Senhor para participar das decisões dentro da sua casa?

"Deus transforma lares quando encontra corações dispostos a obedecer."

ACESSE O QR CODE PARA SABER MAIS

DIA
224

@michelsimplicio

NÃO ABRA MÃO DA PRESENÇA DE DEUS

Sua casa tem sido apenas um lugar físico ou habitação de Deus?

Quando Uzá tocou a arca da aliança e morreu, Davi ficou temeroso e decidiu não levá-la para Jerusalém. Com isso, a arca foi encaminhada à casa de Obede-Edom, um homem simples, sem título, posição ou fama (cf. 2Samuel 6.10). Para muitos, receber a arca poderia ser um peso, um risco ou um fardo espiritual. Mas para Obede-Edom, foi um privilégio. Ele não fugiu — abriu as portas. E, por três meses, sua casa se tornou morada da presença de Deus — e tudo foi abençoado (cf. v. 11).

A bênção não veio por mérito, habilidade ou currículo, mas por disponibilidade. Obede-Edom não fez discursos nem buscou holofotes, apenas recebeu a presença com reverência e temor. Sua história nos ensina que o Eterno abençoa lugares onde é bem-vindo. Não importa sua posição social ou reconhecimento humano — se a presença dele estiver ali, o favor será evidente.

Você pode não ser conhecido por muitos, mas será marcado por Deus se valorizar sua presença acima de tudo. E isso muda toda a atmosfera ao redor.

ACESSE O QR CODE PARA SABER MAIS

“Lares que honram a presença de Deus atraem bênçãos que alcançam gerações.”

DEUS NÃO PRECISA DE MUITO PARA FAZER MUITO

DIA **225**

@michelsimplicio

Quando Jesus viu a multidão faminta, perguntou a Filipe: "Onde compraremos pão, para estes comerem?" (João 6.5 — ACF). O apóstolo olhou para os recursos e disse que nem duzentos denários seriam suficientes. Aos olhos humanos, a pressão era enorme: muita gente, pouco tempo e quase nada em mãos. Mas em meio ao cenário impossível, um menino entregou seus cinco pães e dois peixes, que Jesus multiplicou.

Vivemos cercados por cobranças: resultados rápidos, produtividade constante, expectativas altas e padrões quase inalcançáveis. Essa pressão gera culpa, ansiedade, cansaço e um sentimento de nunca ser suficiente. Mas Deus não está em busca de perfeição humana, e sim de corações dispostos. Ele não exige o que você não tem, mas usa o que você entrega com fé e sinceridade.

O menino não tinha muito, mas depositou tudo nas mãos certas. Jesus fez o milagre a partir da disposição, não da abundância. Não se pressione além do necessário, pois Deus faz muito com pouco quando o pouco é entregue de todo o coração.

"Deus não espera o seu máximo desempenho, ele abençoa sua entrega verdadeira."

Você tem vivido sob pressão ou confiado que Deus multiplica até o pouco que tem?

....

....

....

....

....

....

....

....

....

ACESSE O QR CODE PARA SABER MAIS

DIA
226

@michelsimplicio

DEUS RENOVA SUAS FORÇAS

Você tem descansado no Senhor ou está tentando vencer com as próprias forças?

O apóstolo Paulo, homem cheio do Espírito e de coragem, passou por momentos tão difíceis que chegou a dizer: "Irmãos, não queremos que vocês desconheçam as tribulações que sofremos na província da Ásia. Foram muito acima da nossa capacidade de suportar, a ponto de perdermos a esperança da própria vida." (2Coríntios 1.8). Sim, até o apóstolo enfrentou o esgotamento emocional. Isso nos lembra de que não é pecado se sentir cansado, desde que não deixemos de confiar em Deus.

O esgotamento nos visita quando tentamos carregar fardos demais, sozinhos e em silêncio. Mas Paulo encontrou força não em si mesmo, e sim em Deus. Ele entendeu que aquele momento o ensinava a não confiar nas próprias forças, mas naquele que ressuscita os mortos (cf. v. 9).

Se até Paulo se sentiu esgotado, por que você acha que precisa dar conta de tudo sem pausa? Deus não quer que você desista, mas que descanse nele. Quando nossas forças acabam, as dele se manifestam com poder. No descanso em Deus, somos renovados para continuar.

ACESSE O QR CODE PARA SABER MAIS

"Quando tudo parece demais, Deus ainda é suficiente."

ESPERE COM FÉ, DEUS NÃO PAROU DE AGIR

DIA **227**

@michelsimplicio

Nem todo agir de Deus é visível aos olhos. Muitas vezes, ele trabalha no silêncio, longe dos holofotes, no íntimo do coração e nos bastidores da vida. Jesus nos ensinou a orar, jejuar e ofertar em secreto e prometeu que o Pai, que vê em secreto, recompensará (cf. Mateus 6.6).

O agir de Deus não depende de plateia nem de reconhecimento humano. Enquanto você permanece firme, mesmo sem aplausos, ele está moldando sua história. É no secreto que a raiz da fé se aprofunda, que o caráter é transformado e que os maiores milagres começam a ser gestados com propósito.

Não desanime se ninguém vê o seu esforço ou se tudo parece silencioso. O Céu está em movimento, mesmo quando a Terra parece parada. Confie no Deus que age onde ninguém vê, que constrói em silêncio e transforma tudo no tempo certo. No secreto, ele está preparando algo maior do que você imagina.

Você tem confiado no agir do Senhor mesmo quando tudo parece em silêncio?

"O que Deus faz no secreto, hoje, será revelado com propósito no tempo certo."

ACESSE O QR CODE PARA SABER MAIS

DIA
228

O QUE DEUS PREPAROU PODE SER MAIOR DO QUE VOCÊ IMAGINA

@michelsimplicio

Você tem acreditado naquilo que o Senhor ainda quer fazer por meio da sua vida?

Isabel era uma mulher justa, fiel a Deus e irrepreensível em sua conduta, mas carregava uma dor silenciosa: era estéril e já estava em idade avançada (cf. Lucas 1.7). Em uma cultura que valorizava a maternidade como sinal de bênção, ela provavelmente se sentia inútil, esquecida e sem perspectiva. Mas Deus não havia terminado com ela. No tempo certo, Isabel tornou-se mãe de João Batista, o profeta que prepararia o caminho para o Messias.

O sentimento de inutilidade pode surgir quando os sonhos parecem distantes, a espera é longa ou achamos que nosso tempo já passou. Às vezes, o silêncio de Deus é apenas o solo onde ele está semeando algo grandioso. O Onipotente vê o invisível, age no oculto e transforma a vergonha em honra, o atraso aparente em testemunho e o vazio em propósito eterno.

Você não é esquecido. Mesmo quando se sente improdutivo ou invisível, Deus está escrevendo uma história muito maior do que seus olhos podem ver. Seu valor não está no que faz, mas em quem o Senhor diz que é.

ACESSE O QR CODE PARA SABER MAIS

"O que o mundo chama de fim, Deus pode usar como um novo começo."

DEIXE DEUS SER O CENTRO DE SUAS DECISÕES

DIA
229

@michelsimplicio

Todas as escolhas que fazemos moldam nosso futuro. A Bíblia nos ensina: "Confia no SENHOR de todo o teu coração e não te estribes no teu próprio entendimento. Reconhece-o em todos os teus caminhos, e ele endireitará as tuas veredas" (Provérbios 3.5-6 — ACF). Quando pomos Deus no centro das nossas decisões, recebemos direção segura e paz no coração.

É comum tomarmos decisões com base em sentimentos, pressões ou aparentes facilidades, mas nem sempre esses caminhos refletem a vontade divina. Moisés rejeitou os privilégios do Egito para obedecer ao seu chamado. Davi buscava o Criador antes de agir. E Jesus, principalmente, separava tempo para orar e ouvir o Pai antes de grandes decisões.

Se você deseja viver alinhado com o propósito de Deus, busque a direção dele antes de decidir. Ore, medite na Palavra e peça discernimento. Quando confiamos no Senhor de verdade, ele nos conduz com sabedoria e cuidado ao caminho certo — e esse é sempre o melhor caminho.

Qual decisão você precisa entregar ao Senhor hoje?

....

....

....

....

....

....

....

....

....

....

....

"As melhores decisões que podemos tomar são as guiadas por Deus."

ACESSE O QR CODE PARA SABER MAIS

DIA
230

SUA MENTALIDADE MUDA SUA REALIDADE

@michelsimplicio

O que você precisa deixar para trás a fim de entrar no novo tempo de Deus?

....

....

....

....

....

....

....

....

....

....

....

Para viver os novos planos de Deus, precisamos ter uma nova mentalidade. A Bíblia nos ensina: "Transformem-se pela renovação da sua mente, para que sejam capazes de experimentar e comprovar a boa, agradável e perfeita vontade de Deus" (Romanos 12.2). Não podemos viver o novo com pensamentos antigos e é importante saber que a transformação começa na mente.

Os israelitas foram libertos do Egito, mas muitos ainda pensavam como escravos. Isso os impediu de entrar na terra prometida. Eles saíram do lugar de opressão, mas o Egito ainda estava enraizado em seus pensamentos. Da mesma forma, se não permitirmos que Deus renove nossa forma de pensar, corremos o risco de nos sabotar, presos ao medo, à incredulidade e às lembranças do passado.

Se o Senhor está trazendo um novo tempo para você, alinhe sua mente com a Palavra. Deixe para trás o que o limita, creia no que o Eterno disse e avance com ousadia. Uma nova mentalidade abre o caminho para viver tudo o que ele preparou.

ACESSE O QR CODE PARA SABER MAIS

"Uma mente renovada o leva a viver o novo de Deus."

A HUMILDADE É O CAMINHO PARA REFLETIR JESUS

DIA
231

@michelsimplicio

A humildade é uma das marcas mais fortes daqueles que verdadeiramente caminham com Deus. A Bíblia declara: "Deus resiste aos soberbos, mas dá graça aos humildes" (Tiago 4.6 — ACF). Ter um coração humilde é reconhecer diariamente que nossa vida, força, sabedoria e direção vêm do Senhor.

Jesus é o maior exemplo de humildade que já existiu. Ele deixou sua glória, tomou forma de servo e se entregou por nós (cf. Filipenses 2.5-8), lavando os pés dos discípulos, mesmo sendo o Mestre. Com isso, ensinou que, no Reino de Deus, grandeza não está em ser servido, mas em servir com amor e disposição.

Para desenvolver um coração humilde, precisamos reconhecer que tudo vem de Deus, tratar os outros com respeito e estar sempre prontos a aprender. A humildade nos torna moldáveis nas mãos do Senhor. E quanto mais próximos estivermos dele, mais entenderemos que sem a sua graça nada somos e nada podemos fazer.

Como você pode praticar a humildade no seu dia a dia?

....

....

....

....

....

....

....

....

....

....

....

....

"A humildade nos aproxima de Deus e nos faz crescer espiritualmente."

ACESSE O QR CODE PARA SABER MAIS

DIA
232

@michelsimplicio

NO TEMPO CERTO TUDO VAI MUDAR

Você está disposto a lançar a rede mais uma vez, sob a palavra de Jesus?

Pedro e seus companheiros trabalharam a noite inteira, lançaram as redes diversas vezes e nada conseguiram. Frustrados, lavavam as redes quando Jesus apareceu. Então, o Mestre disse: "Vá para onde as águas são mais profundas, e a todos lancem as redes para a pesca" (Lucas 5.4). Pedro poderia ter recusado, afinal, já havia feito tudo o que estava ao seu alcance. Mas, com fé, respondeu: "Sobre a tua palavra, lançarei a rede" (v. 5 — ACF). O resultado foi surpreendente: uma pesca tão grande que as redes quase se romperam.

Você já se sentiu assim, cansado, frustrado, fazendo tudo certo, mas sem ver retorno? Deus vê cada esforço, cada lágrima escondida, cada dia silencioso de luta e perseverança. Às vezes, ele permite o vazio para nos ensinar a depender totalmente dele, e não apenas do nosso esforço humano.

No tempo certo, ele muda o cenário de forma sobrenatural. Quando obedecemos à sua voz, mesmo cansados, ele nos surpreende com resultados que só o Céu pode gerar. Confie e, pela fé, lance novamente sua rede.

ACESSE O QR CODE PARA SABER MAIS

"Deus honra o esforço de quem continua confiando, mesmo sem ver resultado imediato."

DEUS ESTÁ AGINDO, MESMO QUANDO VOCÊ NÃO VÊ

DIA
233

@michelsimplicio

Mesmo quando não percebemos, Deus está trabalhando. A Bíblia nos garante: "Jesus respondeu: Meu Pai continua trabalha até hoje, e eu também estou trabalhando" (João 5.17). Isso significa que, enquanto aguardamos, o Senhor já está movendo tudo em nosso favor, mesmo que nossos olhos naturais ainda não vejam.

José passou anos na prisão antes de ser exaltado, mas o Todo-Poderoso estava preparando tudo para o momento certo. O povo de Israel esperou séculos pelo Messias e, na hora exata, Jesus veio ao mundo. Muitas vezes, achamos que Deus está em silêncio, mas ele nunca está inativo. Seu agir não depende do que sentimos, mas da fidelidade de suas promessas.

Se a resposta do Alto parece demorada, não desanime. Seu Pai não se esqueceu de você! Ele está movendo peças, abrindo portas, fechando caminhos que não o levariam ao propósito e transformando seu coração para receber aquilo que ele tem preparado. Creia que, no tempo certo, você verá o cumprimento das promessas do Senhor em sua vida.

Enquanto espera, adore. Enquanto ora, confie. Enquanto caminha, tenha fé. Creia que Deus está trabalhando agora, preparando algo maior do que você imagina!

"Mesmo no silêncio, Deus trabalha em seu favor."

Como você pode confiar mais na ação de Deus no presente?

....

....

....

....

....

....

....

....

....

....

....

....

ACESSE O QR CODE PARA SABER MAIS

DIA
234

@michelsimplicio

DEUS OPERA NO TEMPO CERTO E DA FORMA CERTA

Você consegue descansar sabendo que o Céu está trabalhando a seu favor?

Mesmo quando você não vê, o céu está agindo em seu favor. Deus comanda os detalhes, envia recursos, prepara pessoas e alinha circunstâncias para cumprir o que prometeu. "Desde a antiguidade não se ouviu [...] um Deus além de ti, que trabalhe para aquele que nele espera" (Isaías 64.4 — ARC). Esperar no Senhor nunca é tempo perdido — é confiar que o Céu está agindo nos bastidores.

Aos olhos humanos, pode parecer que nada está acontecendo, mas o mundo espiritual não dorme. Enquanto você ora, anjos se movem, portas são preparadas e respostas são construídas com cuidado e amor. O Céu trabalha com precisão, no tempo certo, no modo certo e com o propósito perfeito do Todo-Poderoso.

Não se deixe levar pelo silêncio ou pela demora. A fé enxerga além do que os olhos naturais conseguem ver. Creia: o Céu está a seu favor. Você pode descansar com confiança, porque o seu Deus nunca falha, nunca atrasa e nunca deixa uma promessa pela metade.

ACESSE O QR CODE PARA SABER MAIS

"O Céu trabalha em silêncio, mas age com poder por aqueles que confiam."

SEJA AUTÊNTICO, DEUS NÃO CRIOU CÓPIAS

DIA
235

@michelsimplicio

A verdadeira espiritualidade não se revela em aparências religiosas, mas em um coração que busca a Deus com sinceridade. Jesus confrontou os fariseus por viverem de fachada: por fora pareciam santos, mas por dentro estavam cheios de hipocrisia e maldade (cf. Mateus 23.27-28). Eles honravam ao Senhor com os lábios, mas o coração estava distante (cf. Mateus 15.8), revelando uma fé de aparência, e não de essência, sem frutos que confirmassem suas palavras.

A espiritualidade autêntica nasce de um relacionamento profundo, constante e sincero com o Pai. Não é sobre parecer espiritual, mas sobre ser transformado diariamente pelo Espírito Santo. É admitir falhas, buscar arrependimento, abandonar a vaidade, confessar os pecados e depender da graça todos os dias.

O Eterno não busca religiosos de fachada, mas filhos que o adorem em espírito e em verdade. Quem anda com ele carrega paz, humildade, compaixão, mansidão, domínio próprio e amor sincero. O Criador conhece as intenções mais profundas e se alegra em quem o busca com inteireza de coração.

Sua fé é um reflexo sincero do seu coração ou apenas uma imagem que você quer mostrar?

“Espiritualidade autêntica é viver no secreto o que se prega em público.”

ACESSE O QR CODE PARA SABER MAIS

DIA
236

@michelsimplicio

SEJA OUSADO PARA VIVER AS PROMESSAS DE DEUS

O que você precisa deixar para trás para viver os projetos que Deus pôs em seu coração?

Deus não nos chamou para ter uma vida comum, mas para cumprir propósitos que exigem coragem. Os projetos que ele planta em nosso coração geralmente são maiores do que conseguimos realizar com as próprias forças. Foi assim com Josué, que recebeu de Deus a missão de conduzir o povo até a terra prometida. Diante da responsabilidade, Deus declarou: "Não fui eu que ordenei a você? Seja forte e corajoso!" (Josué 1.9). A ousadia de que precisamos nasce da convicção de que o Senhor está conosco em cada passo da caminhada.

Ousadia não é a ausência de medo, mas a decisão de obedecer apesar do medo. Pedro saiu do barco quando ouviu o chamado de Jesus (cf. Mateus 14.29) e viveu o sobrenatural ao andar sobre as águas. Quem caminha com ousadia espiritual não espera ter todas as garantias, apenas confia e se move.

Para viver os propósitos de Deus, é preciso dar passos de fé, mesmo que o coração esteja tremendo. O Senhor honra aqueles que obedecem, mesmo quando tudo ao redor parece incerto ou impossível.

ACESSE O QR CODE PARA SABER MAIS

"A ousadia nasce quando a fé é maior que o medo de falhar."

FÉ VAI ALÉM DE OTIMISMO

DIA
237

@michelsimplicio

Esperança é mais que otimismo, é a âncora da alma (cf. Hebreus 6.19). Ela nos mantém firmes quando os ventos da vida sopram forte. É a certeza de que, mesmo que tudo ao redor mude, Deus continua sendo fiel e soberano. Quando tudo parece ruir, a esperança nos lembra: ainda há promessas a serem cumpridas.

É fácil ter esperança quando tudo vai bem, mas é nos dias difíceis que ela se torna essencial. A esperança nos sustenta quando a resposta atrasa, a porta não se abre, o silêncio de Deus se prolonga. A esperança é alimentada pela Palavra, fortalecida pela oração e firmada no caráter imutável do Todo-Poderoso.

Não perca a esperança. Ela é o que o mantém caminhando enquanto a resposta não chega. Deus é especialista em transformar esperas em testemunhos vivos de fé. O que o Senhor prometeu, ele cumprirá. Até lá, segure firme, pois a esperança no nosso Pai nunca decepciona, e precisamos acreditar que nossa história ainda terá novos capítulos de vitória.

O que você precisa relembrar, hoje, para manter viva a esperança que sustenta sua fé?

"A esperança não é ilusão, é a certeza de que Deus está agindo, mesmo sem sinais."

ACESSE O QR CODE PARA SABER MAIS

DIA
238

PRIORIZE A PRESENÇA DE DEUS

@michelsimplicio

O que tem ocupado tanto seu coração que está roubando o seu tempo com o Senhor?

....

....

....

....

....

....

....

....

....

....

No ritmo acelerado da vida, é fácil trocar o essencial pelo urgente. Enchemos nossos dias com atividades, compromissos e distrações e, sem perceber, deixamos de lado aquilo que mais importa: a presença de Deus. Marta estava tão preocupada em servir que se esqueceu de simplesmente estar com Jesus. Maria, por sua vez, escolheu parar tudo para ouvi-lo, e Jesus disse que ela havia feito a melhor escolha (cf. Lucas 10.42).

Priorizar a presença não é apenas orar de vez em quando, mas cultivar uma intimidade constante com o Pai. É entender que nossa força não vem da correria, mas da comunhão diária com Deus. É no secreto, na escuta e na adoração sincera que somos renovados, curados e direcionados. Quando priorizamos o Senhor, tudo mais encontra seu lugar. A presença dele alinha nosso coração, renova nossa mente e fortalece nossa fé.

Não permita que a pressa e as preocupações afastem você de quem mais importa. Sua presença é o nosso verdadeiro lar, o lugar a que pertencemos.

ACESSE O QR CODE PARA SABER MAIS

"Nada do que você faz para Deus vale mais do que o tempo que passa com ele."

SUA FÉ PRODUZIRÁ MUITOS FRUTOS

DIA
239

@michelsimplicio

A fé verdadeira vai além de palavras bonitas ou declarações emocionadas. Ela se revela em atitudes concretas e frutos visíveis. Jesus disse que uma árvore boa não pode dar frutos ruins, e que pelos frutos se conhece a árvore (cf. Mateus 7.17-20). Dizer que crê é apenas o começo; viver essa fé com integridade é o que confirma sua autenticidade. Uma fé genuína transforma pensamentos, ajusta intenções, influencia hábitos e orienta decisões diárias com sabedoria, verdade e humildade.

Tiago nos lembra com firmeza que a fé sem obras é morta (cf. Tiago 2.17). Isso não significa que somos salvos pelas obras, mas que uma fé viva inevitavelmente gera boas ações. Ela se expressa em amor ao próximo, compaixão, perdão, obediência, generosidade e serviço. Uma fé madura não se limita a discursos, ela cresce em solo profundo e é provada em meio às lutas, alimentada pela Palavra, fortalecida na oração e guiada pelo Espírito. Deus não busca apenas folhas verdes de religiosidade, mas frutos consistentes que manifestem a vida de Cristo em nós.

Que tipo de frutos sua fé tem produzido no dia a dia?

“A fé verdadeira não se esconde: ela floresce e frutifica para a glória de Deus.”

ACESSE O QR CODE PARA SABER MAIS

DIA
240

CORAÇÃO LIMPO EM UM MUNDO SUJO

@michelsimplicio

O que você precisa abandonar hoje para manter seu coração limpo diante de Deus?

....

....

....

....

....

....

....

....

....

Vivemos em um mundo marcado por impureza, egoísmo, mentiras e inúmeras formas de corrupção moral e espiritual. Nesse cenário, manter o coração limpo parece um desafio quase impossível. Mas Jesus declarou: "Bem-aventurados os puros de coração, pois verão a Deus" (Mateus 5.8). A pureza não é fruto do acaso — é resultado de uma escolha diária por viver segundo os valores do Reino, mesmo que tudo ao redor diga o contrário.

Um coração limpo é aquele que rejeita o pecado mesmo quando ninguém está olhando. É aquele que não se conforma com os padrões deste mundo, mas se renova constantemente pela Palavra de Deus.

Santidade não é isolamento, mas compromisso com a verdade em meio ao caos. Não fomos chamados para nos esconder, mas para brilhar. Um coração limpo se mantém firme, mesmo em ambientes contaminados, porque está enraizado na graça, sustentado pelo Espírito e focado em agradar a Deus. Em um mundo sujo, o coração puro se torna um farol que aponta para o Céu.

ACESSE O QR CODE PARA SABER MAIS

"A pureza do coração é o reflexo de uma alma que escolheu não se contaminar."

DEUS VAI SUSTENTÁ-LO ATÉ O FIM

DIA **241**

@michelsimplicio

Entre o que Deus prometeu e o cumprimento da promessa existe um intervalo, e é ali que muitos desistem. Mas é também nesse tempo que o Senhor mais trabalha em nós. "Aquele que prometeu é fiel" (Hebreus 10.23). A promessa não falha, mas o processo exige fé, perseverança e força para continuar caminhando, mesmo sem ver resultados imediatos.

Nesse meio-tempo, aprendemos a depender de Deus, a amadurecer espiritualmente e a alinhar o coração ao propósito maior. José sonhou com governo, mas antes foi vendido, esquecido e preso. Ainda assim, ele não perdeu a fé. O Senhor estava moldando o caráter do homem que sustentaria a promessa.

Se o tempo tem sido longo, não significa que o Pai se esqueceu de você. Ele está fortalecendo suas raízes, firmando seus passos e preparando o cenário para o que está por vir. O intervalo da promessa é lugar de crescimento, não de abandono. Continue firme, pois a promessa está viva, e Deus é fiel para cumpri-la.

Como você tem reagido no tempo de espera entre a promessa e o cumprimento?

....

....

....

....

....

....

....

....

....

....

....

"O tempo antes do cumprimento da promessa não é pausa, é preparação para viver o que Deus prometeu."

ACESSE O QR CODE PARA SABER MAIS

DIA
242

@michelsimplicio

BUSQUE A DEUS ANTES DE BUSCAR SOLUÇÕES

O que você pode ajustar, hoje, para priorizar tempo de qualidade com Deus?

Vivemos em uma geração hiperconectada, mas, muitas vezes, desconectada de Deus. A correria nos envolve em tarefas, metas e distrações, e quando percebemos, já não temos tempo para aquilo que é essencial: estar com o Pai. A intimidade com o Senhor não acontece por acaso, ela exige intencionalidade. Jesus, mesmo com uma agenda cheia de atividades, se retirava para orar a sós com o Pai (cf. Marcos 1.35).

Na correria, podemos facilmente substituir a devoção pela pressa, a escuta pela ansiedade e a presença pela produtividade. Mas nenhum resultado vale mais do que a comunhão com Deus. É no secreto que recebemos direção, força e paz. Intimidade não se constrói com velocidade, mas com constância. Quando escolhemos parar no intuito de estar com o Pai, descobrimos que o tempo com ele não atrasa a vida, antes, organiza a alma.

Não deixe que a correria roube o lugar do Senhor no seu dia. Volte ao lugar de encontro e renove sua intimidade com o Eterno.

ACESSE O QR CODE
PARA SABER MAIS

"A intimidade com Deus não nasce da pressa, mas da constância no secreto."

NINGUÉM É FORTE TODO DIA

DIA 243

@michelsimplicio

O homem da mão ressequida estava na sinagoga quando Jesus entrou. Sua mão era inútil, deformada, talvez escondida por vergonha ou medo. Mas Jesus o chama para o centro e diz: "Estenda a mão" (Marcos 3.5). Jesus não pediu algo fácil, mas algo possível — mesmo com dor e limitação. Estender a mão significava se expor, revelar a fraqueza e confiar que algo sobrenatural aconteceria.

Muitas vezes, tentamos esconder o que está quebrado em nós. Disfarçamos feridas, mitigamos dores e seguimos tentando parecer fortes diante dos outros. Mas Jesus nos chama ao centro, não para nos envergonhar, mas para nos restaurar. Ele não cura o que sofremos, mas fingimos não existir, e sim aquilo que lhe entregamos com transparência, humildade e fé genuína.

O que você tem escondido por medo do julgamento ou da rejeição? Jesus quer curar justamente isso. Quando você revela o que está ferido, ele estende sobre você graça, poder e restauração. E aquilo que antes era motivo de dor se transforma em um poderoso testemunho.

"Jesus cura o que você decide expôr a ele com fé."

O que você tem escondido que Jesus está pedindo para lhe entregar?

ACESSE O QR CODE PARA SABER MAIS

DIA

244

@michelsimplicio

CAMINHOS FECHADOS TAMBÉM FALAM

Você consegue confiar em Deus mesmo quando ele fecha as portas que você queria atravessar?

Nem todo "não" de Deus é silêncio ou rejeição. Às vezes, ele fecha portas para nos proteger e redirecionar ou para amadurecer nossa fé. Quando Paulo tentou ir para a Ásia e depois para Bitínia, o Espírito Santo o impediu (cf. Atos 16.6-7). Aqueles caminhos fechados não foram fracassos, mas formas de Deus dizer: "Não é por aqui. Confie em mim".

Nossa tendência natural é interpretar portas fechadas como derrota, abandono ou castigo. Mas Deus usa esses momentos para nos ensinar a confiar nele além das circunstâncias. Cada obstáculo pode carregar uma mensagem divina: espere, cresça, mude de rota ou prepare-se melhor.

Caminhos fechados também falam. Eles nos lembram de que Deus continua soberano, mesmo quando não entendemos. O que parece bloqueio pode ser livramento. Confie até quando tudo parecer parado. O "não" de hoje pode ser o desvio que o levará exatamente ao centro da vontade do Senhor.

ACESSE O QR CODE PARA SABER MAIS

"Portas fechadas também são respostas e, muitas vezes, são livramentos de Deus."

CRESCENDO EM MEIO ÀS CRÍTICAS

DIA
245

@michelsimplicio

Ninguém gosta de ser criticado, mas as críticas podem se tornar ferramentas de crescimento se tivermos o coração no lugar certo. Salomão escreveu: "O que escuta a repreensão adquire entendimento" (Provérbios 15.32 — ACF). A maneira como reagimos às críticas revela nosso nível de maturidade e disposição para evoluir.

Nem todas as críticas são destrutivas. Algumas são alertas amorosos de quem se importa conosco. Outras, ainda que venham com dureza, podem carregar verdades que precisamos ouvir. O segredo está em filtrar com sabedoria, refletir com humildade e aprender com equilíbrio, sem deixar que a ofensa paralise nosso progresso.

Jesus também foi criticado, acusado e rejeitado, mas nunca permitiu que isso o afastasse do propósito. Se até o Filho de Deus enfrentou críticas, por que nós seríamos poupados? Use as palavras difíceis como espelhos que revelam pontos de ajuste — não como muros que bloqueiam o avanço.

A crítica pode ser veneno ou semente de crescimento, tudo depende do nosso coração."

Como você tem reagido às críticas que surgem no seu caminho de crescimento?

....

....

....

....

....

....

....

....

....

....

ACESSE O QR CODE PARA SABER MAIS

DIA
246

@michelsimplicio

QUANDO TUDO MUDA, DEUS PERMANECE

O que você precisa entregar hoje ao Deus que permanece, mesmo quando tudo muda?

....

....

....

....

....

....

....

....

....

A vida é feita de mudanças — umas esperadas, outras abruptas. Mudam os planos, as estações, os ciclos e até as pessoas ao redor. Em meio a tantas incertezas, há uma verdade inabalável: Deus não muda. "Jesus Cristo é o mesmo ontem, hoje e para sempre" (Hebreus 13.8), e essa verdade nos dá segurança quando tudo ao redor parece instável.

Nossos sentimentos oscilam e as circunstâncias variam, mas o caráter de Deus permanece firme. Ele continua sendo bom, fiel e justo, mesmo quando não conseguimos entender o que está acontecendo. A estabilidade que tanto buscamos não está nas circunstâncias, mas naquele que reina soberano sobre todas elas. Quando tudo muda, o Senhor permanece sendo nossa rocha inabalável. Ele não é pego de surpresa, não se desespera, não muda de ideia e nunca se atrasa.

Em tempos de instabilidade, corra para os braços do Pai. Nele, encontramos paz, direção e descanso verdadeiro, mesmo diante das maiores transformações da vida.

ACESSE O QR CODE PARA SABER MAIS

"A mudança é constante, mas a fidelidade do Senhor permanece imutável."

DEUS ESTÁ AGINDO ATÉ NO QUE PARECE REPETITIVO

DIA
247

@michelsimplicio

É fácil enxergar propósito em momentos marcantes, mas... e nos dias comuns? Aqueles em que nada parece especial, quando a vida segue o mesmo ritmo? Foi na rotina que Daniel se destacou: ele orava três vezes ao dia, como de costume, mesmo diante da ameaça de morte (cf. Daniel 6.10). Sua fidelidade diária foi o que o preparou para grandes livramentos e para glorificar ao Senhor em meio aos poderosos.

Deus age poderosamente na simplicidade. Ele observa os passos dados em silêncio, as decisões feitas no secreto, o compromisso mantido mesmo sem reconhecimento. É na rotina que o caráter é moldado, a fé é aprofundada e os milagres começam a se alinhar no invisível.

Não despreze os dias comuns. Quando vivemos com propósito até nas tarefas mais cotidianas, revelamos o Reino de Deus com autenticidade. Um coração disponível em meio à rotina vale mais do que mil intenções grandiosas sem prática. Deus está nos detalhes e ele usa o ordinário para realizar o extraordinário.

Como você pode viver o propósito do Senhor nos detalhes da sua rotina?

"A rotina pode esconder grandes propósitos quando o coração está firme em Deus."

ACESSE O QR CODE PARA SABER MAIS

DIA

248

@michelsimplicio

VAI VALER A PENA ESPERAR

Qual é a sua oração, hoje, diante da escuridão que tem enfrentado?

Todos nós enfrentamos momentos difíceis: perdas, dúvidas, crises e silenciosos "vales da sombra da morte". Nessas horas, é difícil enxergar além da dor. Mas a Bíblia nos lembra de que as misericórdias do Senhor se renovam a cada manhã (cf. Lamentações 3.22-23). Ou seja, a noite pode ser longa, mas o amanhecer sempre vem.

Esperança não é fingir que está tudo bem. É crer que Deus está presente, mesmo quando não sentimos nada. É confiar que ele está trabalhando nos bastidores, mesmo quando tudo parece estagnado. A luz de Cristo nunca se apaga, nem mesmo nos dias mais sombrios da alma.

A escuridão não tem a palavra final. Jesus é a luz do mundo, e onde ele entra, a esperança renasce. Continue caminhando, mesmo que lentamente. A fé não exige pressa, apenas firmeza. O Deus que permitiu o vale é o mesmo que o sustentará até o outro lado. E lá você verá que a luz sempre venceu a escuridão.

ACESSE O QR CODE PARA SABER MAIS

"A escuridão pode ser forte, mas a esperança em Deus brilha mais intensamente."

NÃO PERCA O FERVOR ESPIRITUAL

DIA **249**

@michelsimplicio

Dois discípulos caminhavam para Emaús depois da ressurreição de Jesus. Aqueles homens acreditavam nele, mas estavam desanimados, confusos e distantes espiritualmente. Cristo se aproximou, mas eles não o reconheceram (cf. Lucas 24.13-16). Isso mostra que é possível crer em Deus e ainda assim caminhar desconectado dele, com os olhos fechados pela dor ou pela frustração.

Muitos creem, mas perderam o fervor, a comunhão e a sensibilidade à voz de Deus. Estão como os discípulos: andando, mas sem direção espiritual. Porém, quando Jesus falou e partiu o pão, seus olhos se abriram, e eles disseram: "Não ardia em nós o nosso coração?" (v. 32 — ACF). A presença de Jesus reacendeu a fé e restaurou a conexão com o propósito.

Crer é apenas o início, pois é na intimidade que a chama da fé se mantém acesa e viva. Volte a ouvir, buscar e caminhar com o Senhor diariamente. O Pai deseja mais do que sua crença, ele anseia por um relacionamento profundo, sincero e constante.

Seu coração ainda arde quando está na presença de Deus?

"Deus não quer apenas ser conhecido, antes, quer proximidade todos os dias."

ACESSE O QR CODE PARA SABER MAIS

DIA
250

@michelsimplicio

DEUS TEM UM PLANO PERFEITO PARA VOCÊ

Você já perguntou ao Criador o que ele tem para a sua vida?

Muitas pessoas vivem com dúvidas existenciais profundas: "Por que estou aqui?"; "Minha vida tem sentido?"; "Será que fui criado para algo maior?". Essas perguntas, embora dolorosas, revelam uma alma em busca de direção. Saulo achava que estava fazendo o certo, mas sua vida seguia sem propósito eterno, até que Jesus o encontrou na estrada para Damasco (cf. Atos 9.1-6).

Cego por dentro e por fora, ele caiu por terra e, pela primeira vez, reconheceu que precisava de direção. Sua pergunta foi imediata e sincera: "Senhor, que queres que eu faça?". A partir dali, tudo mudou. Deus lhe deu uma nova identidade, uma missão transformadora e um sentido de vida eterno.

Se você tem se sentido vazio, perdido ou sem rumo, saiba que Deus também quer responder às suas perguntas mais profundas. Ele não criou você por acaso. Há um plano específico para a sua existência. Você não está aqui apenas para sobreviver, mas para viver e cumprir um propósito eterno com o Senhor.

ACESSE O QR CODE PARA SABER MAIS

"O propósito de Deus transforma dúvidas em direção e sentido."

CAMINHE COM FÉ E SABEDORIA

DIA
251

@michelsimplicio

Fé não é agir sem pensar, mas confiar com discernimento. A verdadeira fé caminha lado a lado com a sabedoria, que, por sua vez, não anula a fé, mas a fortalece. Tiago nos orienta a pedir sabedoria a Deus, que dá generosamente (cf. Tiago 1.5). Ele também nos alerta que a fé sem ações práticas é morta (cf. Tiago 2.17). Ou seja, crer e agir com responsabilidade são atitudes que se complementam.

Muitas vezes, confundimos imprudência com fé e medo com sabedoria. Mas Jesus, que tinha plena fé, também tomava decisões com direção e propósito. Ele se retirava para orar, esperava o tempo certo e jamais agia por impulso. A verdadeira fé não ignora os conselhos do Senhor, mas se apoia neles com confiança.

A sabedoria vem da Palavra e do Espírito Santo. Quando unimos fé e sabedoria, tomamos decisões com coragem, mas também com equilíbrio. Assim, construímos vidas sólidas, glorificamos a Deus em nossos passos e impactamos o mundo com firmeza e verdade.

Sua fé tem sido guiada pela sabedoria ou apenas pelos impulsos do coração?

....

....

....

....

....

....

....

....

....

....

“A fé não para diante dos desafios e não corre sem direção.”

ACESSE O QR CODE PARA SABER MAIS

DIA
252

@michelsimplicio

DEUS É MAIOR QUE AS SUAS LIMITAÇÕES

Você tem deixado suas inseguranças calarem os chamados de Deus para sua vida?

Diante da sarça ardente, Moisés ouviu um chamado direto de Deus para libertar o povo de Israel. Mas, em vez de aceitar com prontidão, levantou objeções: "Quem sou eu para ir?"; "Eles não vão me ouvir"; "Eu não sei falar bem" (cf. Êxodo 3.11—4.13). Moisés não duvidava da capacidade do Eterno, mas duvidava profundamente de si mesmo. Sua insegurança quase o impediu de viver o plano extraordinário que o Senhor havia preparado para sua vida.

A autossabotagem nasce quando damos mais crédito às limitações, aos traumas e às fraquezas do que às verdades eternas de Deus para nós. É a voz interna que sussurra: "Você não é suficiente", mesmo depois de o Senhor afirmar: "Eu estarei com você". Quantos sonhos já foram abandonados pelo medo de falhar?

O Todo-Poderoso não procura os mais fortes ou capacitados, antes, chama os que confiam. Ele vê além do que os olhos humanos enxergam e capacita aqueles que se rendem. Não permita que suas dúvidas abafem a voz do seu chamado. O seu "sim" pode destravar tudo.

ACESSE O QR CODE PARA SABER MAIS

"Quando você se vê como Deus o vê, a autossabotagem perde força."

O PROCESSO TAMBÉM É BÊNÇÃO

DIA **253**

@michelsimplicio

Muitas vezes, oramos pedindo por vitórias, mas queremos pular o processo. No entanto, é no processo que Deus nos forma, nos ensina e nos prepara para aquilo que pedimos. José teve sonhos grandiosos, mas antes de vê-los realizados passou pelo poço, pela casa de Potifar, pela prisão e pelo esquecimento. Afinal, tudo isso fazia parte do plano (cf. Gênesis 50.20).

A bênção não está apenas no destino, mas em cada passo do caminho. Cada etapa molda nosso caráter, fortalece nossa fé e nos aproxima mais do coração de Deus. O processo nos ensina a depender do Senhor, a esperar o tempo certo e a amadurecer espiritualmente, mesmo quando não entendemos.

Se você está no meio do processo, não desanime. Deus não o abandonou. Ele está trabalhando em você e por meio de você. O que hoje parece atraso, amanhã será testemunho. Confie na jornada. O processo também é bênção, porque revela o cuidado de um Pai que não nos apressa, mas nos prepara com amor.

Como você tem reagido ao processo que Deus está usando para moldá-lo hoje?

"Deus não apressa promessas, mas usa o processo para tornar você pronto para vivê-las."

ACESSE O QR CODE PARA SABER MAIS

DIA
254

@michelsimplicio

PARE DE TENTAR SOZINHO

Que áreas da sua vida você precisa parar de controlar e começar a confiar?

....

....

....

....

....

....

....

....

....

....

....

A autossuficiência pode parecer virtude, mas é um dos maiores perigos da vida espiritual. Quando confiamos demais em nossa força, perdemos a sensibilidade de depender de Deus. Jesus foi claro ao dizer: "Sem mim nada podeis fazer" (João 15.5 — ACF). É forte, mas é real. Todo sustento, capacidade e sabedoria vêm dele.

A Bíblia está repleta de exemplos de pessoas que fracassaram por acharem que podiam caminhar sozinhas. Sansão, mesmo cheio de dons, caiu porque ignorou sua dependência do Onipotente. Pedro jurou que nunca negaria o Mestre, mas caiu quando confiou em si mesmo. O orgulho precede a queda e nos afasta do socorro divino.

Reconhecer nossa limitação não é fraqueza, é sabedoria. Deus resiste aos orgulhosos, mas concede graça aos humildes. Vencer a autossuficiência é abrir espaço para que o poder divino se manifeste em nós. Quando admitimos nossa fraqueza, a força do Céu se aperfeiçoa em nossa vida e é então que nos tornamos verdadeiramente fortes.

ACESSE O QR CODE PARA SABER MAIS

"A maior força do cristão não está em si mesmo, mas na dependência total de Deus."

MATURIDADE ALÉM DA EMOÇÃO

DIA
255

@michelsimplicio

A fé não se sustenta na emoção. Maturidade espiritual começa quando seguimos a Deus mesmo sem sentir nada. Emoções são importantes, mas não confiáveis. Em um dia estamos animados, e no outro, desanimados. Por isso, a base da nossa vida com o Senhor precisa ser a verdade da Palavra, e não o que sentimos momentaneamente.

Jesus não foi à cruz porque estava empolgado, mas porque vivia comprometido com a vontade do Pai. Maturidade é fazer o certo, mesmo quando o coração não está motivado. É orar quando não se tem vontade, adorar mesmo sem entender e continuar até quando tudo em nós quer parar. Isso é fé real, firme e constante.

O cristão maduro não vive por impulsos emocionais, mas por convicções espirituais. Ele entende que a obediência traz frutos que a emoção jamais poderia produzir. Deus está nos chamando para um relacionamento profundo, em que a fé vai além dos sentimentos e permanece firme, mesmo no silêncio.

Você tem seguido sua fé pelas emoções ou por convicções firmadas na verdade?

"Maturidade espiritual é escolher obedecer, mesmo quando a emoção diz o contrário."

ACESSE O QR CODE PARA SABER MAIS

DIA
256

@michelsimplicio

ALINHE SUA VONTADE À DE DEUS

Seus desejos, hoje, refletem a vontade de Deus ou apenas os anseios do seu coração?

Nem todo desejo que habita em nós vem do coração de Deus. Às vezes, queremos coisas que parecem boas, mas, na verdade, nos afastam do propósito divino. Por isso, o salmista orou: "Cria em mim um coração puro" (Salmos 51.10). Antes de pedirmos o que queremos, precisamos pedir que ele purifique e alinhe o que desejamos.

Alinhar os desejos ao coração de Deus não é abrir mão da felicidade, mas descobrir uma alegria muito maior — aquela que vem de viver em obediência ao Pai e em paz com ele. O problema não está em desejar, mas em desejar fora do tempo, da direção ou da vontade divina.

O Onisciente conhece seu coração melhor do que você mesmo. Ele sabe o que o fará crescer e o que vai afastá-lo dele. Entregue seus planos ao Eterno e permita que o Espírito Santo molde seus sonhos. Quando o querer se alinha ao Céu, o viver se torna leve, seguro e cheio de propósito.

ACESSE O QR CODE PARA SABER MAIS

"O maior presente de Deus é transformar nossos desejos para que reflitam o coração dele."

DEUS CUIDA DE VOCÊ ATÉ NAS PEQUENAS COISAS

DIA
257

@michelsimplicio

Deus não cuida apenas dos grandes acontecimentos da nossa vida. Ele está atento também aos detalhes. Jesus afirmou que até os fios de cabelo da nossa cabeça estão contados (cf. Mateus 10.30). Isso revela um cuidado minucioso e amoroso, uma vez que nada escapa do olhar do Pai, nem mesmo aquilo que parece pequeno demais aos nossos olhos.

Às vezes, esperamos apenas por grandes milagres e ignoramos os livramentos diários, as respostas sutis e os sinais discretos de amor que o Senhor nos envia. Um abraço no momento certo, uma palavra que conforta, uma porta que se fecha para nos proteger — tudo isso é expressão do cuidado constante dele conosco.

Quando aprendemos a perceber a mão do Eterno nas pequenas coisas, nosso coração se enche de gratidão. Passamos a viver com mais paz, sensibilidade espiritual e fé. O Deus que governa o Universo também está presente nos detalhes da sua rotina. Você nunca está só — nem por um instante.

Você tem reconhecido o cuidado de Deus nos pequenos detalhes do seu dia?

"O Deus que move montanhas também organiza os detalhes da sua caminhada diária."

ACESSE O QR CODE PARA SABER MAIS

DIA
258

@michelsimplicio

A ESPERA TAMBÉM ENSINA

O que Deus tem lhe ensinado enquanto você espera pela resposta que ainda não chegou?

....

....

....

....

....

....

....

....

....

Esperar não é perda de tempo quando estamos nas mãos de Deus. A espera faz parte do processo, que nos prepara para viver aquilo que pedimos. Abraão esperou, José esperou, Davi esperou: todos foram treinados no silêncio, na demora e nas promessas ainda não cumpridas. Como escreveu o profeta, "os que esperam no SENHOR renovarão as suas forças" (Isaías 40.31 — ARC).

Na espera, o Senhor trabalha de forma profunda. Ele fortalece nosso caráter, corrige as motivações, amadurece a fé e alinha os passos com o propósito eterno. O tempo que parece parado está, na verdade, repleto de propósito. É nos bastidores da espera que o Pai nos molda com mais intensidade.

A espera também nos ensina a descansar. A promessa continua viva, mesmo quando tudo parece estagnado. O Senhor nunca se atrasa, ele age no tempo exato e perfeito. Não desista no meio do processo. Enquanto você espera, Deus trabalha em você, e o que ele faz na sua vida vale tanto quanto o que ele fará por você.

ACESSE O QR CODE PARA SABER MAIS

"A espera que você vive hoje pode estar preparando o coração para o que você orou ontem."

VIVA SEU CHAMADO HOJE

DIA
259

@michelsimplicio

O chamado de Deus não é algo distante, reservado para um futuro ideal. Ele começa no agora, com aquilo que você tem nas mãos. Moisés tinha um cajado; Davi, uma harpa; a viúva, apenas um pouco de azeite. Isso mostra que o Senhor usa o que é comum para realizar o extraordinário.

Muitas vezes, esperamos pelas condições perfeitas, mas o Todo-Poderoso nos chama no meio do imperfeito. O chamado não está apenas na igreja, mas na família, no trabalho, nos relacionamentos, nas pequenas atitudes diárias. Cada gesto de amor e ato de obediência silenciosa fazem parte do grande propósito divino.

Não espere se sentir pronto para viver aquilo que o Eterno já pôs em seu coração, porque ele capacita os que decidem obedecer. Viva o seu chamado hoje, com fidelidade, entrega e coragem. O tempo certo é agora, e o lugar ideal é exatamente onde você está.

O que você pode fazer para viver o propósito que Deus já confiou a você?

....

....

....

....

....

....

....

....

....

....

"O chamado de Deus começa onde você está, com o que você tem e com fé no coração."

ACESSE O QR CODE PARA SABER MAIS

DIA
260

@michelsimplicio

DEUS CURA A DOR DA TRAIÇÃO

Você tem permitido que o Senhor trate as marcas que a traição deixou em você?

....

....

....

....

....

....

....

....

....

....

Jesus compartilhou a mesa com Judas sabendo que seria traído. Mesmo assim, não o expulsou, não o expôs, nem o rejeitou. Chamou-o de "amigo" até no momento em que ele se aproximou para entregá-lo com um beijo (cf. Mateus 26.50). A dor da traição veio de alguém próximo, que caminhava com ele e conhecia seus milagres, suas palavras e seu coração. Cristo sentiu na pele a ferida que só quem confia pode carregar — e, ainda assim, escolheu amar.

A traição machuca porque quebra a confiança, fere o vínculo e abala a alma. Pode vir de um amigo, um familiar, alguém que um dia prometeu estar presente. Mas Jesus nos mostra que é possível vencer essa dor sem se tornar refém dela. Ele seguiu em obediência, confiando que o propósito de Deus era maior do que qualquer ferida.

O Senhor não ignora sua dor. Ele a conhece e quer curá-la. Você não precisa viver aprisionado pelo que fizeram com você. Há cura, libertação e recomeço em Cristo, e ele é especialista em restaurar o que parecia irreparável.

ACESSE O QR CODE PARA SABER MAIS

"A traição pode ferir, mas Deus é especialista em restaurar corações quebrados."

VOCÊ NÃO SERÁ ENGANADO

DIA
261

@michelsimplicio

Vivemos dias em que a verdade tem sido distorcida e o engano muitas vezes se disfarça de luz. Em tempos de confusão, não basta ter conhecimento, é preciso ter discernimento espiritual. A Bíblia nos orienta a "provar os espíritos" (cf. 1João 4.1) e a examinar tudo, retendo o que é bom (cf. 1Tessalonicenses 5.21). Nem tudo o que parece vir do Alto realmente vem.

O discernimento não nasce da lógica humana, mas da comunhão com Deus. É fruto de oração, meditação na Palavra e sensibilidade ao Espírito Santo. Quanto mais nos aproximamos dele, mais reconhecemos sua voz em meio às vozes do mundo. E, assim, conseguimos identificar o que é verdadeiro e rejeitar o que é apenas aparência.

Em dias de ruído, opiniões e distrações, precisamos ouvir a voz do Bom Pastor. Ele nos guia com paz e clareza. Não tome decisões apressadas ou baseadas em emoções. Peça ao Senhor sabedoria e discernimento espiritual, que o livram do engano e o aproximam da vontade perfeita do Alto.

Você tem buscado discernimento espiritual antes de tomar decisões importantes?

....

....

....

....

....

....

....

....

....

"Em meio à confusão, o discernimento é a bússola que nos mantém firmes na verdade."

ACESSE O QR CODE PARA SABER MAIS

DIA
262

@michelsimplicio

DEUS ESTÁ AGINDO EM SUA VIDA

Em que área da sua vida você precisa confiar que Deus ainda está agindo?

Mesmo quando você não vê, Deus está trabalhando. Às vezes, achamos que só há ação divina quando tudo está acontecendo do nosso jeito. Mas o agir do Alto vai além do que conseguimos perceber, como diz Paulo: "Aquele que começou boa obra em vós há de completá-la" (Filipenses 1.6 — ARA). O Senhor não começou em vão e não vai parar até terminar.

O crescimento espiritual acontece no silêncio, nas lutas internas, nas orações sem resposta aparente e nas decisões difíceis. Deus molda nosso caráter, fortalece nossa fé, confronta nossa imaturidade e alinha nossos passos com os propósitos eternos. Não despreze os dias comuns! É ali que ele constrói profundidade.

Confie: há um processo invisível acontecendo dentro de você. O Senhor está transformando feridas em testemunhos, dúvidas em fé e fraquezas em força. O Pai que trabalha em seu interior não se esquece, não abandona e nunca falha. Permaneça firme! Você está sendo cuidadosamente esculpido pelas mãos do Criador.

ACESSE O QR CODE PARA SABER MAIS

"Mesmo em silêncio, Deus continua agindo e nunca deixa uma obra pela metade."

É DEUS QUEM VAI PROMOVER VOCÊ

DIA
263

@michelsimplicio

Em um mundo obcecado por visibilidade, é fácil confundir propósito com fama. Mas o verdadeiro propósito não busca aplausos: busca frutos. Jesus disse: "Nisto é glorificado meu Pai, que deis muito fruto" (João 15.8 — ACF). Fica claro que o propósito do Reino é gerar transformação, não reconhecimento. É sobre tocar vidas, não sobre ganhar curtidas.

A fama é passageira, mas o fruto permanece. Pessoas podem até esquecer seu nome, mas jamais se esquecem do impacto que sua vida causou. O chamado de Deus não é para brilhar diante das multidões, mas para frutificar onde ele o plantou, mesmo que ninguém veja. Os Céus registram o que os olhos humanos não veem.

O Espírito Santo se alegra mais com um coração fiel no secreto do que com uma multidão impressionada no público. Viva pelo que é eterno! O propósito verdadeiro tem raízes profundas, cresce em silêncio, floresce em obediência e glorifica ao Senhor com frutos que alimentam e curam outras vidas.

Você tem vivido para frutificar no Reino ou apenas para ser reconhecido pelos homens?

....

....

....

....

....

....

....

....

....

....

"O verdadeiro propósito não busca palco, mas floresce em fidelidade e gera frutos."

ACESSE O QR CODE PARA SABER MAIS

DIA
264

@michelsimplicio

FÉ QUE SUSTENTA NOS DIAS MAUS

Como está a sua fé hoje: firmada nas promessas ou abalada pelas circunstâncias?

Nem todos os dias serão fáceis, mas todos podem ser vividos com fé. A verdadeira fé não serve apenas para os dias bons, pois ela brilha também nos dias maus. É quando tudo parece desmoronar que descobrimos em quem está nossa confiança. "Mas, quando estiver com medo, confiarei em ti." (Salmos 56.3) — essa é a fé que nos mantém de pé.

A fé que permanece firme não é baseada em sentimentos ou circunstâncias, mas em convicções profundas. É saber que Deus continua sendo bom, mesmo quando tudo à nossa volta grita o contrário. Ela nos guia no escuro, fortalece o coração cansado e nos lembra de que há esperança, mesmo em meio ao caos.

Nos dias maus, não tente lutar sozinho. Lembre-se de quem caminha ao seu lado: o Criador, que não falha. A fé não elimina a dor, mas nos conecta à presença daquele que venceu o mundo. E, com ele, também venceremos. Dias difíceis passam, mas os que confiam no Senhor permanecem firmes e alcançarão vitória.

ACESSE O QR CODE PARA SABER MAIS

"A fé que o sustenta nos dias maus é a mesma que o prepara para viver os bons."

DEUS TAMBÉM FECHA PORTAS

DIA
265

@michelsimplicio

Quando Deus fecha uma porta, não é rejeição, é direção. Às vezes, choramos por oportunidades que não deram certo, sem perceber que o "não" do Senhor é uma expressão do seu cuidado. Ele vê além, conhece o caminho completo e sabe exatamente o que pode nos proteger ou nos atrasar. Afinal, "o coração do homem pode fazer planos, mas a resposta certa dos lábios vem do SENHOR" (Provérbios 16.1 — ARA).

Portas fechadas doem, especialmente quando depositamos nelas as expectativas e os sonhos. Mas confiar em Deus é descansar, mesmo sem entender, crendo que ele está nos guiando para algo melhor. O que parece atraso pode ser um grande livramento. O que parece fim pode ser apenas o início de um ciclo novo e melhor.

Em vez de forçar portas, confie no tempo e na vontade do Pai. Ele fecha com propósito e abre com precisão. Quando uma porta se fechar, não desanime. Olhe para cima, pois Deus o está conduzindo, com amor e soberania, para o lugar certo, na hora perfeita.

Você consegue confiar em Deus mesmo quando ele fecha uma porta?

"Portas fechadas não são rejeições divinas, são redirecionamentos do Céu."

ACESSE O QR CODE PARA SABER MAIS

DIA
266

ONDE VOCÊ VÊ LIMITES, DEUS VÊ POTENCIAL

@michelsimplicio

Você tem vivido de acordo com o que o Senhor diz ou com o que a vida o ensinou a acreditar?

Quando Jesus olhou para Simão, ele não viu apenas um pescador impulsivo e instável. Em vez disso, afirmou: "Você é Simão, filho de João. Será chamado Cefas" — que quer dizer Pedro (João 1.42). O Mestre mudou o nome daquele homem, não para esconder o passado, mas para revelar o propósito. O mesmo discípulo que negaria o Mestre seria aquele que, mais tarde, afirmaria com ousadia: "Tu és o Cristo, o Filho do Deus vivo" (Mateus 16.16) e ouviria de Jesus: "Sobre esta pedra edificarei a minha igreja" (v. 18).

Muitos vivem com a identidade distorcida por experiências, falhas ou palavras que marcaram a alma. Decepções, traumas e erros do passado tentam definir quem somos. Mas Deus não nos vê à luz das nossas quedas e nos enxerga à luz do propósito eterno.

O Todo-Poderoso não chama você por um rótulo, mas pelo seu destino. Ele tem autoridade para transformar sua identidade ferida em fundamento firme para o futuro. Em Cristo, suas limitações não são o ponto final, são o ponto de partida para uma nova história.

ACESSE O QR CODE PARA SABER MAIS

"A verdadeira identidade não vem do passado, mas do que Deus afirma sobre você."

SUA HISTÓRIA NÃO ACABA AQUI

DIA **267**

@michelsimplicio

Por mais difícil que seja o capítulo atual, ele não define o fim da sua história. Deus é especialista em recomeços. Quando tudo parece perdido, ele escreve novas páginas com graça, cura e restauração. Como escreveu o salmista: "O choro pode durar uma noite, mas a alegria vem pela manhã" (Salmos 30.5 — ACF). O que hoje parece fim, o Todo-Poderoso pode transformar em um novo começo.

A cruz parecia o fim para os discípulos, mas era só o início do plano mais poderoso da humanidade. Com o Senhor, o ponto-final pode virar uma vírgula. Ele continua escrevendo, mesmo quando você já não vê sentido! Sua história ainda está sendo construída pelas mãos do autor da vida!

Não desista no meio do caminho. Há capítulos de vitória que ainda não foram lidos. Entregue as páginas marcadas pela dor nas mãos de Deus e confie que ele está preparando algo novo. Quando o Onipotente está no controle, a sua história nunca termina em derrota: sempre acaba em glória, superação e redenção!

Você consegue ter confiança de que o Senhor ainda está escrevendo sua história com propósito?

"O que parece fim para você pode ser o começo de um novo propósito em Deus."

ACESSE O QR CODE PARA SABER MAIS

DIA
268

@michelsimplicio

VOCÊ AINDA PODE ESCREVER UMA NOVA HISTÓRIA

O que o está impedindo de recomeçar naquilo que Deus já lhe deu permissão para seguir?

Recomeçar pode assustar, mas também é uma oportunidade de ver Deus agir de uma nova forma. O medo quer prendê-lo ao que passou, mas a fé o convida a dar um passo para o novo. "Não temas, porque eu sou contigo" (Isaías 41.10 — ACF), disse o Senhor aos israelitas, e se ele prometeu o mesmo a você, saiba que essa promessa não muda, mesmo quando tudo à sua volta muda e parece incerto.

O Criador não se cansa de lhe oferecer recomeços. Ele conhece seus limites, suas dores e seus fracassos e, mesmo assim, continua chamando-o para avançar. O que importa não é onde você parou, mas a decisão que toma agora, porque o novo de Deus sempre começa com uma escolha de confiança — mesmo que o cenário ainda não tenha mudado.

Não permita que a culpa ou a insegurança o impeçam de tentar outra vez. Recomece com fé, ainda que os passos sejam pequenos e tímidos. Deus é especialista em fazer do pó uma nova criação. Com ele, não há fim definitivo, mas um começo cheio de propósito e esperança.

ACESSE O QR CODE PARA SABER MAIS

"Quem recomeça com Deus não volta ao ponto zero — volta ao centro da vontade dele."

VOCÊ FOI ESCOLHIDO POR DEUS

DIA
269

@michelsimplicio

Débora era profetisa e juíza em Israel num tempo de opressão e medo. Ela se sentava debaixo de uma palmeira, ouvia o povo e buscava direção do Alto para julgar com justiça (cf. Juízes 4.4-5). Em um contexto dominado pela insegurança, ela se destacou por sua sabedoria, seu discernimento e sua coragem. Quando chegou a hora da guerra, aquela mulher chamou Baraque e o encorajou: "O Senhor marchará à sua frente". Mas ele só aceitou ir se Débora fosse com ele, tamanha era a autoridade espiritual dela.

Aquela profetisa não apenas falava em nome de Deus, ela se movia com fé! Em um cenário em que poucos tinham coragem, ela se levantou, liderou, e o Senhor deu a vitória. Sua história mostra que o Criador usa mulheres e homens dispostos, sensíveis à sua voz e firmes na missão que recebem.

Você não precisa de força humana para ser usado por Deus. Antes, precisa de sensibilidade, coragem e fé! Onde muitos se calam ou recuam, ele levanta vozes cheias do Espírito que inspiram transformação e libertação.

Você tem se levantado com coragem quando o Senhor o chama para agir?

"Quando você ouve a voz de Deus, ele o usa para libertar outros."

ACESSE O QR CODE PARA SABER MAIS

DIA
270

@michelsimplicio

O AMOR INCONDICIONAL DE DEUS

Você já duvidou do amor de Deus por conta de suas falhas?

Muitas vezes, sentimo-nos menos amados por não alcançarmos um objetivo ou por termos falhado em alguma área. Certa vez, meu filho Mateus chegou a casa triste por ter tirado uma nota baixa na prova. Ele achava que eu poderia amá-lo menos por isso.

Assim como Mateus, muitos de nós projetamos essa insegurança no relacionamento com o Senhor, acreditando que seu amor depende do nosso desempenho. No entanto, o amor de Deus é incondicional e imutável. Ele nos ama não pelo que fazemos, mas por quem somos: seus filhos amados.

A Bíblia diz que nada pode nos separar do amor de Deus (cf. Romanos 8.38-39), que permanece constante em meio às nossas vitórias e até dos fracassos. Mesmo quando erramos, o Pai continua ao nosso lado, pronto para nos restaurar. Que possamos descansar nesse amor perfeito, sem medo de rejeição, e ter confiança de que o Criador sempre nos amará, independentemente das circunstâncias.

ACESSE O QR CODE PARA SABER MAIS

"O amor de Deus por você nunca muda, independentemente de suas falhas."

A ORAÇÃO TRANSFORMA DOR EM TESTEMUNHO

DIA

271

@michelsimplicio

A oração é uma arma poderosa nas mãos daqueles que confiam no Senhor! Grandes vitórias foram alcançadas quando o povo de Deus buscou a sua face com sinceridade e fé, como no caso de Josué — que venceu uma batalha sobrenatural quando o Sol parou em resposta à sua oração (cf. Josué 10.12-14) — e Ana — marcada por anos de dor e esterilidade, mas engravidou após derramar sua alma diante do Senhor (cf. 1Samuel 1.10-20).

Jesus nos ensinou a orar sempre e nunca desanimar (cf. Lucas 18.1), porque ele sabia quanto a oração nos fortalece e nos conecta ao Céu. Quando oramos, convidamos Deus a intervir em nossas batalhas e a mover aquilo que está além das nossas forças.

A oração alinha nosso coração com a vontade do Pai, renova nossa esperança e nos lembra de que a vitória não vem da força humana, mas do poder divino. Mesmo que a resposta pareça demorar, não desista. Continue orando, crendo e esperando, pois Deus garante a vitória àqueles que clamam com fé e dependem totalmente dele.

Que situação precisa ser vencida, hoje, pelo poder da oração em sua vida?

....

....

....

....

....

....

....

....

....

....

“A oração move o Céu e traz vitória à Terra!”

ACESSE O QR CODE PARA SABER MAIS

DIA
272

@michelsimplicio

A PROVISÃO DE DEUS CHEGARÁ NO TEMPO CERTO

Você tem acreditado que Deus pode agir até na sua área financeira?

Uma viúva desesperada procurou o profeta Eliseu: seu marido havia morrido, as dívidas eram muitas e os credores queriam escravizar seus filhos como pagamento (cf. 2Reis 4.1). Ela não via saída. Sua dignidade estava ameaçada, assim como sua esperança. Mas, em vez de ignorar sua dor, Deus a conduziu a um milagre. Com obediência e fé, ela conseguiu utilizar uma pequena botija de azeite para pagar as dívidas. Com isso, teve a dignidade restaurada.

Muitas pessoas vivem sob o peso de contas atrasadas, cobranças constantes e preocupações financeiras, que desgastam não apenas o bolso, mas também a alma. Porém, o mesmo Deus que cuidou daquela mulher cuida de você. Ele abre portas, traz ideias criativas, envia recursos inesperados e, acima de tudo, restaura a sua dignidade.

Mesmo quando tudo parece pouco, o Senhor é especialista em multiplicar o que lhe é entregue com fé. Apresente ao Todo-Poderoso o que você tem, mesmo que pareça insignificante, e creia que verá milagres!

ACESSE O QR CODE PARA SABER MAIS

"Deus não apenas supre necessidades, ele restaura dignidade."

PROCESSOS DOLOROSOS, VITÓRIAS GLORIOSAS

DIA
273

@michelsimplicio

Antes da vitória, Deus nos conduz por processos de aprendizado e transformação que moldam nosso caráter e fortalecem nossa fé. Davi foi ungido rei ainda jovem, mas enfrentou desertos, traições e perseguições por anos antes de ocupar o trono (cf. 1Samuel 16.13; 2Samuel 5.3-4). Foi nesse tempo de espera que seu coração foi lapidado e sua confiança no Senhor se firmou.

O Eterno nos ensina lições preciosas durante a caminhada: paciência quando tudo parece demorado, humildade diante das portas fechadas e dependência total quando nossas forças não são suficientes. Queremos respostas rápidas, mas o Pai sabe que o processo é tão importante quanto a promessa. Ele deseja que sejamos pessoas preparadas para viver a bênção sem perder a essência.

Confie em Deus mesmo quando a vitória ainda não for visível. Cada lição no caminho é uma parte essencial do preparo para o que está por vir. A fidelidade, hoje, é o fundamento das grandes vitórias de amanhã.

O que o Senhor lhe está ensinando hoje enquanto prepara a sua vitória?

"O processo é a escola de Deus para forjar vencedores!"

ACESSE O QR CODE PARA SABER MAIS

DIA
274

QUANDO TODOS SE AFASTAM, DEUS SE APROXIMA

@michelsimplicio

Você tem buscado a presença do Senhor nos momentos em que se sente sozinho?

No Getsêmani, Jesus passou por uma das experiências mais solitárias de sua vida. Cristo pediu que os discípulos orassem com ele, mas aqueles homens adormeceram. Em sua angústia profunda, o Mestre disse: "A minha alma está profundamente triste até a morte" (Mateus 26.38 — NAA). Ele sabia que enfrentaria a cruz e, mesmo cercado de pessoas, sentiu-se completamente só.

A solidão, muitas vezes, não vem da ausência de pessoas, mas da sensação de não ser compreendido ou amparado. Mas ali, no lugar de dor e silêncio, Jesus orou ao Pai e foi fortalecido. Isso nos ensina que, mesmo quando todos falham ou se afastam, Deus continua presente. Ele não dorme nem abandona ninguém e é totalmente compreensivo.

Se você se sente só, saiba que Cristo também passou por isso e venceu. E, assim como ele foi fortalecido pelo Pai, você também será. Deus está mais perto do que parece e é na comunhão com ele que encontramos consolo verdadeiro, força renovada e paz que excede todo entendimento.

ACESSE O QR CODE PARA SABER MAIS

A solidão pode cercar, mas nunca isola você da presença de Deus."

DEUS USA PESSOAS COMUNS

DIA
275

@michelsimplicio

O Senhor nunca precisou de grandes talentos para realizar grandes obras, ele sempre usou corações disponíveis. Moisés tinha dificuldades para falar, Davi era o menor da casa, Maria era uma jovem comum e alguns discípulos eram simples pescadores. Ainda assim, todos marcaram a história porque disseram “sim” ao chamado divino.

O que impressiona o mundo não é o que impressiona o Céu. O Onipotente vê além das aparências e escolhe os improváveis para mostrar que o poder vem dele, e não de nós. “Deus escolheu as coisas fracas deste mundo para confundir as fortes” (1Coríntios 1.27 — ACF). Sim, ele transforma o ordinário em extraordinário para que a glória seja toda dele!

Você não precisa ser perfeito para ser usado, apenas disposto. Não espere ter tudo pronto ou se sentir totalmente preparado para se mover. O Senhor capacita aqueles que se entregam com sinceridade. Se você se sente comum, saiba: esse é exatamente o perfil que Deus mais gosta de usar, porque nele o comum se torna poderoso.

Você tem deixado o Senhor usar sua vida ou está esperando se sentir “pronto” para obedecer?

“Deus não procura perfeição, mas disposição, e usa o comum para cumprir o eterno.”

ACESSE O QR CODE PARA SABER MAIS

DIA
276

@michelsimplicio

VOCÊ É UMA RESPOSTA DE DEUS PARA ESTE TEMPO

Você tem repetido suas limitações ou afirmado o que o Senhor diz a seu respeito?

Quando o anjo do Senhor apareceu a Gideão, chamou-o de "homem valente" (cf. Juízes 6.12 — ARA). Mas Gideão respondeu com autodepreciação: "Como posso libertar Israel? A minha família é a mais pobre [...], e eu sou a pessoa menos importante da minha família" (v. 15 — NTLH). Ele via a si mesmo como fraco, incapaz e irrelevante. Carregava marcas de medo, inferioridade e comparação. Mas Deus via um líder, um guerreiro, alguém chamado para viver algo grandioso.

A autodepreciação é uma prisão silenciosa. Ela distorce a identidade, paralisa decisões e sabota o propósito. Quando repetimos mentiras internas por tempo demais, elas passam a parecer verdades. Todavia, o Senhor não se impressiona com nossos complexos, ele insiste em nos lembrar de quem realmente somos.

Deus não o escolheu porque você se acha forte, mas porque o ama e sabe o que lhe entregou. Ele reafirma sua identidade, transforma sua mente e caminha ao seu lado. O que você vê como fraqueza, o Senhor vê como ponto de partida para o sobrenatural.

ACESSE O QR CODE PARA SABER MAIS

"A voz de Deus sempre é mais verdadeira do que a crítica que você faz a si mesmo."

PERMANEÇA FIRME, MESMO EM DIAS DIFÍCEIS

DIA
277

@michelsimplicio

Todos enfrentamos dias difíceis, mas Deus nos chama a permanecer firmes, mesmo em meio às adversidades. Paulo nos encoraja a sermos constantes, inabaláveis e sempre abundantes na obra do Senhor, sabendo que o nosso trabalho não é em vão (cf. 1Coríntios 15.58). A firmeza espiritual não nasce da força humana, mas de uma fé sólida, enraizada na Palavra e sustentada pela presença constante do Senhor.

As tempestades da vida podem abalar emoções, planos e expectativas. Mas quando edificamos nossa vida sobre a Rocha que é Cristo, permanecemos de pé, mesmo diante dos ventos contrários (cf. Mateus 7.24-25). Permanecer firme é continuar confiando, mesmo sem entender. É seguir orando quando o Céu parece em silêncio. É lembrar que Deus trabalha no invisível.

A oração, a confiança nas promessas e o apoio da comunidade de fé nos fortalecem para não desanimarmos. Mesmo quando não compreendemos o porquê, podemos confiar plenamente no *quem*: o Senhor é fiel e está conosco.

Quem confia em Deus permanece firme, mesmo quando as circunstâncias são difíceis.

"Quem se apoia em Jesus não é derrubado pelas tempestades da vida!"

O que tem sustentado a sua fé nos dias mais difíceis e desafiadores?

ACESSE O QR CODE PARA SABER MAIS

DIA
278

@michelsimplicio

INTIMIDADE COM DEUS ABRE CAMINHOS PARA CONQUISTAS

Sua caminhada tem refletido uma vida de intimidade com o Senhor?

A intimidade com Deus é a chave que nos guia por caminhos de vitória e realizações duradouras. Moisés só pôde conduzir o povo à terra prometida porque cultivava uma relação profunda com o Senhor e não dava um passo sem a sua presença (cf. Êxodo 33.11-14). Davi conquistou grandes vitórias porque, antes de lutar no campo de batalha, se rendia no secreto ao seu Criador, buscando direção e forças (cf. Salmos 27.4-6).

Quando nos aproximamos de Deus em oração, adoração e meditação na Palavra, ele revela seus planos, renova nossas forças e nos dá sabedoria para enfrentarmos os desafios do caminho. A intimidade com o Pai nos livra de decisões impensadas, fortalece o discernimento e nos posiciona para viver tudo aquilo que ele já preparou para nós.

O segredo da conquista não está apenas em agir com coragem, mas em depender totalmente de Deus. Quanto mais próximos estivermos dele, mais seguros estaremos para avançar com fé rumo às promessas.

ACESSE O QR CODE PARA SABER MAIS

"A intimidade com Deus abre portas e conduz a conquistas que o mundo não pode dar!"

CONTINUE LUTANDO, DEUS ESTÁ COM VOCÊ

DIA
279

@michelsimplicio

Nenhuma luta é desperdiçada quando estamos firmados em Deus. As batalhas que enfrentamos hoje estão fortalecendo a fé que precisaremos amanhã. A dor nos amadurece, a espera nos ensina e a resistência nos torna mais fortes. Em cada desafio, Deus está trabalhando para nos fortalecer, como diz a Palavra: "A provação da vossa fé [...] produz perseverança" (Tiago 1.3 — ARA).

É no fogo que o ouro é purificado. Da mesma forma, é nas lutas que a nossa fé se torna mais profunda, verdadeira e inabalável. Deus não causa todo sofrimento, mas usa cada desafio para forjar algo maior em nós. Mesmo cansado, continue. Cada passo que você dá é um ato de fé em sua história.

Sua luta não vai pará-lo, ela vai prepará-lo para os planos divinos. O que hoje parece difícil será amanhã o testemunho que edificará outros corações. Não lute em vão, mas, sim, com propósito, oração e confiança. Deus está com você, e a fé que você está construindo agora será firme para toda a vida.

Que área da sua vida o Senhor está usando para fortalecer sua fé por meio da luta?

....

....

....

....

....

....

....

....

....

....

"A luta que o desafia é a ferramenta que Deus usa para firmar sua fé."

ACESSE O QR CODE PARA SABER MAIS

DIA
280

@michelsimplicio

DEUS O FARÁ SORRIR OUTRA VEZ

Você tem entregado sua dor a Jesus ou apenas tentado sobreviver a ela?

Maria correu ao encontro de Jesus e, chorando, disse: "Se o Senhor estivesse aqui, o meu irmão não teria morrido" (João 11.32 — NAA). Naquela fala havia dor, frustração e luto. Ao vê-la chorar, bem como todos os que estavam ao redor, o Mestre também chorou. O Salvador do mundo, que sabia que Lázaro ressuscitaria, parou para sentir a dor daquela mulher e dos amigos e parentes dela. Isso mostra que Deus não ignora nossas perdas, mas caminha conosco nelas, respeitando o tempo da nossa dor.

O luto emocional não envolve apenas a morte física. Muitas vezes, choramos o fim de ciclos, sonhos frustrados, amizades desfeitas ou fases que não voltarão. Mesmo nesses silêncios profundos da alma, Jesus se aproxima. Ele não repreende nossa dor nem apressa nosso processo, antes, acolhe, compartilha e consola.

Deus não quer que você negue o que sente, mas que traga sua dor para a luz da presença dele. O choro pode durar uma noite inteira, mas a promessa viva é que a alegria vem pela manhã, pois o Eterno transforma o vale da lágrima em um caminho de esperança.

ACESSE O QR CODE PARA SABER MAIS

"Jesus não apressa o processo do seu luto, ele caminha com você durante todo o período de dor."

NÃO PARE DE AVANÇAR

DIA
281

@michelsimplicio

Nem sempre a vitória vem com explicações claras. Às vezes, Deus permite que atravessemos processos que não fazem sentido à primeira vista. Mas fé não é entender tudo — é confiar mesmo quando não há respostas: "Confia no SENHOR de todo o teu coração, e não te estribes no teu próprio entendimento" (Provérbios 3.5 — ACF).

Vencer, na perspectiva do Reino, é continuar, mesmo sem compreender. É escolher obedecer quando a lógica falha. É permanecer firme, mesmo com lágrimas nos olhos. Grandes vitórias nascem da persistência em meio à confusão. Deus não exige entendimento, mas confiança.

Você não precisa entender o caminho para chegar ao destino. O Pai está no controle. Continue avançando. A paz não está nas respostas, mas na presença daquele que guia. Mesmo sem entender, você pode vencer, porque Deus nunca erra na direção.

O que você precisa entregar hoje, mesmo sem entender, para continuar vencendo?

....

....

....

....

....

....

....

....

....

....

"A fé que vence não depende de explicações, mas do Deus em quem se confia."

ACESSE O QR CODE PARA SABER MAIS

DIA
282

@michelsimplicio

TRAGA A PAZ DE DEUS PARA DENTRO DE SUA CASA

Como você pode transformar, hoje, seu lar em um ambiente de paz e amor?

O lar é o primeiro campo onde devemos viver e refletir o amor de Deus. Um ambiente de paz e amor começa quando escolhemos cultivar a presença do Senhor em nossa casa, dia após dia. A Bíblia nos ensina que "se o SENHOR não edificar a casa, em vão trabalham os que a edificam" (Salmos 127.1 —ACF). A verdadeira transformação do lar acontece quando Cristo se torna o centro de tudo: conversas, decisões e relacionamentos.

Com atitudes de perdão, palavras que edificam e gestos práticos de serviço, podemos mudar completamente a atmosfera da nossa casa. A paz de Cristo deve reinar nas relações familiares, substituindo gritos por diálogo, mágoas por reconciliação e distância por comunhão. A casa se torna um refúgio em meio às tempestades da vida.

Quando permitimos que o amor de Deus guie nossas ações, o lar se transforma em um lugar seguro, acolhedor e cheio da presença de Deus. Sua casa pode ser um espaço de cura, unidade e manifestação do Reino.

ACESSE O QR CODE PARA SABER MAIS

"Um lar firmado em Deus se torna um abrigo de paz em meio ao caos do mundo!"

O PODER DO LOUVOR PARA ROMPER BARREIRAS

DIA
283

@michelsimplicio

O louvor é uma poderosa arma espiritual capaz de romper barreiras e abrir caminhos onde parece não haver saída. Quando Paulo e Silas estavam presos, feridos e injustamente encarcerados, em lugar de se renderem ao desespero, escolheram louvar a Deus em plena madrugada. O resultado foi sobrenatural: as correntes caíram e as portas da prisão se abriram (cf. Atos 16.25-26). O louvor tem o poder de liberar o mover de Deus em situações impossíveis.

Louvar em meio às lutas é sinal de uma fé madura, que não se abala com as circunstâncias. O louvor nos eleva acima das dificuldades, muda nossa perspectiva e nos conecta diretamente ao trono da graça. Ele traz paz ao coração, renova as forças e prepara o ambiente para a intervenção divina.

Quando louvamos, afirmamos que o Senhor está no controle e nenhuma barreira é maior do que seu poder. O Deus que habita no meio dos louvores rompe cadeias, desfaz prisões invisíveis e abre portas que a força humana jamais conseguiria mover.

Em quais situações você precisa usar o louvor como arma para vencer hoje?

"Quem louva em meio à luta vê Deus derrubar muralhas invisíveis e agir com poder!"

ACESSE O QR CODE PARA SABER MAIS

DIA
284

@michelsimplicio

A VERDADEIRA FÉ SE REVELA EM MOMENTOS DIFÍCEIS

Como você tem demonstrado sua fé nas pequenas atitudes da sua rotina?

Fé verdadeira não se limita aos cultos ou aos momentos de adoração. Ela se revela nas atitudes diárias, em especial na forma como falamos, reagimos, decidimos e tratamos as pessoas. "O justo viverá pela fé" (Romanos 1.17), escreveu Paulo, deixando claro que a fé não é um evento isolado, mas um estilo de vida constante e coerente.

É fácil crer quando tudo vai bem, mas é no dia a dia que a fé é verdadeiramente provada. Na fila do mercado, no trânsito caótico, nas conversas difíceis, nas escolhas silenciosas — ali a fé se manifesta de maneira prática. Pequenas atitudes podem revelar uma confiança profunda em Deus. Viver pela fé é escolher a verdade, mesmo quando é mais fácil ceder.

É semear bondade, manter a paz, perdoar com sinceridade, agradecer em qualquer circunstância. É crer que, mesmo nos mínimos detalhes, Deus está presente. A fé cotidiana não é espetacular aos olhos humanos, mas é constante — e é isso que transforma a nossa vida.

ACESSE O QR CODE PARA SABER MAIS

"A fé do dia a dia constrói uma vida sólida, mesmo em meio aos desafios mais simples."

O AMOR DE DEUS NOS ENSINA A PERDOAR

DIA **285**

@michelsimplicio

O perdão é um dos maiores presentes que podemos oferecer e um dos maiores desafios do coração humano. Jesus nos ensinou a perdoar setenta vezes sete (cf. Mateus 18.21-22), porque sabia que o perdão liberta, cura e reconstrói. Relacionamentos só podem ser restaurados quando abrimos mão da mágoa, deixamos o orgulho de lado e escolhemos agir com o mesmo amor e graça que recebemos de Deus.

Ressentir ofensas nos aprisiona em um ciclo de dor e distanciamento. O perdão, por sua vez, traz leveza, restauração e recomeço. Quando perdoamos, imitamos Cristo, que nos perdoou mesmo sem termos mérito algum (cf. Efésios 4.32).

O perdão não apaga o passado, mas abre a porta para um novo futuro. Ele não é sinal de fraqueza, mas de maturidade espiritual e confiança na justiça divina. O perdão quebra barreiras, cura feridas e constrói pontes para vivermos relacionamentos saudáveis, livres e transformados pela graça do Senhor.

Que relacionamentos em sua vida hoje precisam ser restaurados pelo poder do perdão?

....

....

....

....

....

....

....

....

....

....

“Perdoar é libertar o outro e a si mesmo para um novo começo!”

ACESSE O QR CODE PARA SABER MAIS

DIA

286

@michelsimplicio

VOCÊ VAI ALÉM DAS EXPECTATIVAS

Qual área da sua vida precisa de fé para ir além do que você esperava?

A fé nos leva além do que pensamos ser possível. Enquanto o mundo mede capacidades por habilidades, Deus opera por meio de corações que confiam. Ele é poderoso para fazer infinitamente mais do que pedimos ou pensamos (cf. Efésios 3.20). A fé não apenas alcança promessas, ela supera expectativas humanas e revela o poder sobrenatural de Deus.

Pedro nunca imaginou andar sobre as águas, até que respondeu ao chamado de Jesus com fé. Sara riu da promessa, mas viu o impossível se cumprir. Quando explicitamos nossos limites para Deus, ele nos surpreende e transforma o impossível em realidade. A fé não depende de cenário favorável, mas de um coração que acredita firmemente.

Não se limite ao que os olhos veem ou ao que a lógica diz. O Onipotente o chama para romper barreiras, viver o novo e testemunhar o extraordinário. Supere as expectativas, não pela sua força, mas pela fé naquele que pode todas as coisas. Com o Senhor, o que parecia inalcançável se torna realidade.

ACESSE O QR CODE PARA SABER MAIS

"A fé não se conforma com o comum, ela nos impulsiona a viver o extraordinário de Deus."

NÃO DEIXE A DÚVIDA ROUBAR SUA FÉ

DIA
287

@michelsimplicio

A incredulidade nasce quando deixamos de proteger o nosso coração das dúvidas, do medo e das influências contrárias à fé. A Palavra nos orienta: "Sobre tudo o que se deve guardar, guarda o teu coração, porque dele procedem as fontes da vida" (Provérbios 4.23 — ACF). Quando o coração é invadido por desânimo, frustração ou desconfiança, a fé enfraquece e começamos a nos afastar das promessas de Deus.

Guardar o coração é uma escolha diária: é decidir confiar em Deus, mesmo quando as circunstâncias parecem desfavoráveis. É manter a mente alinhada com a verdade da Palavra, mesmo diante dos ruídos da dúvida. A fé é fortalecida quando meditamos nas promessas e rejeitamos os pensamentos de incredulidade. A dúvida pode até bater à porta, mas não precisa encontrar abrigo dentro de nós.

Um coração firmado em Deus se torna inabalável, mesmo que tudo ao redor pareça incerto. A vitória sobre a incredulidade começa no segredo de um coração protegido, cheio de fé e convicção em Deus.

Como você tem protegido seu coração contra a incredulidade no dia a dia?

"Quem guarda o coração fortalece a fé e vence a incredulidade!"

ACESSE O QR CODE PARA SABER MAIS

DIA
288

A PREGUIÇA É INIMIGA DA CONQUISTA

@michelsimplicio

Em que área da sua vida você precisa agir para vencer a preguiça espiritual hoje?

A preguiça espiritual nos impede de crescer, amadurecer na fé e avançar nos propósitos de Deus. Ela nos acomoda em uma zona de conforto perigosa, onde deixamos de buscar intimidade com o Pai e de responder ao seu chamado. A Bíblia nos exorta: "O preguiçoso deseja e nada consegue, mas os desejos do diligente são amplamente satisfeitos" (Provérbios 13.4). Quando nos rendemos à apatia espiritual, corremos o risco de viver uma fé superficial e infrutífera.

Superar a preguiça espiritual exige disciplina, compromisso e sede contínua pela presença do Senhor. Orar mesmo sem vontade, meditar na Palavra com intencionalidade, congregar com constância e servir com alegria são atitudes que nos mantêm sensíveis ao agir do Espírito Santo. Não se trata de emoção, mas de decisão.

Quem decide se levantar, mesmo nos dias difíceis, experimenta renovo, clareza e avanço. O despertar espiritual transforma a rotina, produz frutos e reacende a paixão por Deus. Quem vence a preguiça espiritual rompe limites e cresce de forma firme no chamado divino.

ACESSE O QR CODE PARA SABER MAIS

"A ação diária nos leva a crescer e a viver mais daquilo que o Senhor planejou!"

DEUS O CRIOU PARA SER ORIGINAL

DIA **289**

@michelsimplicio

Após ser restaurado por Jesus, Pedro olhou para João e perguntou: "Senhor, e quanto a ele?" (João 21.21). O Mestre respondeu: "Se eu quiser que ele permaneça vivo até que eu volte, o que isso importa a você? Quanto a você, siga-me" (v. 22). Essa conversa revela que até Pedro, recém-renovado, teve dificuldade de focar na própria caminhada sem compará-la com a de outro.

Hoje, as redes sociais ampliam ainda mais essa luta. Somos bombardeados com conquistas, viagens, celebrações e ministérios florescentes, e tudo isso pode despertar sentimentos de insuficiência e ansiedade. O problema da comparação é que ela nos distrai do que Deus quer construir em nós.

Cada história é única, escrita com tempo, processo e frutos diferentes. Jesus nos chama a tirar os olhos do lado e fixá-los nele, pois só assim encontramos contentamento e liberdade para florescer na própria jornada, sem invejar ou competir.

O propósito de Deus para você é singular e é nele que está sua verdadeira realização.

Você tem gastado mais tempo comparando ou construindo a própria jornada com Deus?

"Comparar limita, mas confiar no seu processo com Deus liberta."

ACESSE O QR CODE PARA SABER MAIS

DIA
290

@michelsimplicio

NÃO CARREGUE O QUE DEUS JÁ TIROU

Você tem deixado Jesus restaurar as áreas que ainda o envergonham?

Pedro prometeu fidelidade a Jesus, mas, diante do medo e da pressão, o negou três vezes (cf. Lucas 22.54-62). Quando percebeu o que havia feito, chorou amargamente, pois a culpa esmagou seu coração e a vergonha poderia tê-lo afastado para sempre. Porém, Jesus não o rejeitou. Após a ressurreição, ele buscou Pedro, conversou com ele com amor e o restaurou: "Apascenta as minhas ovelhas" (João 21.17 — ACF).

O erro de Pedro não foi seu fim, mas o ponto de partida para um novo propósito. Muitas vezes, a culpa do passado tenta nos paralisar. Ela sussurra que somos indignos e não merecemos mais uma nova chance, mas a graça sempre vai além dos nossos fracassos.

Cristo conhece as nossas quedas, mas também vê quem podemos nos tornar com sua ajuda. Jesus não ignora nossos erros, mas também não nos define por eles. Ele restaura, capacita e nos envia. O que um dia foi dor, ele transforma em testemunho de cura e recomeço. Em Cristo, nenhuma falha precisa ser a última palavra sobre a sua vida.

ACESSE O QR CODE PARA SABER MAIS

"A graça de Deus é maior que qualquer culpa do passado."

O PROPÓSITO É MAIOR QUE A DOR

DIA
291

@michelsimplicio

A dor nunca é fácil, mas também nunca é em vão quando estamos nas mãos de Deus. Ele é especialista em transformar lágrimas em testemunhos vivos de fé e superação. Jesus suportou a cruz porque via além da dor, antes, enxergava o propósito eterno da salvação (cf. Hebreus 12.2). A dor é real, mas o propósito é maior e eterno.

Há feridas que nos quebram, mas também nos alinham ao Céu. O Senhor não desperdiça sofrimento, ele usa até os momentos mais difíceis para nos moldar, fortalecer e preparar para algo maior. O que hoje parece apenas uma ferida aberta, amanhã pode ser o remédio que curará outras vidas.

Não permita que a dor o faça desistir. Olhe além das circunstâncias imediatas. Confie que há um plano sendo construído nos bastidores, mesmo que você ainda não compreenda tudo. Em Deus, nenhuma lágrima é ignorada e nenhum sofrimento é desperdiçado. Há um propósito maior e, com ele, você vai vencer.

Que propósito Deus pode estar revelando, mesmo no meio da dor que você enfrenta?

"A dor pode feri-lo por um tempo, mas o propósito de Deus o marcará para sempre."

ACESSE O QR CODE PARA SABER MAIS

DIA
292

PEQUENAS LIÇÕES GERAM GRANDES TRANSFORMAÇÕES

@michelsimplicio

Quais pequenas lições Deus lhe tem ensinado que estão moldando sua vida hoje?

....

....

....

....

....

....

....

....

....

Deus muitas vezes nos ensina por meio de pequenas lições diárias, que, com o tempo, transformam profundamente nossa vida. Uma palavra lida nas Escrituras, um gesto de alguém, um momento silencioso de oração ou até uma situação comum do dia a dia podem carregar grandes ensinamentos. Jesus fazia isso com frequência: usava parábolas simples, cheias de elementos cotidianos, para revelar verdades eternas (cf. Mateus 13.31-32).

As pequenas lições de Deus nos moldam de forma silenciosa e contínua. Elas nos ensinam a perdoar de verdade, confiar mais nele, ter paciência, reconhecer nossos erros e depender menos de nossa força. Cada correção do Espírito Santo, cada conselho bíblico e experiência vivida com o Eterno são como sementes plantadas no coração, que ao longo do tempo produzem frutos visíveis e duradouros.

Não subestime os pequenos ensinamentos. Deus os usa como ferramentas de crescimento, aperfeiçoamento e transformação profunda em nossa caminhada.

ACESSE O QR CODE PARA SABER MAIS

“As pequenas lições do Céu geram grandes frutos no coração de quem as recebe!”

SEJA SELETIVO COM QUEM CAMINHA COM VOCÊ

DIA
293

@michelsimplicio

As amizades têm o poder de influenciar diretamente a nossa vida espiritual, para o bem ou para o mal. A Bíblia nos orienta: "Quem anda com os sábios será sábio, mas o companheiro dos tolos acabará mal" (Provérbios 13.20 — NAA). Amigos que compartilham da mesma fé nos fortalecem na caminhada cristã, nos encorajam a permanecer firmes e nos ajudam a não desviar do propósito, mesmo diante das adversidades.

Relacionamentos saudáveis nos inspiram a crescer espiritualmente, oferecendo apoio emocional, conselhos alinhados à Palavra e orações sinceras nos momentos difíceis. Deus usa pessoas ao redor como instrumentos de cuidado, exortação e encorajamento. Uma amizade edificante nos aproxima de Cristo, gera frutos duradouros e nos protege contra a frieza espiritual.

Por isso, escolher bem com quem caminhamos é essencial. Amizades firmadas em Deus cultivam um ambiente de fé, comunhão e crescimento. Elas nos impulsionam a viver uma vida cristã mais sólida, autêntica e frutífera.

Quais amizades têm edificado sua vida espiritual e o aproximado de Deus?

"Amigos de fé fortalecem, encorajam e edificam sua jornada espiritual!"

ACESSE O QR CODE PARA SABER MAIS

DIA

294

MANDE OS PENSAMENTOS RUINS EMBORA

@michelsimplicio

Você tem cultivado uma mentalidade de fé para viver como um verdadeiro vencedor?

....

....

....

....

....

....

....

....

....

....

Viver como um vencedor começa com uma mente alinhada aos pensamentos de Deus. A Bíblia nos ensina a ter a "mente de Cristo" (cf. 1Coríntios 2.16), o que significa enxergar as situações com a perspectiva do Céu. O verdadeiro vencedor não é aquele que nunca enfrenta lutas, mas que permanece firme nas promessas divinas, mesmo quando tudo ao redor parece contrário.

A mentalidade do Céu transforma nossa forma de reagir aos desafios. Em vez de medo, caminhamos em fé; em vez de desânimo, mantemos a esperança viva. É essa mentalidade que nos faz olhar para os obstáculos como oportunidades de crescimento e amadurecimento espiritual. Quem se alimenta da Palavra, busca intimidade com Deus e ora com constância aprende a pensar, reagir e agir como Cristo.

Essa renovação da mente nos leva a viver com propósito, vencer com humildade e descansar no Senhor em meio às lutas. Quem pensa como Jesus vive como um verdadeiro vencedor — não por força própria, mas pelo poder que vem do Alto.

ACESSE O QR CODE PARA SABER MAIS

"A mentalidade do Céu nos faz vencer onde o mundo só vê derrota!"

DIGA "SIM" PARA OS PLANOS DE DEUS

DIA
295

@michelsimplicio

O Senhor tem planos maravilhosos para nós, mas é necessário dizermos "sim" ao seu chamado, com fé e disposição. Quando Maria recebeu a visita do anjo, que anunciava algo extraordinário e humanamente impossível, ela escolheu confiar. Sua resposta foi: "Eis aqui a serva do Senhor; cumpra-se em mim segundo a tua palavra" (Lucas 1.38 — ACF).

Mesmo sem entender todos os detalhes, ela disse "sim" ao plano divino, e essa obediência trouxe vitória, propósito e o cumprimento das promessas. Quando dizemos "sim" aos planos divinos, abrimos a porta para milagres e bênçãos que antes pareciam inalcançáveis. Talvez o Senhor o esteja chamando para algo maior, que exija renúncia, coragem e entrega total. Não permita que o medo, a insegurança ou as dúvidas o paralisem.

Dizer "sim" para Deus é o primeiro passo para viver uma vida de conquistas reais. A obediência precede o milagre. Quando nos rendemos à vontade do Pai, ele nos conduz a um futuro de vitórias preparadas por suas mãos.

A quais planos de Deus você precisa dizer "sim" para cumprir seu propósito?

....

....

....

....

....

....

....

....

....

....

"Um simples 'sim' a Deus pode abrir portas para conquistas extraordinárias em sua vida!"

ACESSE O QR CODE PARA SABER MAIS

DIA
296

QUEM HONRA SUA FAMÍLIA HONRA A DEUS

@michelsimplicio

De que forma você pode honrar ainda mais seus pais e fortalecer sua família?

Honrar os pais é um princípio bíblico que traz bênção, proteção e longevidade. A Palavra de Deus declara: "Honra a teu pai e a tua mãe [...], para que te vá bem, e sejas de longa vida sobre a terra" (Efésios 6.2-3 — ARA). Esse mandamento é o primeiro com promessa e não está limitado à infância.

Honrar é um valor para todas as fases da vida, manifestado em respeito, amor, cuidado e consideração constantes. A família é o primeiro ministério que o Senhor nos confiou. Mesmo diante de falhas, conflitos ou diferenças, ele nos chama a sermos promotores de paz, instrumentos de unidade e canais de cura dentro do lar. Honrar os pais, valorizar os vínculos familiares e preservar os relacionamentos é uma forma prática de demonstrar maturidade espiritual e refletir o caráter de Cristo.

Ao praticarmos a honra no ambiente familiar, cultivamos um solo fértil para o crescimento espiritual, emocional e relacional. A honra à família atrai a bênção de Deus e fortalece os laços que sustentam a nossa jornada.

ACESSE O QR CODE PARA SABER MAIS

"Quem honra os pais planta sementes de amor, respeito e colhe bênçãos duradouras!"

OU VOCÊ CONTROLA, OU CRESCE

DIA
297

@michelsimplicio

Crescer na fé e na vida exige coragem para abrir mão do controle e confiar plenamente nos planos de Deus. Abraão, por exemplo, precisou deixar sua terra, sua família e tudo o que lhe era familiar sem saber para onde ia (cf. Gênesis 12.1-4). Quando largamos o desejo de controlar cada detalhe, abrimos espaço para que Deus aja com liberdade e nos conduza por caminhos maiores do que os que sonharíamos sozinhos.

Abdicar do controle não é sinal de fraqueza ou passividade, mas uma demonstração de fé e confiança na soberania do Senhor. Ele nos convida a depender, a entregar nossos caminhos e a descansar, mesmo quando as respostas não vêm de imediato. O Onisciente sabe o que é melhor e nos guia com sabedoria perfeita.

Queremos certezas, mas Deus nos ensina a caminhar pela fé. É nesse processo que amadurecemos e experimentamos crescimento real. Confiar no Senhor nos faz crescer além dos limites que estabelecemos e nos leva a viver a plenitude do que ele preparou para nós.

Em qual área da sua vida Deus quer que você abdique do controle?

"A entrega verdadeira gera liberdade e nos conduz a um crescimento real e profundo!"

ACESSE O QR CODE PARA SABER MAIS

DIA
298

DEUS QUER SEU CORAÇÃO DE VOLTA

@michelsimplicio

Você tem vivido com paixão por Deus ou apenas repetido rotinas espirituais?

A igreja de Éfeso era ativa, fiel na doutrina e resistente ao mal. Aos olhos humanos, parecia exemplar. Mas Jesus disse algo profundo: "Tenho, porém, contra ti que abandonaste o teu primeiro amor" (Apocalipse 2.4 — ARA). Aqueles irmãos continuavam servindo, ensinando e defendendo a verdade, mas o coração havia se perdido no meio da rotina. A fé tinha se tornado um hábito mecânico, e a paixão inicial havia se apagado quase sem perceberem.

Viver no automático é perigoso. Fazemos orações sem alma, lemos a Bíblia sem fome, frequentamos cultos sem expectativa. Cumprimos tarefas espirituais, mas o coração já não se derrama diante de Deus. A rotina toma o lugar da devoção genuína. O problema não é o fazer, é o fazer sem amor, sem entrega, sem intimidade.

Deus não quer apenas nossas ações corretas, ele deseja um coração desperto, sensível e apaixonado. Jesus nos chama a lembrar de onde caímos, a nos arrepender e a voltar à prática do amor inicial. Viver com intencionalidade é o convite para reacender o que nunca deveria ter se apagado.

ACESSE O QR CODE PARA SABER MAIS

"Viver no automático esvazia a alma, mas o amor real reacende a chama."

DEUS ESCOLHEU SUA FAMÍLIA PARA FAZER A DIFERENÇA

DIA
299

@michelsimplicio

Priscila e Áquila não eram apóstolos, mas deixaram um legado no Reino. Eram fabricantes de tendas, pessoas comuns, mas usaram sua casa como base missionária. Receberam Paulo, ensinaram Apolo com sabedoria e foram citados por ele como "cooperadores em Cristo Jesus" (Romanos 16.3). Viviam em parceria, serviam com humildade e abriram o lar para que vidas fossem acolhidas e transformadas pela presença de Deus.

Esse casal nos ensina que propósito não exige pregar na igreja — exige disposição. Um lar cheio da presença do Senhor se torna refúgio, escola, base de envio e lugar de cura. Priscila e Áquila não buscaram reconhecimento, mas foram instrumentos de edificação e ensino por onde passaram. Sua influência não vinha do palco, mas da fidelidade diária.

Deus ainda busca famílias disponíveis, casais comprometidos e pessoas comuns com o coração alinhado ao Céu. Quando ele encontra isso, transforma casas comuns em centros da proclamação do Evangelho, com impacto eterno.

Sua casa está aberta para que o Senhor a use como plataforma de propósito e serviço?

"Lares que acolhem a presença de Deus se tornam instrumentos de transformação."

ACESSE O QR CODE PARA SABER MAIS

DIA
300

@michelsimplicio

ESTÁ NA HORA DE COMEÇAR ALGO NOVO!

O que você tem adiado que Deus já o mandou começar?

Na parábola dos talentos, Jesus fala sobre três servos que receberam responsabilidades diferentes. Dois deles usaram o que receberam, agiram com diligência e multiplicaram. O terceiro, dominado pelo medo e pela insegurança, enterrou seu talento e nada fez (cf. Mateus 25.14-30). Talvez ele tenha pensado: "Depois eu resolvo", "Ainda não estou pronto", "Quando me sentir mais seguro, começarei". Mas o resultado foi amargo, pois ele perdeu a oportunidade e foi repreendido pela sua omissão.

A procrastinação parece inofensiva, mas é uma armadilha silenciosa que nos impede de viver plenamente o que Deus nos confiou. Esperamos o "momento ideal", a "motivação perfeita" ou mais coragem para agir. No entanto, o momento ideal raramente chega. Enquanto adiamos, desperdiçamos tempo, maturidade e oportunidades de crescimento.

O Senhor já depositou talentos, chamados e sonhos em suas mãos. Ele não exige perfeição, antes, procura disposição. Obedecer, mesmo com medo, é melhor do que esperar indefinidamente. O primeiro passo de fé libera o mover de Deus.

ACESSE O QR CODE PARA SABER MAIS

"A procrastinação adia o propósito, mas a ação com fé o ativa."

ESPÍRITO SANTO: NOSSO GUIA NAS DECISÕES DIFÍCEIS

DIA **301**

@michelsimplicio

Tomar decisões pode ser desafiador, especialmente quando não temos clareza sobre qual caminho seguir. No entanto, Deus não nos deixou sozinhos. Jesus disse: "Mas quando o Espírito da verdade vier, ele os guiará a toda a verdade" (João 16.13). Isso mostra que o Espírito Santo é nosso guia, que nos conduz com sabedoria e direção. Quando buscamos sua orientação, ele nos mostra o que é certo, nos dá paz nas escolhas e nos impede de agir impulsivamente.

Muitas vezes, queremos resolver as situações por conta própria, mas confiar na direção do Espírito nos livra de erros e arrependimentos. A oração e a sensibilidade à sua voz são essenciais para tomar decisões alinhadas com a vontade de Deus.

Quando aprendemos a ouvir e seguir a direção do Alto, evitamos caminhos errados e experimentamos a segurança de andar no centro da vontade divina. Se você está diante de uma escolha difícil, peça a orientação do Espírito Santo. Ele sempre conduzirá seus passos no melhor caminho, trazendo clareza, paz e segurança para a jornada.

"O Espírito Santo é nosso guia fiel, conduzindo-nos com sabedoria e segurança em cada decisão que tomamos."

Você tem buscado a orientação do Espírito Santo antes de tomar decisões importantes?

ACESSE O QR CODE PARA SABER MAIS

DIA
302

@michelsimplicio

DEUS LHE DARÁ VERDADEIROS AMIGOS

O que você pode fazer para que seus relacionamentos sejam edificados sobre os princípios bíblicos?

....

....

....

....

....

....

....

....

Relacionamentos saudáveis são fundamentais para nossa caminhada cristã. A Bíblia nos ensina que uma casa construída sobre a rocha permanece firme, enquanto a que está sobre a areia desmorona (cf. Mateus 7.24-25). Da mesma forma, os relacionamentos precisam ser edificados na Palavra de Deus para resistir às dificuldades. Quando buscamos o Senhor como base, aprendemos a amar, perdoar e cultivar relacionamentos que glorificam a Deus.

A amizade entre Davi e Jônatas mostra o valor de alianças sinceras e comprometidas (cf. 1Samuel 18.3-4). O amor, o respeito e a paciência são frutos de uma vida enraizada no Senhor. Relacionamentos baseados na verdade divina fortalecem, edificam e refletem o amor de Deus. Se quisermos conexões sólidas, devemos cultivá-las com sabedoria, oração e compromisso com os princípios bíblicos.

O Pai nos chama para sermos pacificadores e construirmos laços que tragam edificação e testemunho do seu amor. Relacionamentos que têm Cristo como fundamento resistem ao tempo e prosperam.

ACESSE O QR CODE PARA SABER MAIS

"Relacionamentos edificados na Palavra refletem o amor de Deus e permanecem firmes diante das lutas."

RECOMECE SEM MEDO

DIA
303

@michelsimplicio

Recomeçar nem sempre é fácil, mas, quando confiamos em Deus, descobrimos que ele nos fortalece. O Senhor tem poder para fazer novas todas as coisas (cf. Apocalipse 21.5). Muitas vezes, o medo do fracasso nos impede de dar passos de fé, mas precisamos lembrar que ele é um Deus de recomeços. Isso fica claro quando vemos que Moisés falhou no Egito, mas o Criador o chamou novamente para libertar seu povo (cf. Êxodo 3.10), e que Pedro negou Jesus, mas Cristo o restaurou e lhe deu um novo propósito (cf. João 21.17).

O passado não define seu futuro quando você se rende ao Senhor. Se você sente que precisa recomeçar, confie que o Todo-Poderoso já preparou um novo caminho e seguirá ao seu lado. Levante-se, vá em frente e abra-se para que ele escreva um novo capítulo da sua história. Você irá crescer, amadurecer e viver plenamente o propósito que ele tem para sua vida, caminhando na esperança e na fé.

O que você precisa abandonar para recomeçar com Deus e seguir o propósito dele?

....

....

....

....

....

....

....

....

....

....

“A coragem para recomeçar vem da certeza de que Deus está ao seu lado em cada passo.”

ACESSE O QR CODE PARA SABER MAIS

DIA
304

@michelsimplicio

CLAME A DEUS, E ELE RESPONDERÁ

Em que área da sua vida você precisa clamar mais a Deus e ter confiança de que ele responderá?

Deus sempre ouve o clamor daqueles que o buscam com sinceridade. Em Jeremias 33.3, ele disse: "Clama a mim, e responder-te-ei e anunciar-te-ei coisas grandes e firmes, que não sabes" (ARC). Isso mostra que, quando clamamos ao Senhor, ele nos escuta e age conforme sua vontade perfeita. Ana, por exemplo, clamou ao Eterno por um filho e foi atendida (cf. 1Samuel 1.27), enquanto o cego Bartimeu gritou por Jesus e recebeu a cura (cf. Marcos 10.52).

Deus não ignora as orações daqueles que o buscam com fé. Às vezes, a resposta não vem no nosso tempo nem do nosso jeito, mas ele sempre tem o melhor para nós. O segredo é confiar e perseverar na oração. Não se cale diante das dificuldades, mas clame ao Senhor com fé. Sua resposta virá no momento certo e de forma surpreendente.

Continue buscando, pois ele nunca falha. Mesmo quando tudo parece silencioso, Jesus está trabalhando em seu favor. A oração sincera move o coração de Deus e abre portas que pareciam impossíveis. Persevere e o veja agir! O Senhor nunca deixa sem resposta aqueles que clamam com fé e entregam a vida em suas mãos.

ACESSE O QR CODE PARA SABER MAIS

"Deus ouve seu clamor e responde no tempo certo. Confie e persevere na oração, com fé."

ESPERANDO COM FÉ ATÉ QUE ALGO ACONTEÇA

DIA
305

@michelsimplicio

Esperar com fé é um desafio que exige confiança, paciência e rendição à vontade de Deus. Abraão precisou crer por muitos anos até ver o filho da promessa nascer (cf. Gênesis 21.1-2). José, mesmo traído pelos irmãos, vendido como escravo e injustamente preso, manteve sua fé inabalável até ser exaltado por Deus no tempo certo (cf. Gênesis 41.39-41).

A espera, quando vivida na presença do Senhor, nunca é tempo perdido. Durante o tempo em que se aguarda, o Todo-Poderoso trabalha profundamente em nosso interior. Ele molda o caráter, fortalece a fé, alinha o coração ao propósito e nos prepara para carregar com maturidade aquilo que vai nos entregar.

Quem espera com fé não paralisa; continua orando, obedecendo à Palavra e avançando com esperança, mesmo sem ver sinais imediatos. A conquista não falha quando a esperança está firmada em Deus. Ela vem e chega no tempo exato determinado pelo Céu.

Você tem confiado em Deus durante a espera pela realização da promessa?

“Quem espera com fé colhe bênçãos preparadas no tempo certo de Deus!”

ACESSE O QR CODE PARA SABER MAIS

DIA
306

RELACIONAMENTOS QUE REFLETEM O AMOR DE CRISTO

@michelsimplicio

Seu relacionamento com os outros tem refletido o amor de Cristo de forma prática?

Nossos relacionamentos são um campo fértil onde o amor de Cristo pode e deve ser revelado. Jesus disse: "Nisto conhecerão todos que sois meus discípulos: se tiverdes amor uns aos outros" (João 13.35 — ARA). O amor que recebemos dele não deve ser guardado, mas transbordar nas nossas atitudes, palavras e decisões diárias, tornando-nos testemunhas vivas do Evangelho.

Relacionamentos saudáveis não acontecem por acaso. Eles exigem perdão constante, empatia sincera e disposição para servir uns aos outros. Amar como Cristo nos amou é o maior desafio e, ao mesmo tempo, a maior demonstração de fé. Fortalecemos laços, curamos feridas e edificamos pontes quando decidimos amar de forma intencional.

O amor de Jesus é paciente e bondoso, não inveja, não se orgulha e não busca os próprios interesses (cf. 1Coríntios 13.4-5). Essa é a base sólida para construir relações duradouras e cheias de graça. O mundo está sedento por esse amor verdadeiro, e Deus nos chamou para vivê-lo e espalhá-lo.

ACESSE O QR CODE PARA SABER MAIS

"Relacionamentos que refletem Cristo geram cura, unidade e transformação!"

SUA VITÓRIA PODE ESTAR PRÓXIMA

DIA **307**

@michelsimplicio

Muitas vezes, a vitória está mais perto do que imaginamos, mas o cansaço e as lutas tentam nos fazer desistir. Paulo escreveu: "E não nos cansemos de fazer o bem, porque a seu tempo ceifaremos, se não houvermos desfalecido" (Gálatas 6.9 — ARC).

Perseverar é a chave para alcançar as promessas de Deus. Josué e o povo de Israel, por exemplo, tiveram de marchar sete dias ao redor de Jericó antes de verem os muros caírem (cf. Josué 6.20). Se tivessem desistido no sexto dia, nunca teriam experimentado o milagre. Muitas vezes, estamos a um passo da vitória, e é nesse momento que precisamos permanecer firmes.

As dificuldades não anulam os planos de Deus para sua vida. Ele é fiel e cumpre as promessas no tempo certo. Não pare agora, pois sua fidelidade e perseverança estão sendo vistas pelo Senhor. Confie, avance e creia que a sua vitória está muito próxima.

O que você pode fazer hoje para fortalecer sua fé e seguir em frente?

"Quem persevera até o fim deve ver a vitória de Deus se manifestar."

ACESSE O QR CODE PARA SABER MAIS

DIA
308

DEUS VAI FORTALECÊ-LO

@michelsimplicio

Como você pode fortalecer seu espírito hoje para vencer os desafios que estão à frente?

As batalhas da vida exigem mais do que força física, inteligência ou estratégias humanas; elas demandam um espírito fortalecido em Deus. A Bíblia nos alerta: “Se te mostrares fraco no dia da angústia, é que a tua força é pequena” (Provérbios 24.10 — ACF). Isso significa que o preparo espiritual não é opcional, mas essencial para resistir aos dias maus e triunfar mesmo nas situações mais difíceis.

Fortalecer o espírito é cultivar uma vida de comunhão com Deus por meio da oração, da meditação na Palavra, do jejum, da adoração e da obediência diária. É mediante essa postura que recebemos ânimo, discernimento, sabedoria e autoridade para vencer as lutas visíveis e as invisíveis.

Quando estamos espiritualmente fortalecidos, nossa visão se alinha com a de Deus e nossos pés não vacilam. A verdadeira força não vem de nós, mas do Senhor que habita em nós. Um espírito cheio da presença dele permanece inabalável, vence com fé e testemunha vitórias que o mundo não entende, mas refletem o poder de um Deus fiel.

ACESSE O QR CODE PARA SABER MAIS

“Quem se fortalece em Deus triunfa mesmo diante das maiores batalhas da vida!”

TRANSFORME LÁGRIMAS EM FORÇA

DIA **309**

@michelsimplicio

As lágrimas que você derrama hoje podem ser a base da força que você terá amanhã. O Senhor vê cada choro, entende cada dor e recolhe cada lágrima com cuidado e amor (cf. Salmos 56.8). No Reino de Deus, até o sofrimento é transformado em algo poderoso e cheio de propósito.

As lágrimas não nos enfraquecem quando são entregues nas mãos do Pai, antes, elas nos aproximam dele e renovam nossa fé. Muitas das maiores vitórias nascem de momentos de profunda dor. É chorando que aprendemos a orar com sinceridade, a depender mais, a ouvir com mais sensibilidade. O quebrantamento gera raízes profundas na fé, moldando o caráter e fortalecendo a confiança em Deus.

Não esconda sua dor do Pai, mas apresente-a com confiança e sinceridade. Ele transforma o pranto em dança e a angústia em testemunho vivo! A força de que você precisa não vem de resistir à dor, mas de entregá-la ao lugar certo: aos pés de Jesus. Lá, suas lágrimas se tornam cura, força e renovo para a jornada.

Que dor você precisa entregar hoje para que o Senhor transforme em força e cura?

"Lágrimas entregues a Deus não se desperdiçam, antes, se transformam em força para continuar."

ACESSE O QR CODE PARA SABER MAIS

DIA
310

@michelsimplicio

A GENEROSIDADE LIBERA O FAVOR DE DEUS

De que forma você pode demonstrar generosidade na sua vida?

Deus nos chama para viver uma vida generosa, pois a generosidade reflete o coração do Pai. A Bíblia ensina: "Há mais felicidade em dar do que em receber" (Atos 20.35 — BLT). Quando desenvolvemos um estilo de vida generoso, experimentamos não apenas a alegria de abençoar, mas também a fidelidade divina em suprir todas as coisas.

Ser generoso vai além de dinheiro. Envolve doar tempo, atenção, carinho, compaixão e serviço ao próximo. Jesus foi o maior exemplo: ele entregou sua vida por amor. Quando damos sem esperar retorno, demonstramos fé em um Deus que conhece nossas necessidades e promete suprir cada uma delas (cf. Filipenses 4.19).

Se quisermos viver uma vida plena, precisamos aprender a ofertar com sinceridade e alegria. Pequenos gestos podem gerar grandes impactos. A generosidade quebra barreiras, cura corações e aproxima as pessoas de Deus. Que o nosso coração esteja sempre disposto a dar, como expressão de amor, fé e gratidão.

ACESSE O QR CODE PARA SABER MAIS

"A generosidade abre portas para a provisão e o agir de Deus."

O ÚLTIMO TESTE ANTES DA CONQUISTA

DIA **311**

@michelsimplicio

Antes de grandes conquistas, Deus muitas vezes permite que passemos pelo teste da espera. José sonhou alto e recebeu promessas grandiosas, mas enfrentou a frustração de anos na prisão, na solidão e na injustiça antes de ver tudo se cumprir (cf. Gênesis 41.41-43). A espera pode trazer dor, questionamentos e até desânimo, mas é justamente nesse período que Deus trabalha em nosso caráter, alinha nosso coração e nos prepara para carregar com maturidade o que ele vai entregar.

A frustração da espera não é sinal de esquecimento ou abandono, mas parte de um processo divino. Quando esperamos com fé e perseverança, Deus nos fortalece, renova nossas esperanças e molda em nós um espírito pronto para a vitória. A promessa continua viva, mesmo quando tudo parece estagnado ou silencioso.

O segredo está em não desistir no meio do caminho, mas permanecer confiando, obedecendo e crendo no tempo perfeito de Deus. A espera pode testar, mas prepara você para a grandeza da conquista.

"A frustração na espera forja o coração para viver as promessas de Deus!"

Como você tem reagido diante das frustrações no tempo de espera por sua conquista?

....

....

....

....

....

....

....

....

....

....

ACESSE O QR CODE PARA SABER MAIS

DIA

312

@michelsimplicio

O SILÊNCIO DE DEUS TAMBÉM É RESPOSTA

O que você tem aprendido sobre o Senhor nos dias em que ele escolhe apenas silenciar?

....

....

....

....

....

....

....

....

....

Existem momentos em que oramos com fervor, buscamos com intensidade e esperamos com fé... mas o Céu permanece em silêncio. Nessas horas, o coração se enche de dúvidas e a alma luta para compreender. Jó enfrentou esse tipo de silêncio. Em meio à dor, ele declarou: "Ainda que ele me mate, nele esperarei" (Jó 13.15 — ACF).

O silêncio de Deus não significa ausência. Muitas vezes, é justamente nesse silêncio que ele mais trabalha em nosso interior, tratando medos, moldando o caráter e fortalecendo a fé. Entre o Antigo e o Novo Testamento, foram quatrocentos anos sem uma palavra profética. Mas Deus não estava inativo. Em silêncio, ele preparava o maior de todos os planos: a chegada de Jesus. Quando o Senhor se cala, é tempo de confiar ainda mais.

Ausência de palavras não significa ausência de amor. Mesmo sem respostas, podemos descansar na fidelidade divina. O Eterno continua presente, ainda que invisível. Sua voz pode parecer distante, mas suas mãos seguem operando o impossível em nosso favor.

ACESSE O QR CODE PARA SABER MAIS

"O silêncio de Deus também é resposta: ele fala até quando parece calado."

DEUS O CAPACITA PARA SUPERAR DESAFIOS

DIA
313

@michelsimplicio

Cada vez que você vence uma dor, escolhe perdoar ou decide continuar quando tudo diz para parar, sua vida se torna um testemunho. A superação que o Senhor gera em nós não é apenas pessoal, pois ela inspira, cura e encoraja outras pessoas. "O Deus de toda consolação [...] nos consola em toda a nossa tribulação, para que também possamos consolar os que estiverem em alguma tribulação" (2Coríntios 1.3-4 — ARC).

Superar não é esquecer o que passou, mas decidir não ser mais prisioneiro da dor. É levantar com cicatrizes que agora contam histórias de fé e perseverança. O Pai usa seus processos para alcançar outros corações e fortalecer aqueles que estão prestes a desistir.

O que você venceu pode ser exatamente o que alguém precisa ouvir para ter esperança. Sua superação tem propósito eterno! Quando Deus o levanta, ele também o envia. Sua história é uma pregação viva e pode ser a resposta que alguém está pedindo em oração.

Quem você pode alcançar hoje com o testemunho da sua superação em Deus?

"A sua superação pode ser o sopro de esperança de que alguém precisa para continuar."

ACESSE O QR CODE PARA SABER MAIS

DIA
314

@michelsimplicio

DEUS ABRIRÁ NOVOS CAMINHOS

Qual impossibilidade você precisa entregar hoje ao Deus que abre caminhos?

Quando tudo parece fechado, o Senhor continua sendo o Deus do impossível. Ele abriu o mar para Israel, fez água brotar da rocha e derrubou muros apenas com gritos de fé! O que é impossível para o homem é completamente possível para o Todo-Poderoso (cf. Lucas 18.27). Onde não há saída, ele cria uma estrada; onde não há solução, ele manifesta milagres.

Às vezes, tudo o que vemos são barreiras, muros e limitações. Mas o Céu não se limita à nossa visão humana. Deus age além da lógica e surpreende com soluções que jamais imaginaríamos. Ele não depende de recursos terrenos, apenas de corações que creem.

Fé não é negar a realidade, é confiar em quem pode transformá-la. Não desanime diante do impossível. Ore, creia e continue caminhando. O Deus que abriu caminhos no passado continua fazendo isso hoje. Ele não muda, e sua fidelidade permanece para sempre. Quando você chegar ao fim dos seus recursos, verá que era apenas o início do agir sobrenatural.

ACESSE O QR CODE PARA SABER MAIS

"O impossível para você é o cenário perfeito para o Senhor revelar sua glória."

DEUS O ESTÁ PREPARANDO NO SECRETO

DIA
315

@michelsimplicio

Antes de Davi enfrentar gigantes, ele cuidava de ovelhas no campo, longe dos holofotes e da atenção dos homens. Enquanto ninguém o via, Deus o preparava. O tempo no anonimato não foi desperdício, mas treinamento. Foi ali que ele aprendeu a ouvir a voz do Criador, a lutar contra leões e ursos, a ser fiel nas pequenas coisas. O processo divino quase sempre começa no secreto, onde o Todo-Poderoso trabalha o caráter antes de revelar o propósito.

Muitos querem ser usados por Deus publicamente, mas resistem ao processo oculto. Porém, é nesse lugar escondido que o Pai nos molda, cura feridas, quebra vaidades, desenvolve virtudes e fortalece a fé.

José foi traído, vendido e esquecido antes de governar. Moisés passou 40 anos no deserto antes de libertar o povo. Jesus viveu 30 anos em silêncio antes de iniciar seu ministério. Isso mostra que o tempo de preparo nunca é em vão. Quando tudo parecer parado, confie: Deus o está alinhando, ensinando, estruturando e fortalecendo — trabalhando em você para que esteja pronto quando o tempo certo chegar.

Como você tem reagido ao tempo de preparo silencioso?

“O tempo escondido não é castigo, é treinamento para o que Deus vai revelar.”

ACESSE O QR CODE PARA SABER MAIS

DIA 316

QUANDO O MILAGRE PARECE DEMORAR

@michelsimplicio

Como você pode fortalecer sua fé enquanto espera pelo milagre?

Esperar um milagre pode ser desafiador. Marta e Maria mandaram chamar Jesus quando Lázaro ainda estava doente, mas ele demorou, e Lázaro morreu. No entanto, Cristo chegou no tempo certo para revelar um milagre ainda maior: a ressurreição de seu amigo (cf. João 11.21-25). O que parecia um atraso era, na verdade, propósito divino.

Deus não se esquece das nossas orações. A resposta pode parecer distante, mas ele trabalha nos bastidores para que tudo aconteça no tempo perfeito. Ana orou por anos antes de ter Samuel e Abraão esperou décadas pela promessa de um filho, mas ambos viram a fidelidade de Deus se cumprir (cf. 1Samuel 1.20; Gênesis 21.2).

Se o milagre parece demorado, não desanime. Use esse tempo para fortalecer sua fé, continuar orando e confiar no agir de Deus. O tempo de espera nunca é perdido, mas um tempo de preparação para o que ele já planejou para você.

ACESSE O QR CODE PARA SABER MAIS

"O que parece atraso para você é tempo de preparo para Deus."

VITÓRIAS NÃO SÃO FRUTO DO ACASO

DIA **317**

@michelsimplicio

A vitória não é fruto do acaso, mas de constância. A disciplina espiritual é o terreno onde a fé se fortalece e os frutos amadurecem com profundidade. "Todo atleta em tudo se domina [...] para alcançar uma coroa corruptível" (1Coríntios 9.25 — NAA). A disciplina nos treina para permanecer, mesmo quando o entusiasmo inicial passa e a caminhada se torna mais exigente.

Orar, ler a Palavra, guardar o coração, vigiar nas atitudes, tudo isso exige esforço diário e escolhas conscientes. Mas é nesse esforço que o caráter de Cristo é formado em nós. Não vencemos apenas com emoção ou momentos de inspiração, mas com decisões firmes tomadas todos os dias.

Disciplina é um ato de amor a Deus e compromisso com o propósito que ele nos confiou. Não espere sentir vontade para obedecer. Faça da disciplina uma prática, e a vitória será consequência natural. Quando somos fiéis no oculto, o Senhor nos honra no visível. A vitória que dura nasce de uma vida de constância e fidelidade.

Em que área você precisa de mais disciplina para desfrutar da vitória?

"A disciplina silenciosa de hoje é a colheita visível da vitória de amanhã."

ACESSE O QR CODE PARA SABER MAIS

DIA
318

@michelsimplicio

LIVRE-SE DOS PENSAMENTOS NEGATIVOS

Que mentira você precisa substituir hoje pela verdade da Palavra sobre você?

A batalha mais intensa acontece na mente. Pensamentos negativos tentam nos paralisar, roubar nossa paz e distorcer a verdade de Deus sobre nós. Por isso, a Bíblia nos ensina a levar "cativo todo pensamento à obediência de Cristo" (2Coríntios 10.5 — NAA). Vencer pensamentos negativos começa com substituir mentira por verdade e crer na Palavra.

O Inimigo sussurra dúvidas, medos e acusações, mas a Bíblia afirma quem somos nele: amados, escolhidos e fortalecidos. Quando renovamos nossa mente pela verdade do Senhor, nossa vida começa a ser transformada (cf. Romanos 12.2). Não aceite como verdade o que Deus nunca disse a seu respeito.

Alimente sua mente com aquilo que edifica, fortalece e aponta para o céu. Vencer pensamentos negativos é uma escolha diária. É declarar fé quando a mente grita incertezas. É rejeitar o que enfraquece e abraçar o que fortalece. O Todo-Poderoso já lhe deu autoridade para mudar sua forma de pensar — agora é hora de usá-la com fé.

ACESSE O QR CODE PARA SABER MAIS

"Pensamentos negativos caem por terra quando escolhemos crer no que Deus diz."

É TEMPO DE PERMANECER FIRME

DIA
319

@michelsimplicio

Em um mundo que valoriza o imediatismo, permanecer tornou-se um ato de coragem. Quando tudo diz "desista", é preciso força para ficar. Permanecer na fé, na obediência e na esperança, mesmo quando não há sinais visíveis. Jesus disse: "Permanecei em mim, e eu permanecerei em vós" (João 15.4 — ARA), afinal, é na permanência que os frutos verdadeiros nascem e amadurecem.

Permanecer não é ficar parado, é confiar mesmo em movimento lento. É continuar orando quando parece que nada muda. É manter a integridade quando todos escolhem atalhos. A coragem de permanecer vem do Espírito Santo, que nos sustenta quando nossas forças humanas falham.

Não subestime o poder de permanecer firme. Deus vê sua fidelidade no secreto, sua resistência silenciosa diante das lutas e seu coração que escolhe continuar. Os que permanecem são os que vencem. E quem permanece em Deus, ainda que passe pelas tempestades, jamais será abalado — será fortalecido para grandes conquistas.

"Permanecer é coragem disfarçada de fé, e é isso que sustenta os que vencem."

Em que área da sua vida Deus o está chamando a permanecer com coragem?

ACESSE O QR CODE PARA SABER MAIS

DIA
320

@michelsimplicio

UM CORAÇÃO QUEBRANTADO ATRAI O FAVOR DE DEUS

O que você precisa entregar a Deus para viver com um coração quebrantado?

....

....

....

....

....

....

....

....

....

....

Deus não resiste a um coração sincero e arrependido. A Bíblia nos ensina: "Perto está o SENHOR dos que têm o coração quebrantado, e salva os contritos de espírito" (Salmos 34.18 — ACF). Isso significa que, quando nos humilhamos diante de Deus, ele nos levanta com sua graça e seu favor.

Quebrantamento não é fraqueza, mas um sinal de dependência total de Deus. Davi, após seu pecado, reconheceu sua falha e exclamou: "Sacrifício agradável a Deus é o espírito quebrantado" (Salmos 51.17 — NAA). Ele entendeu que o Senhor não rejeita quem se rende a ele com sinceridade. Quando reconhecemos que sem o Eterno nada podemos fazer, abrimos espaço para que ele transforme nosso coração.

O favor de Deus não está sobre os orgulhosos, mas sobre aqueles que se humilham e buscam sua presença. Se desejamos viver o melhor de Deus, precisamos nos render completamente a ele.

Não endureça seu coração diante do Pai. Derrame-se em sua presença, confesse suas fraquezas e permita que ele o renove. O Criador se agrada daqueles que dependem dele de todo o coração.

ACESSE O QR CODE PARA SABER MAIS

"Deus derrama graça e favor sobre os que se rendem com sinceridade."

GERANDO FRUTOS QUE HONRAM A DEUS

DIA

321

@michelsimplicio

Fomos chamados para gerar frutos que glorifiquem a Deus e permaneçam ao longo do tempo. Jesus disse: "Eu vos escolhi [...] para que vades e deis fruto, e o vosso fruto permaneça" (João 15.16 — ACF). Frutos que honram ao Senhor nascem de uma vida conectada à videira verdadeira, que é Cristo. Ele é a fonte de nossa força, sabedoria e direção. Sem ele, nossas obras perdem valor eterno, pois só com Cristo conseguimos produzir o que realmente importa.

Frutos duradouros não são apenas resultados visíveis ou conquistas externas, mas atitudes e decisões que refletem o caráter de Cristo: amor, bondade, mansidão, paciência, domínio próprio e fidelidade. São evidências de uma vida moldada pelo Espírito.

Quando vivemos em obediência, submissão e comunhão com Deus, nossas ações deixam marcas profundas nas pessoas e glorificam o Pai. Uma árvore frutífera não gera frutos para si, mas para alimentar e abençoar outros. Frutificar é viver com propósito, servir com humildade, amar com intensidade e testemunhar Cristo em tudo o que fazemos, todos os dias.

"Quem permanece em Cristo gera frutos que impactam vidas e glorificam a Deus!"

Que tipo de frutos você tem produzido para honrar a Deus e abençoar outras pessoas?

....

....

....

....

....

....

....

....

....

ACESSE O QR CODE PARA SABER MAIS

DIA
322

@michelsimplicio

A VERDADEIRA FÉ VAI ALÉM DAS CIRCUNSTÂNCIAS

Em que que você precisa crer, hoje, mesmo sem ver, confiando totalmente no Senhor?

....

....

....

....

....

....

....

....

....

....

A verdadeira fé não depende do que os olhos enxergam, mas do que o coração crê, como explica a Palavra: "Ora, a fé é a certeza de coisas que se esperam, a convicção de fatos que se não veem" (Hebreus 11.1 — ARA). É com esse tipo de fé que vencemos batalhas silenciosas, enfrentamos gigantes invisíveis e caminhamos mesmo sem ter todas as respostas.

Abraão creu contra a esperança. Moisés estendeu o cajado diante do mar sem ver ainda o caminho. Josué marchou diante de muralhas intransponíveis. Todos eles agiram com base na confiança, não na visão natural. O invisível não é o fim da ação de Deus, é o palco onde ele manifesta seu poder.

Quando tudo parece oculto, as respostas não vêm e as promessas ainda não se cumprem, a fé continua firme. Ela declara vitória antes da evidência. Porque quem crê no invisível alcança o impossível. E quem confia no Todo-Poderoso, mesmo sem enxergar o caminho, nunca caminha solitário.

ACESSE O QR CODE PARA SABER MAIS

"A fé que vence o invisível é aquela que se apoia no Deus que nunca falha."

SEJA UM REFLEXO DE CRISTO NO MUNDO

DIA **323**

@michelsimplicio

Como seguidores de Jesus, somos chamados a refletir sua luz ao mundo. Ele disse: "Vós sois a luz do mundo" (Mateus 5.14 — ACF), e isso deixa claro que nossa conduta, nossas palavras e atitudes devem revelar o caráter do Salvador. Por isso, Paulo nos ensina a sermos imitadores de Cristo, andando em amor (cf. Efésios 5.1-2). O testemunho cristão é poderoso, pois impacta vidas e glorifica a Deus.

Quando demonstramos compaixão, paciência e amor, estamos manifestando Jesus aos de fora da fé. Nossa vida deve apontar para Cristo em tudo, e quando vivemos segundo a Palavra, refletimos a glória de Deus.

Que sua vida seja um testemunho vivo do amor e da graça do Salvador. Ser um reflexo dele significa agir com justiça, perdoar e amar sem esperar nada em troca. O mundo precisa ver Jesus em nossas atitudes e escolhas. Assim, cumprimos nosso chamado de sermos luz e sal na Terra. Seja intencional ao revelar o seu Senhor, pois ao enxergá-lo na sua vida, pessoas podem se interessar pelo Evangelho e ter a vida transformada.

Quais áreas da sua vida precisam refletir mais o caráter de Cristo no seu dia a dia?

"Sua vida deve refletir o caráter de Cristo para que o mundo veja a glória de Deus em você."

ACESSE O QR CODE PARA SABER MAIS

DIA
324

@michelsimplicio

O SILÊNCIO DE DEUS NÃO SIGNIFICA A AUSÊNCIA DELE

O que você tem aprendido nos momentos em que Deus escolhe apenas observá-lo?

O silêncio de Deus não significa ausência, mas ensino. Em muitos momentos, ele se cala não porque está longe, mas porque está trabalhando em nós de uma forma mais profunda. Foi no silêncio que Jó aprendeu a confiar, que Abraão foi provado e que Jesus, no Getsêmani, se rendeu à vontade do Pai.

Quando Deus silencia, ele nos convida a ouvir mais com o coração do que com os ouvidos. É no silêncio que nossa fé é purificada, nossa dependência é fortalecida e aprendemos a confiar sem garantias visíveis. O silêncio também revela se buscamos a Deus por quem ele é ou apenas pelo que ele pode nos dar.

Não despreze o silêncio. Ele pode ser o solo onde Deus planta as respostas que virão no tempo certo. Enquanto você espera, adore. Enquanto você não ouve, confie. O silêncio de Deus não é abandono — é preparo. Ele está ensinando você a permanecer firme até que voz dele volte a ecoar.

ACESSE O QR CODE PARA SABER MAIS

"O silêncio de Deus não é rejeição, é cuidado disfarçado de silêncio sagrado."

SUA IDENTIDADE NÃO ESTÁ NAS QUEDAS

DIA **325**

@michelsimplicio

Todos nós falhamos. Às vezes, tropeçamos em atitudes, em pensamentos ou em decisões que nos afastam de Deus. E quando isso acontece, o Inimigo tenta nos fazer acreditar que somos aquilo que fizemos de errado. Mas nossas quedas não definem quem somos.

Pedro negou Jesus três vezes, mas isso não cancelou o chamado que havia sobre ele. Jesus o restaurou e reafirmou sua identidade: "Apascenta as minhas ovelhas" (João 21.17 — ACF), disse o Senhor, ordenando o apóstolo ao pastorado. Nossa identidade não está nas falhas, mas em Cristo. Quando caímos, temos um Pai que nos levanta, nos limpa e nos lembra quem somos nele. O perdão não vem para reforçar o erro, mas para nos restaurar à posição de filhos. Não permita que o peso da culpa apague a verdade do amor de Deus por você. Ele o chama pelo nome, não pelos seus erros. O passado pode explicar parte da sua história, mas não determina o seu destino. Em vez de viver paralisado pelas quedas, levante-se com fé. O Senhor ainda tem planos para você e ele continua escrevendo sua história com graça, poder e redenção.

"Você não é o que o feriu, nem o que o derrubou. Você é quem Deus diz que você é."

O que tem tentado roubar sua identidade e fazer você esquecer quem é em Cristo?

ACESSE O QR CODE PARA SABER MAIS

DIA

326

@michelsimplicio

PARE DE ADIAR O QUE DEUS MANDOU FAZER

Que passo você pode dar para vencer a procrastinação espiritual?

Muitas vezes, adiamos decisões espirituais importantes, esperando um momento "ideal" para buscar mais a Deus. No entanto, a Bíblia nos alerta com urgência: "Buscai ao Senhor enquanto se pode achar, invocai-o enquanto está perto" (Isaías 55.6 — ACF). Isso nos mostra que o tempo para crescer espiritualmente não é amanhã — é agora.

A procrastinação espiritual nos paralisa e enfraquece. O Inimigo deseja nos manter ocupados e acomodados, adiando a oração, a leitura da Palavra e o compromisso com Deus. Moisés tentou resistir ao seu chamado e Jeremias se achava jovem demais. Mas ambos foram desafiados a agir e cumpriram o propósito de Deus para sua vida.

Se você tem adiado sua entrega, decida hoje dar um passo em direção ao Senhor. Comece com atitudes simples: um tempo diário de oração, leitura bíblica e obediência. Quanto antes nos rendemos, mais cedo experimentamos o mover de Deus. O tempo de buscar ao Senhor é agora, e ele está pronto para partir ao seu encontro.

ACESSE O QR CODE PARA SABER MAIS

"Não adie o que Deus quer fazer em sua vida hoje."

SATISFAÇÃO EM DEUS: O CAMINHO PARA A PAZ INTERIOR

DIA
327

@michelsimplicio

A verdadeira paz interior nasce quando nossa alma encontra satisfação plena em Deus, e não nas circunstâncias ao redor. Paulo, mesmo passando por fome, escassez, perseguições e prisões, aprendeu a viver contente em toda e qualquer situação (cf. Filipenses 4.11-13). Isso nos mostra que a paz que vem do Senhor é sobrenatural e independe do que vivemos ou sentimos.

O mundo tenta nos convencer de que a felicidade está nas conquistas, no status ou no acúmulo de bens. Mas a satisfação que preenche verdadeiramente o coração humano só é encontrada na presença do Eterno. Quando compreendemos que ele é suficiente, experimentamos a paz que excede todo entendimento (cf. Filipenses 4.7) e nos guarda em tempos de crise.

A alma que descansa em Deus não se desespera diante das perdas, frustrações ou incertezas. Ele se torna nossa fonte de segurança, estabilidade, contentamento e alegria. Quem se satisfaz no Senhor vive a verdadeira paz, mesmo em meio às tempestades.

Você tem buscado a verdadeira paz em Deus ou nas circunstâncias ao redor?

....

....

....

....

....

....

....

....

....

....

"Quem se satisfaz em Deus descobre uma paz que permanece em qualquer situação!"

ACESSE O QR CODE PARA SABER MAIS

DIA
328

RENOVE SUA MENTE COM A PALAVRA DE DEUS

@michelsimplicio

O que você pode fazer hoje para encher sua mente com a Palavra de Deus?

....

....

....

....

....

....

....

....

....

....

A forma como pensamos influencia diretamente a maneira como vivemos. A Bíblia nos ensina: "E não vos conformeis com este mundo, mas transformai-vos pela renovação do vosso entendimento" (Romanos 12.2 — ARC). Isso significa que viver o propósito de Deus começa por uma mudança interior — uma transformação que nasce no pensamento.

O mundo nos bombardeia com mensagens de medo, dúvida, comparação e insegurança. Mas a Bíblia nos confronta com verdades eternas que geram fé, coragem e esperança. Quando meditamos nas Escrituras, nossa mente é moldada segundo o caráter de Cristo e nossas decisões passam a refletir a vontade de Deus, e não apenas nossas emoções.

Renovar a mente exige disciplina e intencionalidade. Leia a Bíblia, leia as promessas universais de Deus em voz alta e rejeite pensamentos que não vêm dele. Quanto mais espaço dermos à verdade, mais livres seremos para viver o propósito que o Senhor planejou para nós.

ACESSE O QR CODE PARA SABER MAIS

"Uma mente renovada pela Palavra gera uma vida transformada pelo Senhor."

O ESPÍRITO SANTO VAI GUIÁ-LO

DIA
329

@michelsimplicio

Nem todo "desvio" no caminho é sinal de erro. Às vezes, é o próprio Espírito Santo nos redirecionando para o propósito dele. Em Atos 16, Paulo foi impedido pelo Espírito de pregar em certos lugares e foi exatamente assim que ele chegou à Macedônia, onde vidas foram alcançadas e o Evangelho avançou. O plano parecia frustrado, mas era um redirecionamento divino.

O Espírito Santo não apenas consola, ele guia — fecha portas, move circunstâncias, muda rotas e inquieta o coração quando estamos fora da direção do Céu. Pode ser desconfortável no início, mas é sempre para nos alinhar à vontade perfeita do Pai. Precisamos de sensibilidade espiritual e obediência para seguir, mesmo quando não entendemos tudo.

Ser redirecionado por Deus é um ato de amor e cuidado. Ele enxerga além, conhece o fim desde o início e prepara caminhos mais frutíferos do que poderíamos planejar. Confie no controle do Espírito. O caminho do Senhor sempre vale a pena, mesmo que pareça inesperado.

Você tem dado liberdade para o Espírito Santo conduzir os passos da sua jornada?

"O redirecionamento de Deus é sempre um convite para viver algo maior com ele."

ACESSE O QR CODE PARA SABER MAIS

DIA
330

@michelsimplicio

ENFRENTE A INSEGURANÇA COM FÉ

Você tem confiado mais na provisão ou no Deus que provê?

O medo de não conseguir estabilidade financeira, emocional ou familiar tem paralisado muitas pessoas. A insegurança quanto ao futuro gera ansiedade, preocupação e uma falsa sensação de que tudo depende do nosso controle. Mas Jesus nos lembra de não andarmos ansiosos porque nosso Pai celestial sabe do que precisamos (cf. Mateus 6.25-32). Ele cuida de cada detalhe antes mesmo de pedirmos.

A estabilidade que buscamos muitas vezes é construída com esforço, mas também com confiança plena em Deus. Ele abre portas onde não vemos saída, envia provisão onde há necessidade e sustenta até no deserto mais árido. A ordem de Jesus é clara: "Buscai primeiro o Reino de Deus [...], e todas estas coisas vos serão acrescentadas" (v. 33 — ACF).

Não tenha medo do que ainda não chegou. O Todo-Poderoso está no controle de cada área da sua vida e sabe exatamente do que você precisa. A sua segurança não está no que possui, mas em quem caminha ao seu lado. Confie: quem busca o Reino não fica desamparado.

"A verdadeira estabilidade começa quando confiamos em quem nunca muda."

ACESSE O QR CODE PARA SABER MAIS

DEIXE DEUS CONDUZIR

DIA
331

@michelsimplicio

No Reino dos Céus, a lógica é invertida: quem se humilha será exaltado (cf. Mateus 23.12). A submissão, vista por muitos como sinal de fraqueza, é na verdade uma marca de maturidade e força espiritual. Jesus, sendo Deus, se esvaziou, assumiu a forma de servo e se submeteu ao Pai com obediência até a morte — por isso foi exaltado acima de todo nome (cf. Filipenses 2.8-9).

Submeter-se não é se anular, mas reconhecer limites e confiar que o Senhor sabe mais. É deixar de lutar contra a vontade divina para caminhar ao lado dela. Em um mundo que celebra o orgulho e a autonomia, escolher a submissão é um ato raro de fé, coragem e rendição verdadeira.

Deus exalta aqueles que confiam nele e se rendem com sinceridade. A submissão não nos enfraquece, ela nos posiciona para o agir dele. Quando pomos nossa vontade debaixo da vontade do Pai, encontramos direção, paz e força para cumprir o propósito com leveza e autoridade.

Em que área da sua vida você precisa se submeter mais à vontade de Deus?

“A submissão que parece diminuí-lo é a chave que Deus usa para o exaltar.”

ACESSE O QR CODE PARA SABER MAIS

DIA 332

@michelsimplicio

O ESPÍRITO SANTO ENSINA VOCÊ A ORAR

Como você pode permitir que o Espírito Santo o guie mais em suas orações?

Nem sempre sabemos como orar ou o que dizer a Deus, mas não estamos sozinhos nessa jornada espiritual. A Bíblia nos ensina: "O Espírito nos ajuda em nossa fraqueza, pois não sabemos como orar, mas o próprio Espírito intercede por nós com gemidos inexprimíveis" (Romanos 8.26). Isso revela que ele é nosso aliado na oração, guiando-nos e intercedendo por nós.

A oração não precisa ser perfeita, longa ou cheia de palavras bonitas. Deus não busca performance, busca sinceridade. Quando nos posicionamos diante dele com um coração aberto, o Espírito Santo nos direciona, levando-nos a entender aquilo por que devemos orar e fortalecendo nossa fé enquanto falamos com o Pai.

Se você sente dificuldade em orar, não se culpe. Peça ajuda ao Espírito Santo. Ele é o nosso Consolador e nos conduz ao coração de Deus. Quanto mais tempo passamos em oração, mais íntimos nos tornamos do Senhor e mais fortalecidos somos espiritualmente.

ACESSE O QR CODE PARA SABER MAIS

"O Espírito Santo nos guia para orar de acordo com o coração de Deus."

DEUS AINDA FALA COM VOCÊ

DIA
333

@michelsimplicio

Em meio à correria da vida, muitas vezes nos perguntamos se Deus ainda fala conosco. A verdade é que ele nunca parou de falar, mas nem sempre estamos atentos para ouvi-lo.

Ele fala de diversas formas: pela Bíblia, pela oração, por meio de pessoas e até pelas circunstâncias. Elias o buscava no vento forte e no terremoto, mas o Senhor se revelou de forma mansa e suave (cf. 1Reis 19.11-12). Isso nos ensina que, muitas vezes, o Pai fala de maneira sutil, e precisamos aquietar nosso coração para ouvi-lo.

Se parece que o Criador está em silêncio, talvez seja o momento de se aproximar mais dele. Em Jeremias 29.13, lemos o que o Eterno disse aos judeus que ainda restavam entre os exilados na Babilônia: "Vocês me buscarão e me acharão quando me buscarem de todo o coração" (NAA). Devemos crer que o mesmo ocorrerá conosco: quanto mais buscarmos a Deus, mais reconheceremos sua voz e sua direção.

Deus ainda fala. Reserve tempo para buscar sua voz, e ele lhe responderá.

Como você pode se abrir mais para ouvir a voz de Deus?

"O Senhor sempre fala, mas precisamos aprender a escutar."

ACESSE O QR CODE PARA SABER MAIS

DIA
334

@michelsimplicio

SÓ JESUS PODE PREENCHER O VAZIO DA ALMA

Você tem deixado Cristo ocupar o lugar que foi feito só para ele no seu coração?

....

....

....

....

....

....

....

....

....

....

....

O jovem rico tinha tudo o que muitos sonham: posses, posição e moral. Mas, ainda assim, ele correu até Jesus com uma pergunta que revelava seu vazio: "Que farei para herdar a vida eterna?" (Marcos 10.17). Ele seguia os mandamentos desde jovem, mas sentia que algo ainda faltava. O Mestre, com amor, apontou exatamente o que ocupava o espaço que deveria ser de Deus. A proposta foi clara: "Vende tudo e segue-me". Mas o rapaz se retirou triste, porque seu coração estava preso ao que possuía.

O vazio interior não é preenchido por conquistas, dinheiro, status ou aprovação. Quanto mais tentamos ocupar esse espaço com coisas passageiras, mais percebemos que só Cristo pode preenchê-lo. Ele não quer apenas fazer parte da sua vida, quer ser o centro, o fundamento, o propósito.

Se há um vazio que insiste em permanecer, talvez seja hora de abrir mão do que ocupa o lugar que pertence somente a Deus. Só ele pode transformar tristeza em plenitude e ausência em sentido eterno. O chamado continua o mesmo: "Vem e segue-me".

ACESSE O QR CODE PARA SABER MAIS

"Nada preenche o vazio da alma como a presença de Jesus."

VOCÊ É PRECIOSO AOS OLHOS DE DEUS

DIA
335

@michelsimplicio

Tomé não estava com os discípulos quando Jesus apareceu pela primeira vez após a ressurreição. Ao ouvir o testemunho dos amigos, respondeu: "Se eu não vir [...] de modo nenhum acreditarei" (João 20.25 — NAA). Suas palavras revelam um coração cauteloso, talvez marcado por frustrações, decepções ou medos. Assim como Tomé, muitos hoje acreditam em Deus, mas têm dificuldade de confiar nas pessoas e manter relacionamentos saudáveis.

Relacionamentos exigem entrega, escuta, paciência e vulnerabilidade. Mas quem foi ferido constrói muros em vez de pontes. O medo de se machucar de novo isola, endurece e impede que conexões verdadeiras floresçam. Ainda assim, Jesus não rejeitou Tomé. Antes, voltou só por causa dele, mostrou suas feridas e o convidou a tocá-lo. Com isso, restaurou sua fé e abriu espaço para a cura.

Jesus também quer curar as feridas que afastam você de vínculos saudáveis. Ele entende suas razões, mas deseja ensinar-lhe como confiar novamente nele e nos relacionamentos que está construindo ao seu redor.

"Jesus não rejeita corações desconfiados, ele os cura com amor."

Você tem deixado Cristo curar as feridas que dificultam seus relacionamentos?

....

....

....

....

....

....

....

....

....

....

ACESSE O QR CODE PARA SABER MAIS

DIA
336

@michelsimplicio

DEUS NOS CHAMA PARA ALGO MAIOR

Como você tem respondido ao chamado do Senhor para viver algo maior e mais profundo?

Deus nunca nos chama para uma vida limitada, mas para algo maior do que podemos imaginar. Ele disse a Abraão: "Sai da tua terra [...]; de ti farei uma grande nação" (Gênesis 12.1-2 — ARA). O chamado do Senhor sempre nos tira da zona de conforto, rompe com o previsível e nos leva a um propósito grandioso, além das nossas expectativas humanas.

Responder ao chamado requer fé, obediência e disposição para deixar para trás aquilo que nos prende. Muitas vezes, não veremos todo o caminho à frente, mas precisamos confiar que Deus tem planos maiores e melhores do que os nossos. Ele não nos chama pelo que somos hoje, mas pelo que seremos nele. Sua voz nos convida a romper limites e a caminhar confiando, mesmo sem entender todos os detalhes.

O que o Senhor preparou vai além das nossas capacidades, pois é nele que encontramos força, direção e coragem para avançar. Jesus o convida a crer que há algo maior, eterno e transformador reservado especialmente para você.

ACESSE O QR CODE PARA SABER MAIS

"Quem aceita o chamado de Deus vive o extraordinário e impacta outras vidas!"

O NOVO TEMPO EXIGE UMA NOVA POSTURA

DIA
337

@michelsimplicio

Recomeçar exige coragem, mas também fé. É preciso ousadia para deixar para trás o que deu errado e crer que Deus ainda tem algo novo reservado. Pedro negou Jesus, mas teve humildade para voltar, ser restaurado e cumprir seu chamado. O recomeço é possível quando a graça encontra um coração disposto a confiar novamente.

Deus não se impressiona com quedas, mas se alegra com aqueles que decidem se levantar. O Inimigo quer paralisar você com vergonha, culpa ou medo, mas Deus está sempre pronto para renová-lo. Recomeçar não é sinal de fracasso, mas de maturidade e fé viva. É reconhecer que, com o Eterno, sempre existe uma nova chance.

Não deixe o medo ou a dor de ontem impedi-lo de tentar outra vez. Grandes testemunhos nascem de recomeços que pareciam improváveis. A ousadia que vem do Espírito Santo o capacita a dar o primeiro passo, mesmo sem garantias. Recomece com fé, crendo que Deus ainda tem muito para fazer por meio da sua vida.

Qual passo de recomeço você precisa dar ainda hoje?

"A graça divina é o ponto de partida para todo recomeço cheio de ousadia e fé."

ACESSE O QR CODE PARA SABER MAIS

DIA
338

@michelsimplicio

VIVA ALÉM DAS EXPECTATIVAS

O que o tem impedido de ir além no propósito de Deus?

....

....

....

....

....

....

....

....

....

....

....

....

Deus nunca nos chama para uma vida limitada, mas para viver além do que imaginamos. A Bíblia declara: "Nem olhos viram, nem ouvidos ouviram, nem jamais penetrou em coração humano o que Deus tem preparado para aqueles que o amam" (1Coríntios 2.9 — ARA). Isso revela que os planos do Senhor são sempre maiores do que nossas expectativas.

Moisés não esperava se tornar o libertador de uma nação. Gideão se via como o menor da sua casa, mas Deus o chamou de valente guerreiro. Pedro era apenas um simples pescador, mas Jesus o transformou em um dos maiores líderes da Igreja primitiva. Tudo isso porque, quando Deus nos chama, ele enxerga além das nossas limitações e vê o nosso potencial em suas mãos.

Não limite o que o Senhor pode fazer em sua vida por medo, insegurança ou dúvidas. O Céu não trabalha com pequenas possibilidades, mas com grandes promessas. Confie em Deus, obedeça à sua direção e permita que ele o leve para um novo nível. Há algo grandioso preparado para quem caminha pela fé.

ACESSE O QR CODE PARA SABER MAIS

"Os planos de Deus para você são maiores do que você imagina."

NÃO ACELERE OS PROCESSOS

DIA
339

@michelsimplicio

Muitas vezes, na ânsia de ver resultados, tentamos apressar os processos de Deus. Minha esposa, Letícia Simplicio, demorou a começar a pregar por conta de uma grande timidez. Durante esse tempo, nunca a pressionei ou apressei. Esperei pacientemente o momento certo, e hoje ela é uma grande pregadora.

Assim como Abraão tentou adiantar o plano de Deus gerando um filho antes da promessa, também corremos o risco de colher consequências por causa da nossa pressa. O Senhor não trabalha na nossa ansiedade, mas no tempo da fé. Quando respeitamos o tempo do Onisciente e o processo de cada um, os frutos aparecem de forma plena, duradoura e abençoada.

Eclesiastes 3.1 nos lembra de que há tempo para todas as coisas, portanto não tente antecipar o que Deus ainda está construindo. Confie. Ele sabe o tempo exato de agir.

Em que área da sua vida você precisa esperar o tempo de Deus em vez de acelerar o processo?

....

....

....

....

....

....

....

....

....

"Confie no tempo do Senhor, pois ele sabe o momento certo para todas as coisas."

ACESSE O QR CODE PARA SABER MAIS

DIA
340

@michelsimplicio

MESMO NO SILÊNCIO, DEUS ESTÁ PRESENTE

Você confia que o Senhor está presente, mesmo em silêncio?

Na cruz, Jesus gritou em alta voz: "Deus meu, Deus meu, por que me desamparaste?" (Mateus 27.46 — ARA). O Filho, que sempre viveu em perfeita comunhão com o Pai, experimentou naquele momento o silêncio, a dor e a sensação de solidão. Esse episódio profundo revela que até Jesus sentiu o peso do abandono — não porque o Pai o rejeitou, mas porque ele carregava sobre si o pecado de toda a humanidade. Foi necessário para a redenção, mas não foi definitivo.

Muitas vezes, também enfrentamos períodos em que sentimos que Deus está distante. Oramos e não ouvimos resposta. Buscamos e não sentimos nada. Mas o silêncio de Deus não é ausência. Ele continua presente, mesmo quando nossos sentidos falham. Ele prometeu: "Nunca o deixarei; jamais o abandonarei" (Hebreus 13.5).

Sentir-se abandonado não significa que você está só. O Onisciente vê suas lágrimas, entende seu clamor e caminha com você, mesmo nos vales mais escuros. A presença dele é real, baseada na fidelidade que nunca falha.

ACESSE O QR CODE PARA SABER MAIS

"Deus continua presente, mesmo quando o coração se sente sozinho."

A FORÇA QUE VOCÊ PRECISA VEM DE DEUS

DIA **341**

@michelsimplicio

A caminhada da fé pode, em certos momentos, nos levar ao cansaço espiritual. Jesus nos alertou que, nos últimos tempos, o amor de muitos se esfriaria (cf. Mateus 24.12). A fadiga espiritual surge quando nos afastamos da fonte de vida, nos ocupamos demais com as demandas diárias e deixamos de lado os momentos de intimidade com Deus. Mas o Senhor nos convida a renovar as forças nele: "Mas os que esperam no SENHOR renovam as suas forças" (Isaías 40.31 — NAA).

Evitar a fadiga espiritual exige intencionalidade. É manter a disciplina da oração, alimentar a alma com a Palavra e permanecer conectado com a comunhão dos irmãos na fé. Quando nos nutrimos da presença de Deus, a fé se fortalece, a mente se renova e o espírito se enche de esperança, mesmo em meio às tribulações.

Só assim seremos capazes de continuar firmes, frutíferos e alinhados com os propósitos do Senhor. Renove sua fé em Deus e evite o cansaço espiritual, que enfraquece a caminhada.

"Quem se alimenta da presença do Senhor vence a fadiga e segue firme na fé!"

O que você pode fazer hoje para renovar suas forças espirituais em Deus?

....

....

....

....

....

....

....

....

....

....

ACESSE O QR CODE PARA SABER MAIS

DIA
342

@michelsimplicio

SUPERE O MEDO E AVANCE PARA A VITÓRIA

Qual medo você precisa entregar a Deus hoje para avançar rumo à sua vitória?

....

....

....

....

....

....

....

....

....

....

O medo é um dos maiores obstáculos para que avancemos rumo ao propósito divino. Josué ouviu do Senhor: "Não temas, nem te espantes; porque o SENHOR teu Deus é contigo por onde quer que andares" (Josué 1.9 — ACF), e se temos Cristo conosco, isso se aplica a nós. O medo paralisa, rouba sonhos e nos faz duvidar das promessas, mas a fé nos impulsiona a dar passos corajosos em direção à vitória que o Criador já preparou.

O Eterno não nos chamou para viver presos à insegurança ou à dúvida, mas para avançar com ousadia, mesmo diante dos gigantes do caminho. Quando enfrentamos desafios com o coração firmado no Senhor, descobrimos que não estamos sozinhos e que ele nos capacita além das nossas limitações humanas. A presença dele é a nossa força.

A vitória já foi garantida em Cristo, mas é necessário coragem para romper com o medo e caminhar em obediência. Superar o medo é essencial para viver plenamente tudo o que Deus prometeu. A fé nele nos faz avançar, mesmo quando o medo tenta nos impedir.

ACESSE O QR CODE PARA SABER MAIS

"Quem vence o medo com fé alcança as vitórias que o Senhor já preparou no caminho!"

DEUS NÃO EXIGE PERFEIÇÃO, MAS UM CORAÇÃO PURO

DIA **343**

@michelsimplicio

Santidade não é um estado distante ou inalcançável, mas algo construído nas escolhas diárias. Cada decisão revela a quem estamos obedecendo: à carne ou ao Espírito. Somos instados à santidade: "Sede santos, porque eu sou santo" (1Pedro 1.16 — ACF). Vemos que Deus não exige perfeição, mas um coração disposto e sincero, que deseja viver para agradá-lo.

A santidade se manifesta nos bastidores da vida: nas conversas, nos pensamentos, nos conteúdos que consumimos, nas atitudes quando ninguém está olhando. Não é sobre aparência religiosa, mas sobre decisões constantes que revelam o caráter de Cristo em nós. Perdoar, fugir do pecado, agir com integridade — isso é santidade prática.

Uma vida santa começa com uma mente renovada e um coração totalmente rendido. A cada escolha certa, somos moldados. E quando erramos, o arrependimento nos realinha ao propósito. Decida viver de forma que agrade o Senhor, porque a verdadeira santidade se revela nas pequenas decisões do cotidiano.

"A santidade não começa no palco, mas no secreto, nas decisões que só o Senhor vê."

Suas decisões diárias têm refletido o desejo de viver uma vida santa diante de Deus?

....

....

....

....

....

....

....

....

....

....

ACESSE O QR CODE PARA SABER MAIS

DIA
344

@michelsimplicio

RENDA SEU CORAÇÃO E VIVA SEU MILAGRE

Seu coração tem se rendido a Deus para receber força nos momentos de luta?

O mundo valoriza a autossuficiência, a força aparente e o controle sobre todas as situações. Mas Deus nos mostra que a verdadeira força nasce no quebrantamento. Quando reconhecemos nossa limitação e nos rendemos diante do Senhor, ele nos fortalece e nos capacita para superar os maiores desafios. O salmista declarou esta verdade: "Perto está o Senhor dos que têm o coração quebrantado" (Salmos 34.18 — ACF).

O Pai não rejeita um coração humilde, sincero e dependente. É no estado de rendição, em que reconhecemos nossa total necessidade dele, que somos renovados e recebemos graça para continuar. O quebrantamento não nos enfraquece como o mundo pensa; pelo contrário, ele nos conecta ao poder divino. É na fraqueza que o poder de Deus se aperfeiçoa (cf. 2Coríntios 12.9).

Quem se humilha diante de Deus se levanta mais forte, cheio de fé e preparado para enfrentar as lutas. Afinal, ele fortalece os quebrantados e os faz triunfar sobre os desafios da vida com coragem e confiança.

"No quebrantamento, encontramos a força que o mundo não pode oferecer!"

ACESSE O QR CODE PARA SABER MAIS

PERSISTÊNCIA: O CAMINHO PARA GRANDES CONQUISTAS

DIA
345

@michelsimplicio

A persistência é uma das chaves para alcançar grandes conquistas na vida e na fé. A Bíblia nos ensina que devemos perseverar em tudo o que Deus pôs diante de nós. Em Gálatas 6.9, lemos: "E não nos cansemos de fazer o bem, pois no tempo próprio colheremos, se não desanimarmos".

José enfrentou traições e prisões, mas sua persistência o levou a ser governador do Egito (cf. Gênesis 41.41). Davi esperou anos para ser rei, mas nunca desistiu da promessa de Deus (cf. 2Samuel 5.4). O próprio Jesus perseverou até a cruz, garantindo nossa salvação (cf. Hebreus 12.2).

A persistência é o que transforma sonhos em realidade. Se Deus lhe deu uma promessa, continue firme. Não deixe o medo ou as dificuldades o paralisarem. Persevere na oração, na fé e na obediência, pois no tempo certo você verá o fruto do seu esforço.

Deus honra aqueles que não desistem do rumo certo! Mantenha-se firme, pois grandes conquistas vêm para aqueles que confiam e seguem com perseverança. Creia, pois Deus está no controle, e sua vitória pode estar mais próxima do que você imagina.

"A persistência na fé e na obediência a Deus nos leva a grandes conquistas e vitórias."

Em que área da sua vida você precisa de mais persistência para alcançar a bênção?

ACESSE O QR CODE PARA SABER MAIS

DIA
346

@michelsimplicio

SEJA A LUZ QUE TRANSFORMA

Como você pode ser luz na vida de alguém hoje?

Jesus nos chamou para ser luz neste mundo. Ele declarou: "Vós sois a luz do mundo; não se pode esconder uma cidade edificada sobre um monte" (Mateus 5.14 — ACF). Isso significa que nossa vida deve refletir o amor, a graça e a verdade de Deus, levando luz a quem ainda vive na escuridão.

A luz não existe para si mesma, mas para guiar, direcionar e trazer esperança. Quando vivemos de acordo com os princípios do Reino, nossas ações se tornam um farol para aqueles que nos cercam. Um gesto de bondade, uma palavra de encorajamento ou uma atitude íntegra pode ser a diferença na vida de alguém.

Não permita que o medo, a vergonha ou a timidez apaguem a luz que Deus pôs dentro de você. Brilhe com coragem por meio das suas palavras, atitudes e escolhas. O mundo está em trevas e precisa ver Jesus em nós. Seja luz onde quer que esteja! Deus deseja usar sua vida para iluminar caminhos, restaurar corações e atrair muitos ao seu amor.

ACESSE O QR CODE PARA SABER MAIS

"Uma vida cheia de Deus brilha e transforma tudo ao seu redor."

A ADORAÇÃO É UMA DISCIPLINA PODEROSA DO CRISTÃO

DIA
347

@michelsimplicio

A adoração não é apenas um cântico bonito ou um momento do culto de domingo, mas um estilo de vida que honra a Deus em todo tempo. A Bíblia nos ensina: "Mas a hora vem, e agora é, em que os verdadeiros adoradores adorarão o Pai em espírito e em verdade" (João 4.23 — ACF). Isso significa que a adoração autêntica nasce de um coração rendido, sincero e entregue ao Senhor.

Na prisão, Paulo e Silas escolheram adorar em meio à dor e viram as correntes se quebrarem (cf. Atos 16.25-26). Josafá venceu uma batalha sem lutar porque pôs adoradores à frente do exército (cf. 2Crônicas 20.21-22). A adoração agrada a Deus, fortalece o nosso interior e muda o ambiente ao redor.

Quando adoramos, tiramos os olhos das circunstâncias e fixamos em Deus, que pode todas as coisas. A adoração aprofunda nossa intimidade com o Pai e transforma nossa visão. Mesmo nos dias difíceis, escolha adorar, pois Deus se manifesta onde há entrega verdadeira.

Como você pode fazer da adoração um hábito diário em sua vida?

"A adoração muda ambientes e transforma corações."

ACESSE O QR CODE PARA SABER MAIS

DIA
348

FÉ É CONFIAR, MESMO QUANDO O CÉU ESTÁ EM SILÊNCIO

@michelsimplicio

Sua espera tem sido marcada por ansiedade ou por confiança em Deus?

Esperar é uma das lições mais difíceis da caminhada com Deus. Mas quando a fé entra na espera, tudo muda. Não é uma espera passiva, mas cheia de confiança. "Esperei com paciência no SENHOR, e ele se inclinou para mim [...]" (Salmos 40.1 — ACF). Fé na espera é saber que o Todo-Poderoso não se esqueceu, mesmo quando tudo parece parado ou sem sentido.

O tempo de Deus nunca é apressado, mas também nunca é tardio. Ele trabalha nos bastidores, alinha circunstâncias, transforma corações e prepara o caminho com sabedoria. Enquanto esperamos, ele nos molda. O maior milagre pode não ser o que esperamos, mas no que nos tornamos enquanto esperamos com fé.

Não desista no meio do processo. Continue orando, crendo e se fortalecendo na Palavra. A espera com fé é terreno fértil para promessas se cumprirem. No tempo certo, o que hoje parece semente brotará em fruto, porque Deus é fiel para cumprir tudo o que prometeu.

ACESSE O QR CODE PARA SABER MAIS

"A fé que espera é a que confia no silêncio e descansa na fidelidade do Senhor."

ENTREGUE SUAS PREOCUPAÇÕES NAS MÃOS DE DEUS

DIA
349

@michelsimplicio

Jesus sabia que o coração humano facilmente se enche de ansiedade sobre o amanhã. Por isso, ele disse: "Não se preocupem [...] quanto ao que comer ou [...] vestir [...]. Basta a cada dia o seu próprio mal" (Mateus 6.25,34). Jesus não ignorou os desafios da vida, mas nos ensinou a confiar no cuidado constante do Pai. O medo do futuro nasce quando tentamos controlar aquilo que só Deus pode conduzir.

É fácil temer o que ainda não sabemos: decisões que precisam ser tomadas, prazos que se aproximam, diagnósticos que assustam, mudanças que fogem ao nosso controle. Mas Deus já está no futuro, ele vê o quadro completo enquanto nós enxergamos apenas a próxima curva. Confiar nele é reconhecer que o desconhecido para nós é completamente conhecido para ele.

Não viva escravizado pelas preocupações. Sua vida não está à deriva, nem à mercê do acaso. Você está nas mãos de Deus, que sustenta o Universo, conhece cada detalhe da sua história e nunca falha em cuidar dos seus.

Você tem confiado seu futuro a Deus ou tentado carregá-lo sozinho?

"A fé não elimina o desconhecido, mas garante que você nunca estará só ao enfrentá-lo."

ACESSE O QR CODE PARA SABER MAIS

DIA
350

@michelsimplicio

DEUS NÃO REJEITA VOCÊ, ELE O ACOLHE

Você tem se escondido por causa da rejeição ou permitido que Jesus o restaure por completo?

A mulher samaritana foi ao poço ao meio-dia, horário em que ninguém mais estaria lá. Provavelmente, ela queria evitar olhares e julgamentos. Carregava a dor de vários relacionamentos frustrados, o peso da rejeição e a vergonha de uma história marcada por fracassos (cf. João 4.17-18).

Mas, naquele dia, Jesus a esperava. Ele atravessou fronteiras culturais, sociais e religiosas para encontrar aquela mulher invisível para o mundo. E, em vez de condená-la, ofereceu-lhe água viva, algo que preenche o vazio que nenhuma aceitação humana consegue preencher.

A rejeição fere profundamente. Faz a alma acreditar que não é amada, suficiente ou digna de ser restaurada. Mas Jesus nos encontra justamente nesses lugares de vergonha, isolamento e dor. Ele não nos trata conforme o nosso passado, mas conforme o propósito eterno que ele vê.

Você pode ter sido rejeitado por pessoas, mas nunca o será por Deus. Ele conhece toda a sua história e ainda assim o chama pelo nome, com amor incondicional.

ACESSE O QR CODE PARA SABER MAIS

"A rejeição dos homens nunca anula a aceitação de Deus."

DEUS CUIDA DOS DETALHES

DIA

351

@michelsimplicio

Deus não age apenas nas grandes causas ou nos milagres visíveis, ele também está nos detalhes. Jesus nos ensinou que nem um pardal cai sem o consentimento do Pai e que até os fios de cabelo da nossa cabeça estão contados (cf. Mateus 10.29-30). Isso revela um cuidado profundo, minucioso e pessoal. Nada escapa do olhar atento do nosso Senhor.

Muitas vezes, oramos por coisas grandes e visíveis, esperando respostas espetaculares, mas nos esquecemos de que Deus também responde nos pequenos sinais do dia a dia. Um reencontro inesperado, uma palavra que chega na hora certa, uma porta fechada que depois entendemos como livramento — tudo isso são expressões sutis do seu amor.

Quando reconhecemos o cuidado do Criador nos detalhes, nossa fé se fortalece. Passamos a ver sua mão nos bastidores, operando em silêncio, com sabedoria e amor. Ele é o Deus que guia nossos passos, acalma o coração e prepara cada estação com precisão e graça.

“Deus, que governa o Universo, também organiza com amor cada detalhe da sua vida.”

Você tem conseguido enxergar a mão de Deus nos pequenos detalhes do seu dia?

....

....

....

....

....

....

....

....

....

....

ACESSE O QR CODE PARA SABER MAIS

DIA
352

@michelsimplicio

VOCÊ FOI CHAMADO PARA FAZER A DIFERENÇA

Como você tem brilhado e feito a diferença na vida das pessoas ao seu redor?

....

....

....

....

....

....

....

....

....

....

Jesus nos chamou para ser luz neste mundo escuro e sal nesta terra sem sabor (cf. Mateus 5.13-16). Somos embaixadores do Reino, representantes do Céu aqui na Terra, refletindo a glória de Deus nas nossas ações, palavras e escolhas diárias. Em um mundo marcado por injustiça, egoísmo e dor, somos desafiados a fazer a diferença onde estivermos, vivendo com propósito e compaixão.

Brilhar não é sobre fama, *likes* ou reconhecimento humano, mas sobre iluminar o caminho daqueles que estão em trevas. É ser resposta onde há dor, consolo onde há angústia e direção onde há confusão. Viver como luz é agir com integridade, amar sem interesse, perdoar com generosidade e servir com humildade.

Quando deixamos Cristo nos guiar, nossa vida se torna um farol para muitos. Fomos chamados para marcar esta geração com atitudes que apontam para Deus e revelar seu amor por meio do nosso testemunho.

ACESSE O QR CODE PARA SABER MAIS

"Quem brilha em Cristo ilumina vidas e faz a diferença onde Deus o colocar!"

VOLTAR PARA DEUS É SEMPRE O MELHOR CAMINHO

DIA
353

@michelsimplicio

O filho pródigo acreditou que a liberdade, o dinheiro e os prazeres iriam preencher seu vazio interior. Pediu a herança, partiu para longe, gastou tudo de forma irresponsável e se viu sozinho, faminto e humilhado, cuidando de porcos (cf. Lucas 15.11-16). No fundo daquele chiqueiro, ele percebeu que o que realmente fazia falta não era riqueza, mas a presença do pai. Então decidiu voltar, esperando rejeição, mas encontrou abraço, perdão e restauração.

O vazio interior muitas vezes é disfarçado por conquistas, distrações e falsas promessas. Mas depois que tudo passa, o coração continua clamando por pertencimento, amor real, um lugar de volta. Só o Pai pode preencher esse espaço com aceitação incondicional, identidade restaurada e um amor que nunca falha.

Voltar para Deus é o caminho para a verdadeira satisfação. O que parecia liberdade era prisão. O que parecia o fim foi o início de um novo capítulo marcado pela graça. Deus está sempre de braços abertos esperando seu retorno.

Você tem tentado preencher o vazio interior com o mundo ou voltado ao Pai que o espera?

"O que o mundo esvazia, Deus restaura com amor e propósito."

ACESSE O QR CODE PARA SABER MAIS

DIA
354

@michelsimplicio

O CÉU É REAL; VOCÊ ESTÁ PREPARADO?

O que você tem feito a fim de se preparar para a eternidade?

O Céu não é um conceito abstrato, mas uma realidade prometida por Deus. Jesus afirmou: "Na casa de meu Pai há muitas moradas. [...] vou preparar-vos lugar" (João 14.2 — ARA). Como cristãos, devemos viver cada dia com o coração preparado para esse destino eterno.

Paulo declarou que nossa cidadania está nos Céus e que aguardamos ansiosamente a volta de Cristo (cf. Filipenses 3.20). Esse entendimento transforma nossa maneira de viver. Quando temos a eternidade como foco, nossas escolhas refletem o propósito de Deus e nos levam a uma vida mais santa.

Viver preparado para o Céu significa manter um coração puro, buscar a presença do Senhor e cumprir nosso chamado com dedicação. O tempo aqui é passageiro, mas o que fazemos para o Reino tem valor eterno. Que nossas ações e palavras revelem a esperança na glória futura e inspirem outros a buscar a Deus.

ACESSE O QR CODE PARA SABER MAIS

"Quem tem o Céu como destino vive com propósito e fé."

MAIS DE DEUS, MENOS DE MIM

DIA
355

@michelsimplicio

João Batista declarou: "É necessário que ele cresça e que eu diminua" (João 3.30). Essa realidade é a essência de uma vida verdadeiramente rendida a Deus, pois quanto mais nos esvaziamos de nós mesmos — do orgulho, da vaidade, das vontades próprias —, mais espaço damos para que ele nos encha com presença, direção e propósito.

Jesus nos chamou para negar a nós mesmos, tomar nossa cruz e segui-lo (cf. Lucas 9.23). Isso envolve abrir mão do controle, abandonar o ego e confiar plenamente na vontade de Deus. Quando buscamos mais do Senhor, nossa mente é renovada, nossos desejos são transformados e nossa vida passa a refletir o Céu.

Menos de nós significa menos ansiedade, menos vaidade, menos incredulidade. Mais de Deus significa mais paz, mais humildade, mais sensibilidade espiritual. Diminuir é deixar de viver por si para viver por ele. Quem deseja mais do Senhor precisa estar disposto a abrir mão de si mesmo — não apenas uma vez, mas todos os dias.

O que você pode entregar hoje para que Deus cresça mais em sua vida?

....

....

....

....

....

....

....

....

....

....

....

"Quem deseja mais de Deus precisa estar disposto a abrir mão de si mesmo."

ACESSE O QR CODE PARA SABER MAIS

DIA
356

@michelsimplicio

DEUS É SEU DEFENSOR DIANTE DAS INJUSTIÇAS

Você tem posto nas mãos de Deus as dores que não consegue resolver sozinho?

A itofel era conselheiro de Davi, homem de confiança, com palavras tidas como vindas de Deus (cf. 2Samuel 16.23). Mas quando Absalão se rebelou contra o pai, Aitofel o traiu e passou para o lado do inimigo. A dor foi profunda. Não era um soldado qualquer, mas um amigo íntimo, alguém que fazia parte do círculo de confiança. Davi sentiu o golpe e orou: "Ó SENHOR, transforma em loucura os conselhos de Aitofel" (2Samuel 15.31), e Deus o ouviu. O plano de Aitofel foi rejeitado, e sua influência caiu em silêncio.

Algumas das traições mais dolorosas vêm de quem sentava à mesa conosco. Elas ferem mais fundo porque vêm de quem conhecia nosso coração. Davi, porém, nos ensina a não revidar — e sim confiar. Deus vê o que os olhos não enxergam, ouve orações sinceras e age no tempo certo. Nenhuma traição escapa do seu olhar.

A traição dói, mas não o destrói quando seu refúgio é o Senhor. Ele desfaz conselhos perversos, protege os que nele confiam e restaura o que tentaram derrubar.

ACESSE O QR CODE PARA SABER MAIS

"A traição de homens nunca será maior que a fidelidade de Deus."

O SEGREDO DA CONSTÂNCIA ESPIRITUAL

DIA **357**

@michelsimplicio

Muitos começam bem na fé, mas com o tempo desanimam. A constância espiritual não depende de emoções passageiras, mas de um compromisso diário com Deus. Jesus nos ensina: "Permanecei em mim, e eu permanecerei em vós" (João 15.4 — ARA), logo, fica claro que permanecer é um ato intencional e que exige perseverança.

Daniel manteve sua fé firme, mesmo em um ambiente hostil. Ele orava três vezes ao dia, independentemente das circunstâncias (cf. Daniel 6.10). Sua constância não veio da conveniência, mas de disciplina e comunhão com o Senhor. Ele não esperava um momento ideal; simplesmente priorizava sua vida espiritual.

O segredo para crescer espiritualmente está na prática diária. Mesmo quando não sentimos vontade, devemos buscar a Deus, pois é na fidelidade que a transformação acontece. Leia a Palavra, ore e confie que ele está trabalhando em você. Pequenos hábitos fortalecem sua fé e criam raízes profundas. Não permita que o desânimo ou a rotina apaguem sua chama. O Senhor honra aqueles que permanecem firmes.

O que você pode fazer hoje para crescer espiritualmente?

"A constância na fé fortalece nossa caminhada com Deus."

ACESSE O QR CODE PARA SABER MAIS

DIA
358

SUPORTE PARA AS PRESSÕES DA VIDA

@michelsimplicio

O que você está carregando sozinho que precisa entregar a Deus hoje?

Todos enfrentamos pressões: contas a pagar, decisões difíceis, expectativas das pessoas, prazos apertados. Até Jesus, no Getsêmani, sentiu o peso da pressão tão intensamente que suou gotas de sangue (cf. Lucas 22.44). Isso nos mostra que não é pecado se sentir pressionado, mas é essencial saber como lidar com isso.

Quando tentamos suportar tudo sozinhos, ficamos esgotados. Mas quando levamos nossas angústias ao Senhor, encontramos alívio real e duradouro. O salmista declarou: "Lança o teu cuidado sobre o SENHOR, e ele te susterá" (Salmos 55.22 — ARC), o que revela que Deus nos convida a dividir o peso da bagagem com ele.

O que o pressiona hoje? Ponha nas mãos dele! Jesus pode fortalecer seus ombros, renovar sua mente, restaurar suas emoções e acalmar seu coração. Você não precisa carregar tudo sozinho! Nele você encontra paz, mesmo no caos, e forças para seguir em frente, apesar de tudo.

ACESSE O QR CODE PARA SABER MAIS

"Deus é o sustento para quem se sente pressionado e cansado pelas lutas da vida."

DEUS LHE DARÁ CORAGEM PARA SEGUIR EM FRENTE

DIA
359

@michelsimplicio

Nem sempre Deus revela o "porquê", mas ele sempre garante o "com quem". Há momentos em que seguimos sem entender, sem ver o passo seguinte, apenas confiando. Abraão obedeceu e saiu sem saber para onde ia (cf. Hebreus 11.8). Isto é fé corajosa: caminhar confiando no caráter de Deus, mesmo sem todas as respostas.

Nossa mente busca controle, mas a fé nos convida à entrega. A coragem não está em ter todas as certezas, mas em continuar, mesmo na dúvida. Deus não nos abandona no escuro, ele caminha conosco. E, muitas vezes, o entendimento só vem depois da obediência, quando olhamos para trás e vemos o cuidado em cada detalhe.

Seguir sem respostas não é fraqueza, é maturidade. É saber que Deus sabe — e isso é suficiente. O Céu trabalha, mesmo em silêncio. Continue andando. Cada passo de confiança é uma declaração de fé viva, que diz: "Eu confio, mesmo sem ver". Porque Deus, que o chamou, não falha.

Você tem coragem de seguir confiando, mesmo sem entender tudo o que está vivendo?

"A verdadeira coragem é confiar em Deus, mesmo quando o caminho ainda está em silêncio."

ACESSE O QR CODE PARA SABER MAIS

DIA 360

A GENEROSIDADE ATRAI BÊNÇÃOS DE DEUS

@michelsimplicio

Como você pode exercer a generosidade em sua vida e permitir que Deus o abençoe ainda mais?

....

....

....

....

....

....

....

....

....

A generosidade é um princípio espiritual que transforma vidas. A Bíblia nos ensina que "há mais felicidade em dar do que em receber" (Atos 20.35 — BLT). Quando somos generosos, abrimos espaço para que Deus derrame ainda mais bênçãos sobre nós.

A viúva de Sarepta deu ao profeta Elias o pouco que tinha e viu a provisão de Deus em sua casa (cf. 1Reis 17.14-16). A generosidade não se limita a dinheiro, mas inclui tempo, cuidado e amor ao próximo. O Senhor ama quem dá com alegria e recompensa aqueles que semeiam com um coração sincero (cf. 2Coríntios 9.7).

O generoso sempre será abençoado, pois reparte do que tem sem medo do futuro. Seja fiel na sua generosidade e veja como o Senhor abre portas inesperadas. A abundância de Deus está reservada para aqueles que confiam nele e praticam a bondade. Cada ato de generosidade reflete o caráter de Cristo e cria oportunidades para vivermos milagres. Quando damos sem esperar nada em troca, experimentamos o verdadeiro propósito para nossa vida.

ACESSE O QR CODE PARA SABER MAIS

"A generosidade abre portas, multiplica bênçãos e reflete o amor de Deus em nossa vida."

DEUS AINDA FALA COM QUEM DECIDE OUVIR

DIA
361

@michelsimplicio

Samuel ainda era menino quando ouviu Deus chamá-lo pela primeira vez (cf. 1Samuel 3.4), mas não reconheceu a voz. Correu até Eli, achando que era o sacerdote quem o chamava. Isso se repetiu três vezes, até que Eli percebeu: era o Senhor falando. Ele então orientou Samuel a dizer: "Fala, SENHOR, porque o teu servo ouve" (v. 9 — ACF). A partir daquele momento, Samuel cresceu ouvindo, obedecendo e transmitindo a voz divina com fidelidade.

Muitas pessoas desejam ouvir Deus, mas não sabem como discernir sua voz no meio do barulho da vida. A voz do Senhor pode vir por meio da Palavra, da oração, de uma inquietação interior. Mas é preciso sensibilidade espiritual, prática constante da escuta e obediência para reconhecer quando ele fala.

Deus continua falando. A pergunta é: estamos prontos para reconhecer, ouvir e obedecer? A fé cresce quando aprendemos a ouvir com reverência e a responder com coragem ao chamado.

Você tem parado para ouvir Deus ou apenas esperado que ele grite no meio da correria?

"Ouvir a voz de Deus começa com um coração disposto a responder."

ACESSE O QR CODE PARA SABER MAIS

DIA
362

@michelsimplicio

NÃO DESISTA DE CRER

O que você pode fazer hoje para renovar sua motivação e permanecer firme na fé?

A motivação diária é essencial para perseverarmos na caminhada cristã e cumprirmos os planos de Deus. A Bíblia nos ensina que devemos buscar forças no Senhor e não depender apenas de nossas emoções, como lemos em Filipenses 4.13: "Tudo posso naquele que me fortalece". Davi enfrentou momentos difíceis, mas sempre encontrava ânimo ao buscar a Deus (cf. Salmos 42.11). A verdadeira motivação vem quando depositamos nossa confiança no Senhor e nos alimentamos de sua Palavra.

Quando entendemos que Deus tem um propósito para cada dia, encontramos forças para continuar. A oração, a gratidão e a comunhão com o Todo-Poderoso renovam nossa disposição e nos fazem avançar. Se você tem se sentido desmotivado, lembre-se de que Deus está com você e lhe dá novas forças. Escolha alimentar sua mente com a verdade do Eterno e permita que ele renove sua motivação diariamente. Não desista, pois aquele que começou a boa obra em sua vida há de completá-la.

Mantenha sua esperança firme no Senhor e siga confiante, pois ele sempre fortalece os que nele confiam.

ACESSE O QR CODE PARA SABER MAIS

"A motivação verdadeira vem de Deus, que nos fortalece e renova a cada novo dia."

SEUS HÁBITOS MOLDAM SEU DESTINO

DIA
363

@michelsimplicio

A transformação começa com pequenos hábitos diários que nos aproximam de Deus. A Bíblia nos ensina que a renovação da mente é essencial para uma vida transformada (cf. Romanos 12.2). Quando decidimos criar hábitos saudáveis na oração, na leitura da Palavra e no serviço ao próximo, experimentamos crescimento espiritual. Daniel tinha o hábito de orar três vezes ao dia, e sua fidelidade trouxe livramento (cf. Daniel 6.10).

Jesus buscava momentos a sós com o Pai para fortalecer seu ministério (cf. Marcos 1.35). Pequenas decisões diárias constroem grandes mudanças. Ao priorizar Deus em sua rotina, sua fé se fortalece e sua vida é transformada. Persevere, pois cada atitude consistente produz frutos duradouros e revela o caráter de Cristo em você.

Criar hábitos firmes na presença de Deus fortalece sua caminhada e o mantém alinhado ao propósito divino. Quanto mais tempo você dedica a Deus, mais ele transforma sua vida. Sua fé cresce à medida que você escolhe diariamente estar na presença dele e praticar sua Palavra.

“Os hábitos que você constrói hoje definirão sua fé e a transformação da sua vida em Deus.”

Quais hábitos espirituais você precisa fortalecer para crescer e viver a vontade de Deus?

ACESSE O QR CODE PARA SABER MAIS

DIA
364

SUAS FORÇAS SERÃO RENOVADAS POR DEUS

@michelsimplicio

O cansaço pode ser físico, emocional ou espiritual, mas Deus nos convida a encontrar descanso nele. Jesus disse: "Vinde a mim, todos os que estais cansados e sobrecarregados, e eu vos aliviarei" (Mateus 11.28 — ARA). Muitas vezes, tentamos carregar sozinhos os fardos da vida, e isso nos enfraquece. No entanto, quando entregamos nossas cargas ao Senhor, ele renova nossas forças.

Elias, um grande profeta, enfrentou um momento de exaustão e pensou em desistir, mas Deus o sustentou e o fortaleceu (cf. 1Reis 19.7-8). O segredo para vencer o cansaço é buscar a presença de Deus, descansar em sua promessa e confiar que ele cuida de nós.

Quando depositamos nossa confiança nele, encontramos forças para seguir em frente, pois o Eterno é a fonte de toda renovação. Assim como o Todo-Poderoso fortaleceu Elias, ele pode restaurar suas forças. Priorize momentos de descanso na presença de Deus e permita que ele renove seu interior. Quando sua alma está cansada, lembre-se de que o Senhor é seu refúgio e fortaleza (cf. Salmos 46.1). Nele, você encontrará descanso e paz.

Como você pode entregar seu cansaço a Deus e ter confiança de que ele renovará suas forças?

....

....

....

....

....

....

....

....

....

ACESSE O QR CODE PARA SABER MAIS

"Deus renova suas forças e alivia seu cansaço quando você descansa e confia nele."

ESPERE EM DEUS COM CONFIANÇA

DIA **365**

@michelsimplicio

Esperar nem sempre é fácil, especialmente quando nossos olhos não veem progresso. Mas quando confiamos em Deus, sabemos que seu tempo é perfeito. A Bíblia declara: "Espera no SENHOR, anima-te, e ele fortalecerá o teu coração" (Salmos 27.14 — ARC). Isso nos mostra que a espera, aos olhos de Deus, nunca é um tempo desperdiçado, mas um período de amadurecimento e preparação.

Abraão esperou anos pela promessa de um filho, e Deus cumpriu sua palavra. José enfrentou rejeição, injustiça e prisão, mas no tempo certo foi exaltado como governador do Egito. Ana orou com lágrimas por um filho, e quando Deus respondeu, ela gerou Samuel, um dos maiores profetas de Israel. Em cada história, a espera foi um solo fértil para o propósito florescer.

Se você está esperando por algo que Deus prometeu, não desanime. Deus não está atrasado. Enquanto você espera, ele trabalha. Confie, persevere, adore, porque aquele que prometeu é fiel e o tempo dele é sempre o melhor.

Como você pode fortalecer sua fé enquanto espera em Deus?

"A espera torna-se leve quando confiamos no tempo perfeito de Deus."

ACESSE O QR CODE PARA SABER MAIS

> Memorizar a Palavra é guardar dentro de você aquilo que vai sustentar sua fé nos dias difíceis.

MICHEL SIMPLICIO

VERSÍCULOS PARA MEMORIZAÇÃO

Memorizar trechos da Bíblia é um exercício que nutre o coração e aprofunda a intimidade com Deus. Ao guardar a Palavra na mente, você cria um reservatório de verdades eternas que trazem coragem, esperança e orientação para cada desafio. Esses versículos escolhidos para decorar servirão de lembrança viva das promessas divinas, renovando sua fé dia após dia. Reflita sobre cada passagem com atenção e permita que ela molde suas atitudes e seus pensamentos, transformando suas reações e decisões. Assim, a Palavra memorizada se tornará um alicerce firme para toda a sua caminhada espiritual.

SALVAÇÃO

Porque Deus amou o mundo de tal maneira que deu o seu Filho unigênito, para que todo o que nele crê não pereça, mas tenha a vida eterna.
João 3.16

Eu sou o caminho, a verdade e a vida. Ninguém vem ao Pai a não ser por mim.
João 14.6

Não há salvação em nenhum outro, pois abaixo do céu não há nenhum outro nome dado entre os homens pelo qual devamos ser salvos.
Atos 4.12

Mas a todos quantos o receberam, deu-lhes o poder de serem feitos filhos de Deus, a saber, aos que creem no seu nome.
João 1.12

Porque pela graça sois salvos, mediante a fé. E isto não vem de vós; é dom de Deus. Não de obras, para que ninguém se glorie.
Efésios 2.8–9

PALAVRA DE DEUS

A revelação das tuas palavras dá luz e faz entender os simples.
Salmos 119.130

Procura apresentar-te a Deus aprovado, como obreiro que não tem de que se envergonhar, que maneja bem a palavra da verdade.
2Timóteo 2.15

Porque a palavra de Deus é viva e eficaz, e mais cortante do que qualquer espada de dois gumes; e penetra até ao ponto de dividir alma e espírito, juntas e medulas; e é apta para discernir os pensamentos e intenções do coração.
Hebreus 4.12

O céu e a terra passarão, mas as minhas palavras jamais passarão.
Mateus 24.35

Desejai afetuosamente, como meninos recém-nascidos, o leite espiritual, para que por ele vejais a salvação.
1Pedro 2.2

FÉ

Se você pode? Disse Jesus. Tudo é possível àquele que crê.
MARCOS 9.23

Ora, a fé é a certeza daquilo que esperamos e a prova das coisas que não vemos.
HEBREUS 11.1

Porque vivemos por fé, e não pelo que vemos.
2CORÍNTIOS 5.7

Porque todo o que é nascido de Deus vence o mundo. E esta é a vitória que vence o mundo, a nossa fé.
1JOÃO 5.4

Assim também a fé, se não tiver obras, é morta em si mesma.
TIAGO 2.26

ORAÇÃO

Se vós estiverdes em mim, e as minhas palavras estiverem em vós, pedireis tudo o que quiserdes, e vos será feito.
JOÃO 15.7

Se pedirdes alguma coisa em meu nome, eu o farei.
JOÃO 14.14

Clama a mim, e responder-te-ei, e anunciar-te-ei coisas grandes e firmes que não sabes.
JEREMIAS 33.3

Pedi, e dar-se-vos-á; buscai, e encontrareis; batei, e abrir-se-vos-á.
MATEUS 7.7

Por isso vos digo que tudo o que pedirdes em oração, crede que o recebereis, e tê-lo-eis.
MARCOS 11.24

CURA

Ele dá força ao cansado,
e aumenta as forças ao que
não tem nenhum vigor.
Isaías 40.29

Enviou a sua palavra,
e os sarou, e os livrou
da destruição.
Salmos 107.20

Mas ele foi ferido por causa
das nossas transgressões,
moído por causa das
nossas iniquidades; o
castigo que nos traz a paz
estava sobre ele, e pelas
suas feridas fomos curados.
Isaías 53.5

Mas para vós que temeis
o meu nome nascerá o sol
da justiça, trazendo cura
nas suas asas; e saireis e
saltareis como bezerros
soltos da estrebaria.
Malaquias 4.2

É ele quem perdoa todos
os teus pecados e cura
todas as tuas enfermidades.
Salmos 103.3

PROVISÃO

Meu Deus, segundo as suas
riquezas, suprirá todas as
vossas necessidades em
glória por Cristo Jesus.
Filipenses 4.19

Mas buscai primeiro o
seu reino e a sua justiça,
e todas essas coisas vos
serão acrescentadas.
Mateus 6.33

Fui moço, e agora sou
velho; mas nunca vi o
justo desamparado,
nem a sua descendência
a mendigar o pão.
Salmos 37.25

Quem não poupou
a seu próprio Filho,
antes o entregou por
todos nós, como não
nos dará também com
ele todas as coisas?
Romanos 8.32

Porque o Senhor
Deus é sol e escudo; o
Senhor dará graça e
glória; nenhum bem,
ele não retém dos que
andam na retidão.
Salmos 84.11

LIBERTAÇÃO DO MEDO

Busquei ao Senhor, e ele me respondeu; livrou-me de todos os meus temores.
SALMOS 34.4

Deixo-vos a paz, a minha paz vos dou; não vo-la dou como a dá o mundo. Não se turbe o vosso coração, nem se atemorize.
JOÃO 14.27

Tu conservarás em paz aquele cuja mente está firme em ti; porque ele confia em ti.
ISAÍAS 26.3

Não temas, porque eu sou contigo; não te assombres, porque eu sou o teu Deus; eu te fortaleço, e te ajudo, e te sustento com a destra da minha justiça.
ISAÍAS 41.10

O Senhor é a minha luz e a minha salvação; a quem temerei? O Senhor é a força da minha vida; de quem me atemorizarei?
SALMOS 27.1

AMOR

Agora, pois, permanecem a fé, a esperança e o amor, estes três; mas o maior destes é o amor.
1CORÍNTIOS 13.13

Um novo mandamento vos dou: que vos ameis uns aos outros; assim como eu vos amei a vós, que também vós ameis uns aos outros.
JOÃO 13.34

Se me amais, guardareis os meus mandamentos.
JOÃO 14.15

Nenhum débito permaneça pendente, exceto o de amar-vos uns aos outros, pois quem ama o próximo tem cumprido a lei.
ROMANOS 13.8

Porque toda a lei se cumpre em um só mandamento, a saber: Amarás o teu próximo como a ti mesmo.
GÁLATAS 5.14

ESPÍRITO SANTO

Mas o Consolador, o Espírito Santo, que o Pai enviará em meu nome, esse vos ensinará todas as coisas e vos fará lembrar de tudo o que vos tenho dito.
João 14.26

E acontecerá nos últimos dias, diz Deus, que derramarei do meu Espírito sobre toda a carne; e os vossos filhos e as vossas filhas profetizarão, e os vossos jovens terão visões, e sonharão os vossos anciãos.
Atos 2.17

Se vós, sendo maus, sabeis dar boas dádivas aos vossos filhos, quanto mais dará o Pai celeste o Espírito Santo àqueles que lho pedirem?
Lucas 11.13

Quando, porém, vier o Consolador, que eu vos enviarei da parte do Pai, o Espírito da verdade, que dele procede, esse dará testemunho de mim.
João 15.26

Mas o fruto do Espírito é: amor, gozo, paz, longanimidade, benignidade, bondade, fé, mansidão, temperança.
Gálatas 5.22

PLENITUDE DE JESUS CRISTO

Eu sou o caminho, a verdade e a vida. Ninguém vem ao Pai a não ser por mim.
João 14.6

Porque há um só Deus e um só Mediador entre Deus e os homens, Cristo Jesus, homem.
1Timóteo 2.5

Porque nele habita corporalmente toda a plenitude da divindade.
Colossenses 2.9

Disse-lhe Jesus: Eu sou a ressurreição e a vida. Aquele que crê em mim, ainda que morra, viverá.
João 11.25

> Memorizar versículos é ter Deus falando com você mesmo quando a Bíblia não estiver aberta.
>
> MICHEL SIMPLICIO

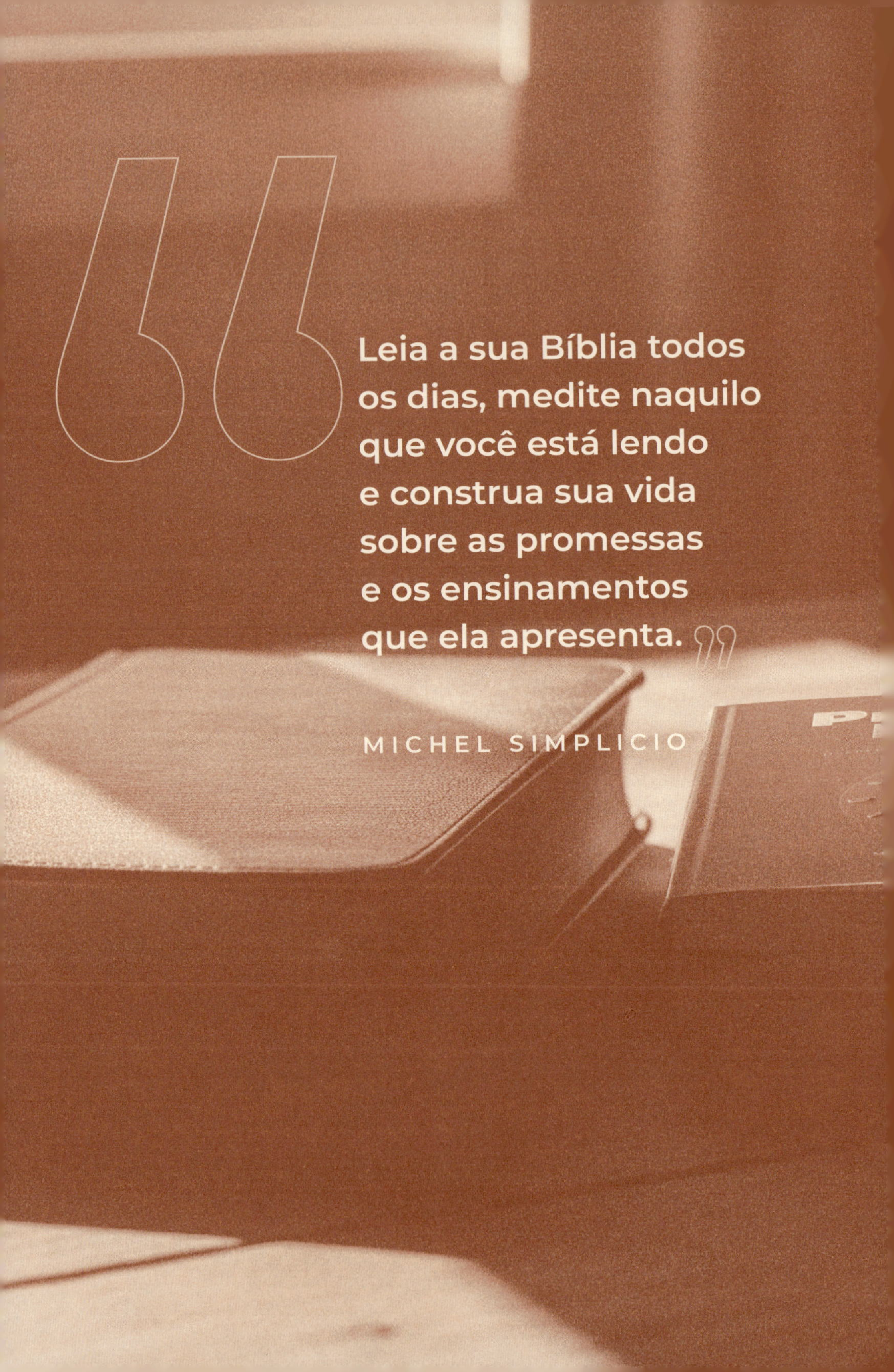

Leia a sua Bíblia todos os dias, medite naquilo que você está lendo e construa sua vida sobre as promessas e os ensinamentos que ela apresenta.

MICHEL SIMPLICIO

PLANO ANUAL DE LEITURA BÍBLICA

POR QUE LER A BÍBLIA

- ☑ Porque por meio dela conhecemos a Deus e ficamos sabendo o que ele exige de nós e o que ele nos promete: 2Timóteo 3.16; João 5.39; 2Pedro 1.4.
- ☑ Porque nela se encontra revelado o amor de Deus pelo ser humano: João 3.16; 20.30-31.
- ☑ Porque nela somos ensinados e habilitados a viver o mais alto conceito de amor: Mateus 5.43-48; 1Coríntios 13; Romanos 12.9-21.
- ☑ Porque nela encontramos mensagens de consolo e paz: João 14.
- ☑ Porque suas palavras falam ao coração angustiado e o consolam: Salmos 103.
- ☑ Porque nela se encontram os princípios para uma vida de felicidade e harmonia no lar: Efésios 5.22—6.4.

COMO LER A BÍBLIA

- ☑ Antes de iniciar, ore para que Deus o oriente e abençoe na leitura e, ao terminar, agradeça-lhe as bênçãos recebidas por meio dela.
- ☑ Leia com reverência e humildade e, sempre que possível, procure ler trechos que tenham sentido completo.
- ☑ Leia a sua Bíblia todos os dias, medite naquilo que você está lendo e construa sua vida sobre as promessas e os ensinamentos que ela apresenta.

JANEIRO

Dia	Livro	Capítulo	■
1	Gênesis	1—3	
2		4—6	
3		7—9	
4		10—12	
5		13—16	
6		17—19	
7		20—22	
8		23—24	
9		25—27	
10		28—30	
11		31—32	
12		33—35	
13		36—37	
14		38—40	
15		41—42	
16		43—45	
17		46—47	
18		48—50	
19	Êxodo	1—4	
20		5—7	
21		8—10	
22		11—13	
23		14—16	
24		17—20	
25		21—23	
26		24—26	
27		27—29	
28		30—32	
29		33—35	
30		36—38	
31		39—40	

FEVEREIRO

Dia	Livro	Capítulo	■
1	Levítico	1—4	
2		5—7	
3		8—10	
4		11—12	
5		13—15	
6		16—18	
7		19—20	
8		21—23	
9		24—25	
10		26—27	
11	Números	1—2	
12		3—4	
13		5—7	
14		8—10	
15		11—12	
16		13—15	
17		16—18	
18		19—21	
19		22—24	
20		25—26	
21		27—30	
22		31—32	
23		33—34	
24		35—36	
25	Deuteronômio	1—2	
26		3—4	
27		5—7	
28		8—10	

MARÇO

Dia	Livro	Capítulo	■
1	Deuteronômio	14—18	
2		19—22	
3		23—25	
4		26—28	
5		29—31	
6		32—34	
7	Josué	1—4	
8		5—8	
9		9—11	
10		12—14	
11		15—16	
12		17—19	
13		20—22	
14		23—24	
15	Juízes	1—3	
16		4—7	
17		8—9	
18		10—12	
19		13—16	
20		17—18	
21		19—21	
22	Rute	1—4	
23	1Samuel	1—4	
24		5—7	
25		8—10	
26		11—14	
27		15—17	
28		18—20	
29		21—24	
30		25—27	
31		28—31	

ABRIL

Dia	Livro	Capítulo	■
1	2Samuel	1—4	
2		5—7	
3		8—10	
4		11—14	
5		15—17	
6		18—19	
7		20—22	
8		23—24	
9	1Reis	1—2	
10		3—5	
11		6—7	
12		8—9	
13		10—11	
14		12—13	
15		14—17	
16		18—20	
17		21—23	
18	2Reis	1—4	
19		5—7	
20		8—10	
21		11—14	
22		15—17	
23		18—19	
24		20—23	
25		24—25	
26	1Crônicas	1—2	
27		3—5	
28		6	
29		7—9	
30		10—11	

MAIO

Dia	Livro	Capítulo	■
1	1Crônicas	12—15	
2		16—18	
3		19—21	
4		22—25	
5		26—29	
6	2Crônicas	1—4	
7		5—7	
8		8—11	
9		12—14	
10		15—19	
11		20—23	
12		24—26	
13		27—29	
14		30—33	
15		34—36	
16	Esdras	1—2	
17		3—6	
18		7—10	
19	Neemias	1—3	
20		4—7	
21		8—10	
22		11—13	
23	Ester	1—3	
24		4—10	
25	Jó	1—2	
26		3—5	
27		6—8	
28		9—11	
29		12—14	
30		15—19	
31		20—25	

JUNHO

Dia	Livro	Capítulo	■
1	Jó	26—28	
2		29—31	
3		32—34	
4		35—37	
5		38—40	
6		41—42	
7	Salmos	1—7	
8		8—13	
9		14—17	
10		18—23	
11		24—29	
12		30—33	
13		34—37	
14		38—43	
15		44—48	
16		49—51	
17		52—58	
18		59—65	
19		66—69	
20		70—73	
21		74—78	
22		79—82	
23		83—89	
24		90—94	
25		95—102	
26		103—105	
27		106—107	
28		108—112	
29		113—118	
30		119	

JULHO

Dia	Livro	Capítulo	■
1	Salmos	120—128	
2		129—135	
3		136—143	
4		144—147	
5		148—150	
6	Provérbios	1—3	
7		4—6	
8		7—8	
9		9—11	
10		12—15	
11		16—18	
12		19—21	
13		22—24	
14		25—27	
15		28—31	
16	Eclesiastes	1—4	
17		5—8	
18		9—12	
19	Cântico dos Cânticos	1—4	
20		5—8	
21	Isaías	1—3	
22		4—7	
23		8—10	
24		11—13	
25		14—19	
26		20—24	
27		25—28	
28		29—33	
29		34—36	
30		37—39	
31		40—43	

AGOSTO

Dia	Livro	Capítulo	■
1	Isaías	44—47	
2		48—51	
3		52—56	
4		57—61	
5		62—66	
6	Jeremias	1—3	
7		4—6	
8		7—9	
9		10—13	
10		14—17	
11		18—21	
12		22—25	
13		26—28	
14		29—32	
15		33—36	
16		37—40	
17		41—43	
18		44—48	
19		49—50	
20		51—52	
21	Lamentações	1—3	
22		4—5	
23	Ezequiel	1—4	
24		5—7	
25		8—12	
26		13—15	
27		16—19	
28		20—23	
29		24—26	
30		27—30	
31		31—33	

SETEMBRO

Dia	Livro	Capítulo	■
1	Ezequiel	34—36	
2		37—39	
3		40—42	
4		43—44	
5		45—48	
6	Daniel	1—4	
7		5—6	
8		7—9	
9		10—12	
10	Oseias	1—4	
11		5—9	
12		10—14	
13	Joel	1—3	
14	Amós	1—4	
15		5—9	
16	Obadias	1	
17	Jonas	1—4	
18	Miqueias	1—7	
19	Naum	1—3	
20	Habacuque	1—3	
21	Sofonias	1—3	
22	Ageu	1—2	
23	Zacarias	1—5	
24		6—10	
25		11—14	
26	Malaquias	1—4	
27	Mateus	1—3	
28		4—6	
29		7—9	
30		10—11	

OUTUBRO

Dia	Livro	Capítulo	■
1	Mateus	12—13	
2		14—15	
3		16—18	
4		19—21	
5		22—23	
6		24—25	
7		26	
8		27—28	
9	Marcos	1—2	
10		3—4	
11		5—6	
12		7—8	
13		9—10	
14		11—12	
15		13—14	
16		15—16	
17	Lucas	1	
18		2—3	
19		4—5	
20		6—7	
21		8—9	
22		10—11	
23		12—13	
24		14—15	
25		16—18	
26		19—20	
27		21—22	
28		23—24	
29	João	1—2	
30		3—4	
31		5—6	

NOVEMBRO

Dia	Livro	Capítulo	■
1	João	7—8	
2		9—10	
3		11—12	
4		13—14	
5		15—18	
6		19—21	
7	Atos	1—2	
8		3—5	
9		6—7	
10		8—9	
11		10—11	
12		12—13	
13		14—15	
14		16—19	
15		20—21	
16		22—23	
17		24—28	
18	Romanos	1—3	
19		4—6	
20		7—9	
21		10—12	
22		13—16	
23	1Coríntios	1—3	
24		4—7	
25		8—9	
26		10—13	
27		14—16	
28	2Coríntios	1—3	
29		4—7	
30		8—13	

DEZEMBRO

Dia	Livro	Capítulo	■
1	Gálatas	1—4	
2		5—6	
3	Efésios	1—4	
4		5—6	
5	Filipenses	1—4	
6	Colossenses	1—4	
7	1Tessalonicenses	1—5	
8	2Tessalonicenses	1—3	
9	1Timóteo	1—6	
10	2Timóteo	1—4	
11	Tito	1—3	
12	Filemom	1	
13	Hebreus	1—4	
14		5—9	
15		10—11	
16		12—13	
17	Tiago	1—5	
18	1Pedro	1—3	
19		4—5	
20	2Pedro	1—3	
21	1João	1—5	
22	2João	1	
23	3João	1	
24	Judas	1	
25	Apocalipse	1—4	
26		5—7	
27		8—10	
28		11—14	
29		15—17	
30		18—20	
31		21—22	

Seja disciplinado e fique mais tempo a sós com Deus, pois esse hábito fará com que você chegue a lugares altos.
MICHEL SIMPLICIO

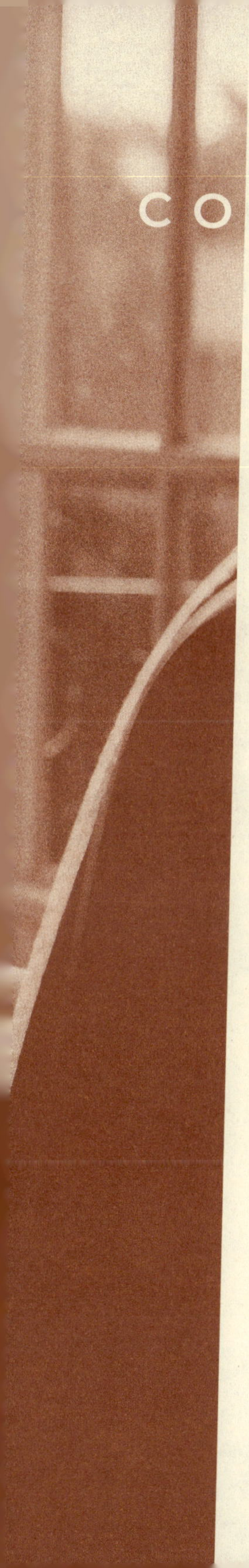

CONCLUSÃO

Você chegou até aqui, e isso diz muito sobre o seu coração. Diz que, mesmo quando tudo à sua volta pedia pressa, você escolheu parar, refletir e ouvir a voz de Deus. Diz que, quando o dia parecia pesado demais, você abriu este devocional e encontrou um sopro de esperança.

Talvez você não tenha percebido, mas cada manhã que você entregou ao Senhor moldou a sua fé de um jeito silencioso, porém profundo. Foram sementes plantadas que, no tempo certo, darão fruto em forma de decisões mais sábias, reações mais serenas e sonhos alinhados ao coração do Pai.

Se posso lhe dizer algo, é isto: não volte atrás. Não troque esse espaço secreto de intimidade por agendas lotadas ou preocupações passageiras. Continue regando esse relacionamento. Continue se voltando para ele, mesmo quando tudo parecer escuro.

Deus é fiel para terminar a boa obra que começou em você e ele ainda tem capítulos surpreendentes para escrever na sua história. Eu estarei aqui, torcendo por você, orando por você, preparando cada palavra para o próximo ano.

No fim de tudo, que sua vida cante essa única verdade: Deus sempre em primeiro lugar. Priorize Deus!

> A Bíblia não é um livro qualquer, é a Palavra viva de Deus e, quanto mais você a estuda, mais ela transforma sua mente, seu coração e sua vida. Sem o conhecimento da Palavra, a fé não se sustenta.

MICHEL SIMPLICIO

CONHEÇA OS CURSOS DO AUTOR

Querido irmão e irmã, é com alegria que apresento a você três cursos especiais que preparamos para fortalecer sua caminhada espiritual e emocional, ajudando você a viver uma vida plena em Deus.

O primeiro curso é GESTÃO EMOCIONAL: VENCENDO A BATALHA INTERIOR, pelo qual você aprenderá a lidar com suas emoções e seus desafios internos à luz da Palavra, conquistando a paz e o equilíbrio que Deus deseja para sua vida.

O segundo curso é CURA DA ALMA: O PODER LIBERTADOR DO PERDÃO, um convite para experimentar o perdão verdadeiro e libertador, que restaura o coração e traz renovação profunda para o seu ser.

Por fim, oferecemos VIDA EMOCIONALMENTE SAUDÁVEL, que traz princípios bíblicos para cultivar relacionamentos saudáveis, fortalecer sua mente e viver com serenidade mesmo nas adversidades.

Nas páginas seguintes, você encontrará a descrição detalhada de cada curso e um QR Code para acessar facilmente e fazer sua matrícula.

Que Deus abençoe seu aprendizado e transforme sua vida à medida que você prioriza o cuidado com seu coração e sua alma!

GESTÃO EMOCIONAL: VENCENDO A BATALHA INTERIOR

Vivemos em um tempo marcado por pressões, correria, ansiedade e relacionamentos quebrados. Em meio a tudo isso, o cristão é chamado a viver de forma equilibrada, com saúde emocional e maturidade espiritual. A Palavra de Deus nos mostra que não basta termos uma vida ativa na igreja; precisamos também desenvolver uma alma saudável, curada e em paz. O desequilíbrio emocional pode comprometer decisões, destruir relacionamentos, afetar a saúde física e até prejudicar o relacionamento com Deus. Por outro lado, uma vida emocionalmente equilibrada favorece a sabedoria, o domínio próprio, a paz interior e o crescimento em todas as áreas da vida.

Neste curso, vamos tratar da importância de identificar e superar feridas emocionais, romper com traumas que aprisionam a alma e aprender a lidar com os sentimentos à luz das Escrituras. O autor apresenta caminhos bíblicos e práticos para que cada aluno experimente restauração, crescimento e maturidade. Em Cristo, é possível vencer as marcas do passado, curar as dores mais profundas e viver com estabilidade emocional.

Que este conteúdo seja um instrumento de transformação e liberdade. Deus deseja que você tenha saúde espiritual, física e emocional. Este é o tempo de crescer por dentro.

Acesse o QR code abaixo para saber mais:

CURA DA ALMA:
O PODER LIBERTADOR DO PERDÃO

Feridas invisíveis podem ser tão destrutivas quanto ferimentos físicos. Mágoas acumuladas, traumas antigos e palavras que feriram o coração formam prisões emocionais que impedem muitos de avançar. A alma adoecida contamina relacionamentos, bloqueia a fé, compromete a saúde e sufoca o propósito. Por isso, Jesus não veio apenas curar corpos, mas também restaurar corações. Ele declarou: "O Espírito do Senhor é sobre mim [...]. Enviou-me a curar os quebrantados do coração [...]" (Lucas 4.18, ACF). A verdadeira cura da alma começa com o perdão, não como um sentimento, mas como uma decisão libertadora.

Neste curso, você será guiado por princípios bíblicos que revelam o poder curador do perdão. O autor mostra, com clareza e compaixão, como perdoar quem o feriu, como estender perdão a si mesmo e até como lidar com mágoas que pareciam esquecidas, mas ainda influenciam sua vida.

Você não foi chamado para viver aprisionado ao passado. Deus tem liberdade, leveza e restauração para sua alma. Essa jornada não será fácil, mas será profundamente transformadora.

Chegou o tempo de liberar o que o prende e viver a cura que Deus preparou.

VIDA EMOCIONALMENTE SAUDÁVEL

Vivemos dias em que manter a saúde emocional se tornou essencial para enfrentar os desafios da vida moderna. Ansiedade, estresse, exaustão e desequilíbrios têm afetado milhares de pessoas, incluindo cristãos sinceros. Mas a vontade de Deus é que tenhamos equilíbrio, paz e qualidade de vida em todas as áreas, até mesmo na alma. A Bíblia nos ensina que o coração alegre é bom remédio (cf. Provérbios 17.22) e que devemos guardar o coração, pois dele procedem as fontes da vida (cf. Provérbios 4.23).

Neste curso, vamos aprender sobre a importância de cultivar hábitos que promovem uma vida emocionalmente saudável. Dormir bem, desenvolver a gratidão, cuidar do corpo, orar com constância e ter relacionamentos saudáveis são apenas algumas das práticas que geram cura, força e estabilidade interior. A fé nos oferece uma base segura, mas também exige que façamos a nossa parte com sabedoria.

Que este conteúdo o conduza a uma jornada de restauração interior e decisões que gerem vida plena.

Acesse o QR code abaixo para saber mais:

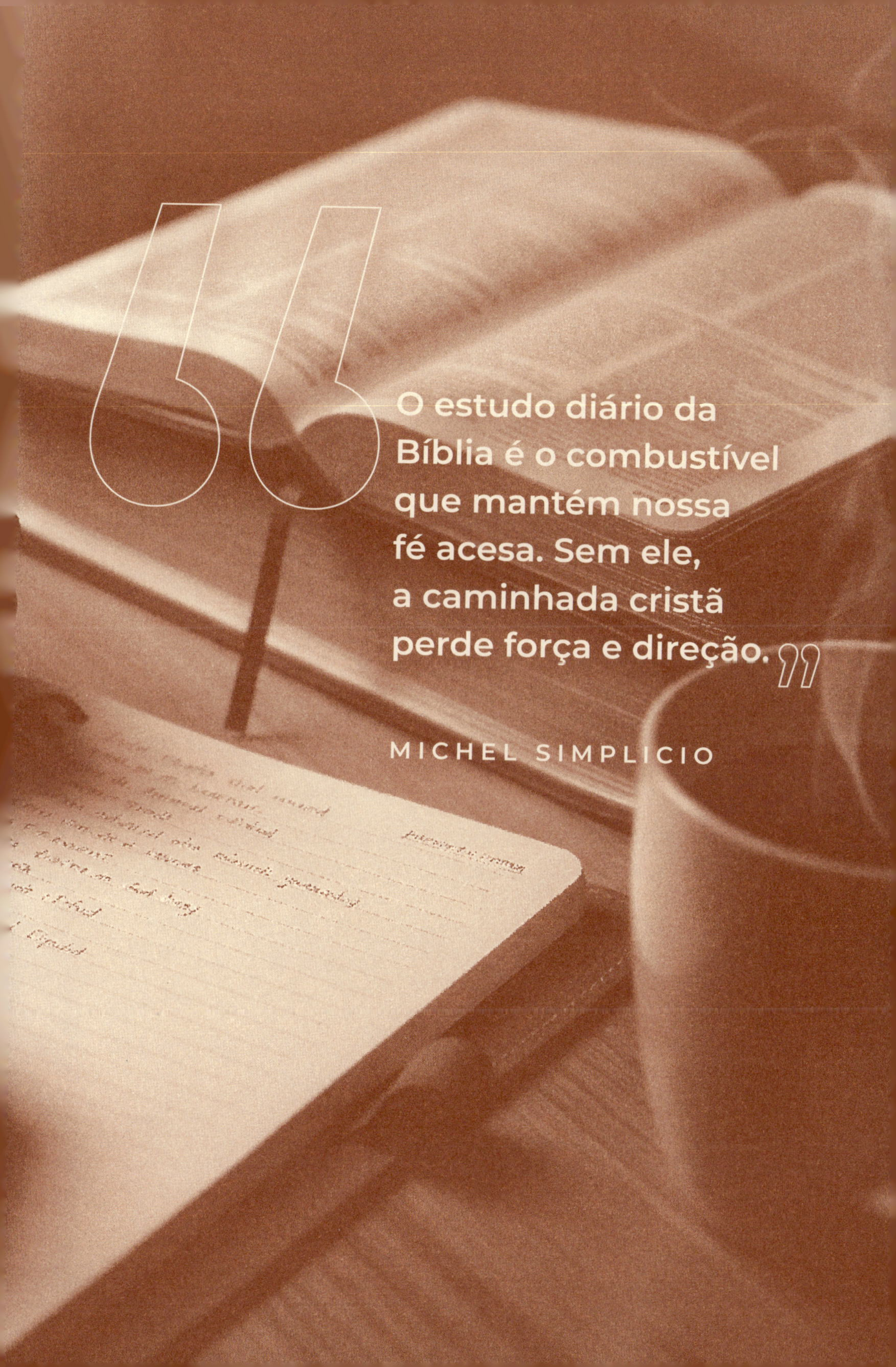
O estudo diário da
Bíblia é o combustível
que mantém nossa
fé acesa. Sem ele,
a caminhada cristã
perde força e direção.
MICHEL SIMPLICIO

MINHAS ANOTAÇÕES

MINHAS ANOTAÇÕES

MINHAS ANOTAÇÕES

MINHAS ANOTAÇÕES

Esta obra foi composta em *Sentient* e *Montserrat*
e impressa por Gráfica Santa Marta sobre papel
Polen Natural 70 g/m² para Editora Vida.